Este livro foi publicado originalmente sob o título de *The End of Policing*, pela Verso Books.

AUTONOMIA LITERÁRIA

Coordenação editorial:
Cauê Seignemartin Ameni, Hugo Albuquerque, Manuela Beloni

Tradução: Artur Renzo

Edição de texto: Manuela Beloni e Cauê Ameni

Revisão: Lílian de Oliveira

Projeto gráfico: Rodrigo Corrêa/@cismastudiocisma

Dados Internacionais de Catalogação na Publicação (CIP)
(eDOC BRASIL, Belo Horizonte/MG)

V836f Vitale, Alex S.
O fim do policiamento / Alex S. Vitale; tradução Arthur Renzo. – São Paulo, SP: Autonomia Literária, 2021.
14 x 21 cm

Título original: The end of policing
ISBN 978-65-87233-64-2

1. Ciências sociais. 2. Polícia – Estados Unidos. 3. Má conduta policial – Estados Unidos. I. Renzo, Arthur. II. Título.
CDD 363.20973

Elaborado por Maurício Amormino Júnior – CRB6/2422

Autonomia Literária
Rua Conselheiro Ramalho, 945
CEP: 01325-001 – São Paulo – SP
autonomialiteraria.com.br

FIM DO POLICIAMENTO

ALEX S. VITALE

traduzido por Artur Renzo

Prefácio à edição brasileira

Por Aline Passos

Durante o ano de 2015, assistimos a uma série de manobras parlamentares capitaneadas pelo então presidente da Câmara dos Deputados, Eduardo Cunha, para aprovar uma emenda à Constituição que reduziria a idade a partir da qual alguém pode ser condenado criminalmente. Quando digo manobras, refiro-me desde a proliferação massiva de notícias falsas até o ardil de recolocar em votação a matéria quando a proposta original já havia sido derrotada. Entre os meses de junho e agosto daquele ano, discursos deploráveis – racistas, misóginos, capacitistas etc. – inundaram as sessões congressuais, ainda mais habitualmente do que já estávamos acostumados a ver, pelo menos, até então. A redução da maioridade penal, como é mais conhecida, é uma proposta que agrega e mobiliza amplos setores de uma sociedade profundamente marcada pelo autoritarismo.

Naqueles dias, vimos, mais de uma vez, uma deputada subir à tribuna com a foto de uma criança estampada em sua camiseta para defender a proposta de redução da maioridade penal. Era Keiko Ota, mãe do menino Ives Ota, sequestrado e assassinado em 1997, na Zona Leste de São Paulo. Ao ouvi-la falar da perda violenta do filho como justificativa para o posicionamento que apresentava, Keiko levava os mais jovens e os mais desinformados (ou desmemoriados) a acreditar que Ives fora assassinado por alguém menor de 18 anos. No entanto, entre os três condenados pela morte de seu filho, dois eram policiais militares que trabalhavam ilegalmente como seguranças privados para a própria Keiko e o marido dela, donos de um próspero comércio de mercadorias populares. Nenhum dos envolvidos era adolescente.

Enquanto lia o trabalho de Alex S. Vitale, professor de sociologia do Brooklyn College, a imagem de Keiko voltou várias vezes à minha cabeça. Parece que não é apenas no Brasil, afinal, que a existência, a permanência e o incremento da polícia dependem de um profundo e reiterado processo de negação de que ela "existe principalmente como um sistema para gerir e até mesmo produzir desigualdade através da supressão de movimentos sociais e administração rigorosa de comportamentos de populações pobres e não-brancas, as que saem perdendo nos arranjos econômicos e políticos vigentes", como afirma Vitale.

Assim como a família Ota, muitos empresários brasileiros contratam policiais para fazer a segurança privada de seus estabelecimentos. No entanto, as vítimas desses policiais não costumam ser os filhos de seus patrões, mas adolescentes como Guilherme Silva Guedes, de 15 anos, negro e "confundido" com alguém que supostamente tentou furtar a empresa para a qual prestava serviço o sargento da Polícia Militar Adriano Fernandes Campos, conforme denúncia do Ministério Público, de 14 de agosto de 2020. Guilherme foi executado com dois tiros na cabeça na Zona Sul de São Paulo.

Milícia

A busca por esse tipo de serviço de segurança se tornou tanta que grupos de policiais e ex-policiais se especializaram em oferecê-lo. Foi assim que o bairro Rio das Pedras, na Zona Oeste do Rio de Janeiro, tornou-se conhecido há alguns anos como "berço das milícias", e investigações, até hoje inconclusas, apontam possíveis conexões entre o grupo armado que governa aquele território e o assassinato da vereadora Marielle Franco, em março de 2018.

Ao escrever estas linhas no ano de 2021, creio que não conto novidade a ninguém, pois a atuação miliciana já não se restringe à segurança pública nem a um Estado ou outro da federação. De qualquer forma, é importante ressaltar que nem sempre a violência que a milícia diz combater preexiste à sua presença em um bairro. Há casos em que é necessário "fazer a própria demanda", de maneira a acuar os moradores a pagar por um "policiamento extra". Assim, surtos de roubos e outras violências que nunca são solucionadas pela polícia oficial podem aparecer sem mais nem menos em qualquer vizinhança pertencente às classes sociais mais precarizadas. Em seguida, a oferta de um "serviço de segurança privada" também chega. Aos grupos que se organizam para oferecer esse tipo de segurança passamos a chamar de milícia. Há poucas décadas, quando não havia uma distinção clara entre o uso das palavras *polícia* e *milícia*, ironicamente, a definição do problema era mais fácil, já que, hoje sabemos, não existe milícia que não seja um negócio de policiais e ex-policiais.

Em vários momentos deste livro, Vitale se dedicou a contar a história das polícias estadunidenses, de maneira que não são poucos os trechos em que essa história se assemelha à formação das milícias brasileiras, como no caso dos Texas Rangers, "um bando mais solto de forças irregulares (...) contratados para proteger os interesses dos recém-chegados colonos brancos (...) Seu principal trabalho era caçar populações nativas acusadas de atacar colonos brancos, além de investigar crimes como roubo de gado". É verdade que o autor atribui a reiteradas reformas liberais ao longo da história dos Estados Unidos a atenuação do caráter miliciano das polícias na defesa de interesses privados.

No entanto, Vitale não se ilude e não deixa seu leitor se iludir a respeito dos limites dessas reformas. Nesse sentido, o autor destaca o assassinato de Eric Garner, homem negro, pela polícia de Nova York, em 2014, como resultado das pressões de comerciantes para que os policiais dessem um jeito no rapaz que vendia cigarros contrabandeados nas redondezas.

Criminalização e controle da pobreza

Ao longo de uma dezena de capítulos, Vitale mostra como quase todo o tempo e os recursos investidos em policiamento nos Estados Unidos se volta ao controle de classes populares e indivíduos considerados disruptivos, independentemente da prática de qualquer comportamento que possa ser chamado de crime. São crianças, pessoas com deficiência, sem-teto, trabalhadores do sexo, traficantes e usuários de substâncias proibidas, pessoas negras, imigrantes e militantes, entre outros, que constituem alvos da intervenção policial mais cotidiana. Isso porque, esclarece o autor, a polícia não existe para proteger a comunidade, mas para governá-la e, por isso mesmo, teorias como a das janelas quebradas servem tão bem à justificação do policiamento.

A ideia de que se deve intervir e punir com rigor desde o mínimo distúrbio de sociabilidade nunca se provou eficaz para erradicar qualquer tipo de violência, mas autorizou a intervenção "intensiva, invasiva e agressiva" em todos os aspectos da vida de pessoas empobrecidas e responsabilizadas pelo próprio empobrecimento, de forma que são consideradas incapazes de governar a si mesmas. Dessa grande estratégia de governo policial sobre a vida de negros e pobres, emerge todo tipo de política: de saúde, educação, habitação, entre outras, com o único objetivo de impedir que essas populações denunciem, se mobilizem e superem a condição de exploração e subalternidade em que vivem.

Militarização das escolas

Vitale mostra que, nos Estados Unidos, "mais de 40% de todas as escolas agora têm policiais designados a elas e 69% dos quais se envolvem na imposição da disciplina escolar", de maneira que problemas antes solucionados no âmbito escolar estão sendo encaminhados diretamente para a justiça criminal, num acelerado processo de criminalização da juventude que atinge especialmente afro-estadunidenses e latinos. A escola é uma porta para que a polícia possa se imiscuir na vida da comunidade sem depender de qualquer índice de criminalidade prévio que justifique a intromissão. A ampliação da justiça criminal por meio das escolas leva ao aumento da evasão escolar e ao reforço de toda a precarização que aflige comunidades pobres e alimenta ciclos de violência, como mostram os números trazidos pelo autor sobre os casos da Flórida e do Texas.

Ao leitor brasileiro, o tópico sobre a militarização das escolas é particularmente sensível, pois, no final de 2019, o atual presidente, Jair Bolsonaro, anunciou um programa para transformação das escolas públicas em escolas "cívico-militares", o que significa que cada instituição de ensino passará a contar com uma coordenação administrativa formada por militares para decidir sobre casos de indisciplina. De início, a adesão não é obrigatória, mas a promessa de investimentos fez brilhar os olhos de gestores escolares que possuem cada vez menos recursos para manter o funcionamento ordinário das instituições de ensino.

Os movimentos sociais de estudantes e professores que resistem à militarização das escolas vêm denunciando, portanto, que existem recursos para melhorar a qualidade do ensino, e o condicionamento à militarização não passa de chantagem de um governo autoritário. Para além disso, o avanço dos tentáculos das Forças Armadas sobre o processo de educação de crianças e jovens de famílias pobres tem o claro propósito de submeter comunidades inteiras a um nível de vigilância e controle mais enraizado e difícil de romper.

Marginalização dos indesejados

Nos Estados Unidos, assim como o policiamento nas escolas aumenta a criminalização da juventude negra e latina, o tratamento policial que se dá à população em situação de rua tem como resultado impedir que essas pessoas deixem a rua. Pode parecer paradoxal numa primeira mirada, mas é apenas o funcionamento do que na criminologia crítica se chama de eficácia invertida, ou seja, o sistema de justiça criminal atuando a favor do que diz combater. Como mostra Vitale, ao passo em que aumenta o número de pessoas vivendo nas ruas, aumentam também as legislações proibindo mendigar, deitar-se ou sentar em determinados espaços públicos e, até mesmo, dormir em veículos. Dessa maneira, há todo um trabalho policial em garantir que determinadas pessoas não possam frequentar certos perímetros das cidades.

No Brasil, com destaque para a cidade de São Paulo, não é raro ver a instalação de paralelepípedos sob marquises e viadutos, visando impedir que a população em situação de rua os utilize como abrigo. Essa situação-limite, em que não se tem onde morar e não é permitido ficar na rua, em primeiro lugar, é uma forma de dizer às pessoas que elas não deveriam existir, pois não há lugar para elas em nossa sociedade. Em segundo lugar, que elas são corpos disponíveis a uma intervenção policial permanente. Assim, uma vez que as passagens pela polícia e/ou pela prisão dificultam a obtenção de moradia, instaura-se um movimento tautológico que só pode ser explicado pela função de governo e exploração da miséria que a polícia exerce.

Ao tratar do controle policial sobre o trabalho de profissionais do sexo, Vitale analisa ainda como, mais uma vez, não se trata de atingir o objetivo anunciado oficialmente, afinal, não é possível, sequer é desejável, acabar com esse mercado. Nas mais variadas legislações criminalizadoras da prostituição nos EUA, a polícia encontra uma forma de extorquir trabalhadores – notadamente, mulheres e LGBTTQIA+ – e violentar seus corpos, sem qualquer consequência.

Por não ser uma atividade tipificada penalmente no Brasil, quem vê de fora pode achar que vivemos aqui em um benéfico Estado de desregulamentação da prostituição em que, nas palavras de Vitale, a "concorrência generalizada ajudou a minar práticas abusivas". Entendo que essa análise opere sob o efeito da comparação entre Brasil e EUA, mas ouso aqui propor um deslocamento. No Brasil, a criminalização do trabalho sexual não se dá no momento legislativo, mas não significa que não haja uma forte criminalização secundária, de forma que trabalhadoras do sexo ficam muito mais expostas a serem presas por alegações de tráfico de drogas, para dar apenas um exemplo. Isso sem falar que, por não ter qualquer regulamentação legal, há uma impossibilidade de cobrar clientes caloteiros pelos serviços prestados, o que pode levar a enfrentamentos físicos dos quais são as trabalhadoras do sexo que saem acusadas de lesão corporal, mesmo quando são também as que saem mais machucadas.

Mesmo em termos legislativos, o Código Penal brasileiro confunde propositalmente prostituição e exploração sexual, de forma que permite criminalizar o livre exercício do trabalho sexual e nunca combater seriamente a exploração. Embora por meio de estratégias diferentes, Brasil e EUA punem severamente pessoas que exercem o trabalho sexual e, como o controle da seleção penal se inicia na polícia, todas essas pessoas estão sempre muito expostas à violência policial.

Nesse movimento de ampliação da esfera atuante da polícia, a análise de Vitale aponta ainda para a gestão de pessoas com deficiência psiquiátrica em consequência de uma "deterioração massiva dos serviços de atendimento à saúde mental". Nesse sentido, no Brasil, vivemos sob a expansão de comunidades terapêuticas que substituem a ciência por religião no tratamento de pessoas com uso problemático de determinadas substâncias consideradas ilícitas. Esse uso, quando é lido como um efeito de problemas psiquiátricos, com frequência, encontra tentativas de emplacar medidas autoritárias, a exemplo da internação compulsória de usuários de crack, com óbvia alusão à polícia quando se fala do emprego da força. Para além disso, quando pensamos em pessoas com deficiência que são negras e pobres, a maneira de se expressar ou um comportamento supostamente incomum, não raro, são enquadrados pela polícia como "atitude suspeita", desdobrando uma intervenção particularmente cruel, e às vezes fatal. Casos como o do menino Railan Santos da Silva, que levou um tiro pelas costas em uma ofensiva da polícia no bairro Curuzu, em Salvador, enquanto assistia a um jogo de futebol na vizinhança onde morava. Railan era autista e essa variável precisa ser situada no conjunto das vulnerabilidades que o fizeram mais exposto à letalidade policial naquele momento.

Legado escravocrata

No roteiro de Alex Vitale, estive o tempo todo fadada a reencontrar o Brasil, não do mesmo jeito, mas sempre com traços marcantes de similaridade. Talvez porque haja um elemento estrutural inescapável que é o fato de, em qualquer país, a polícia se organizar como força armada de sustentação do Estado contra seus inimigos internos, fabricados justamente para que se justifique a própria presença do Estado. Algo ligeiramente próximo à maneira como se formam as milícias. Mais ainda, talvez tudo pareça tão próximo porque estejamos, Vitale e eu, falando a partir de países onde a escravidão foi abolida apenas formalmente ou negativamente, para lembrar Angela Davis quando diz que à abolição não correspondeu qualquer conjunto de políticas de fato comprometidas em desfazer a hierarquia racial que situa pessoas negras numa condição econômica, política e social inferior às pessoas brancas. Pelo contrário, o que vemos, nos Estados Unidos e no Brasil, é uma incessante atualização de estratégias de controle que preservam essa hierarquia racial tanto mais quanto se dizem racialmente neutras. Por fim, e nunca é demasiado lembrar, essas semelhanças também refletem o intenso intercâmbio de práticas policiais que os Estados Unidos estabeleceram com o restante das Américas, inclusive o Brasil, quando ditaduras militares governaram os países ao sul, durante grande parte do século XX.

Mas as diferenças também existem. Nos Estados Unidos, a adoção de políticas institucionais de segregação racial pós-abolição marcou indelevelmente as relações sociais, enquanto no Brasil vigora o mito da democracia racial. Aqui, temos de lidar com a narrativa de uma pacífica miscigenação entre brancos, negros e indígenas que silencia as denúncias do racismo que nos estrutura, mesmo quando 79% das vítimas da letalidade policial são homens negros, segundo pesquisas recentes. Nossa silenciosa segregação é tão eficiente que a reunião de jovens negros e moradores de periferias em grandes encontros marcados pela internet para passear em shopping centers – os rolezinhos

– rapidamente se tornou caso de polícia, tornando explícito qual é o público que se espera naquele centro de consumo e o público que não é bem-vindo.

Xenofobia e proibicionismo

Vitale aborda ainda o policiamento de fronteiras contra pessoas afluentes de países e regiões onde a devastação climática e/ou política força o deslocamento em direção aos países corresponsáveis pela devastação. Acontece na Europa e nos EUA, e conta com a pressão interna de crescentes ondas reacionárias mobilizadas, em grande parte, pelo empobrecimento derivado de processos de desindustrialização e pelos dispositivos de hierarquia racial acionados direta ou subliminarmente. As pessoas que permanecem sem a documentação exigida em solo estadunidense vivem sob ameaça policial direta ou potencial, à disposição para discricionariedades e abusos contra os quais não têm como se defender. As imagens de crianças amontoadas em centros de detenção para imigrantes durante a pandemia de Covid-19 comunicaram o tamanho dessa tragédia.

Seja em relação aos jovens, à população negra, às profissionais do sexo, aos imigrantes, e tantos outros sujeitos considerados perigosos, existe uma política de policiamento transversal que pretende justificar violências e arbitrariedades em termos socialmente neutros: a guerra às drogas. As drogas são a grande panaceia do controle policial que não pode se assumir enquanto manutenção de hierarquias de raça, gênero, sexualidade e classe. É curioso como a autoproclamada maior democracia do mundo ocidental, onde o liberalismo viceja como grade de decifração da vida e das relações, conseguiu produzir um arranjo em que o domínio do próprio corpo é um caso de polícia. Mas esta é apenas uma contradição aparente, uma vez que a guerra às drogas nunca teve como motor a preocupação com a saúde dos cidadãos.

Há poucos meses, Vitor Silva Santos, um menino de 11 anos que vendia doces pelas ruas de Canindé do São Francisco, município do sertão de Sergipe, foi assassinado com um tiro nas costas, no que os policiais da região alegam ter sido mais um "confronto com traficantes", a velha fórmula que abriga todo tipo de execução policial no Brasil. Em uma imagem que supostamente é do procedimento supersigiloso para apurar o assassinato de Vitor, mas que vazou nas redes sociais, ao lado do nome do menino, é possível ler "tipo: suspeito". Num país em que uma criança negra é documentada como suspeita, já não restam dúvidas sobre qual é a função da polícia.

O proibicionismo em relação às drogas é um negócio muito lucrativo, como já analisaram suficientemente Michelle Alexander, nos Estados Unidos, e Vera Malaguti, no Brasil, para ficarmos apenas em um exemplo de produção teórica de cada país. Lucram as polícias, que cobram pedágios dos comerciantes; lucram as empresas do encarceramento, que estão sempre abastecidas de novos prisioneiros; lucram os governos, que mantêm comunidades pobres inteiras sob intensa vigilância e controle, minando possibilidades de resistências emergentes; lucram as classes sociais mais abastadas, que se privilegiam do policiamento ostensivo nas vizinhanças pobres enquanto consomem o que lhes aprouver sem correr risco de morte; lucram conglomerados de mídia, que produzem e mantêm publicações e programas exclusivamente dedicados a narrar e enaltecer as forças policiais, seus agentes, métodos e resultados letais.

No campo das diferenças, é importante lembrar os impactos da guerra às drogas na América Latina, definida pela política externa estadunidense como um conjunto de países produtores em oposição ao caráter meramente consumidor que atribuem a si mesmos. Ao reproduzirem a dualidade traficante *versus* usuário no âmbito internacional, os EUA condenaram Brasil, México, Colômbia, Peru, Bolívia, entre outros, à intensa militarização em troca de ajuda financeira. Desde a chamada Estratégia Andina – que dizia incentivar a substituição da produção de coca por alternativas de subsistência e despejou "assistência militar" nos países da região – até o Plano Colômbia, a partir do qual o investimento para "combater o narcotráfico" virou "combate ao terrorismo" e colocou um alvo nas costas não apenas das guerrilhas, mas de todos os movimentos sociais.

À medida que o discurso da guerra às drogas, capitaneado pelos EUA, se desdobrou em termos de "combate à lavagem de dinheiro" e "combate às organizações criminosas", a precária estabilidade política na América Latina entrou em xeque. O que é funcionamento ordinário das instituições políticas no capitalismo se tornou mote para grandes operações policiais que transformaram o histórico de abuso de autoridade e ilegalidades perpetrados pelo sistema de justiça contra negros, pobres e periféricos em plataforma eleitoral vitoriosa sob o signo de "combate à corrupção". O resultado, hoje, durante uma pandemia que já matou mais de meio milhão de brasileiros, são forças policiais fora de qualquer controle, atuando, inclusive, contra decisões do Supremo Tribunal Federal e dos governadores dos Estados. No momento em que escrevo, a polícia no Brasil, em especial a corporação que é estritamente militar, parece já ter se livrado de todo e qualquer constrangimento democrático e, progressivamente, assume a condição original de milícia.

Por tudo isso, a chegada do livro de Alex Vitale é tão bem-vinda. Além de abordar os problemas do policiamento, o autor vai questionando, uma a uma, as reformas que foram feitas nas polícias estadunidenses ao longo da história e demonstrando que elas não foram capazes de enfrentar a truculência, a letalidade e o racismo intrínsecos a uma instituição que precisa fabricar inimigos internos para continuar existindo. Vitale não pode ser acusado de pressa em suas conclusões. O professor de sociologia do Brooklyn College mergulhou em propostas bem-intencionadas, como o aumento da diversidade racial e transparência das ações das forças policiais, para constatar que elas apenas incrementaram o grau de tensão nas comunidades e o controle externo pouco pode diante do corporativismo. Chegou à conclusão – e o título da obra não me coloca em risco de dar *spoiler* – de que, quanto mais reformas liberais buscam incessantemente "resgatar" a legitimidade da polícia, é porque mais evidente está que se trata de uma força de dominação e submissão das classes populares, dos trabalhadores e das minorias. *Isso precisa acabar*.

Aline Passos é advogada,
socióloga e abolicionista penal.

Inverno de 2021

1. Os limites da reforma policial

Em 2014, Tamir Rice e John Crawford foram mortos a tiros em Ohio porque o primeiro instinto de um policial foi atirar. Anthony Hill, nos arredores de Atlanta, Antonio Zambrano-Montes, em Pasco, na Califórnia, e Jason Harris, em Dallas, foram todos mortos a tiros por policiais que não souberam compreender as doenças mentais dessas pessoas. Oscar Grant, em Oakland, Akai Gurley, no Brooklyn, e Eric Harris, em Tulsa, foram todos baleados "por engano" porque os policiais não tiveram o cuidado necessário no manuseio de suas armas de fogo. Michael Slager, um policial de North Charleston, na Carolina do Sul, alvejou Walter Scott nas costas por fugir de uma abordagem de trânsito (e de uma possível prisão por deixar de pagar a pensão alimentícia) – e em seguida plantou provas no corpo como parte de uma operação de encobrimento que contou com o apoio de outros policiais. Em Staten Island, Eric Garner foi morto em parte por conta de uma reação policial excessivamente agressiva à sua suposta venda de cigarros avulsos. Os recentes assassinatos de tantos homens negros desarmados pela polícia, em tantas circunstâncias diferentes, colocaram em pauta na agenda nacional a questão da reforma policial de uma maneira que há mais de uma geração não era vista.[1]

---

[1] Algumas partes deste capítulo foram publicadas anteriormente nos periódicos *The Nation*, *Gotham Gazette* e *Al Jazeera America*.

Há um aumento explosivo de violência policial? Não há dúvida de que a polícia estadunidense faz mais uso de suas armas de fogo do que qualquer outra polícia entre as democracias desenvolvidas. Infelizmente, não dispomos de informações totalmente precisas a respeito do número ou da natureza dos homicídios cometidos pelas mãos da polícia. Apesar de existir uma lei de 2006 (reautorizada em 2014) exigindo que essas informações sejam devidamente registradas, muitos departamentos de polícia simplesmente não a cumprem. Os pesquisadores têm tido de recorrer a informações independentes, como notícias publicadas em jornais locais, para agrupar esses números. Um esforço feito pelo *Guardian* e pelo *Washington Post* documentou 1.100 mortes em 2014, 991 em 2015 e 1.080 em 2016 – menos do que nas décadas de 1960 e 1970, mas ainda assim um número enorme.[2]

Os afro-estadunidenses são desproporcionalmente vítimas de disparos policiais; adolescentes negros têm até 21 vezes mais probabilidade de serem mortos pela polícia do que adolescentes brancos,[3] embora esses índices muitas vezes reflitam a proporção mais ampla do recorte racial de quem puxa o gatilho e das vítimas de disparos em geral.[4] O perfilamento racial continua amplamente difundido e muitas comunidades negras sofrem policiamento invasivo e desrespeitoso. Os casos recentes[5] de Ferguson e North

---

[2] Killed by Police.net, 2015; "Police Shootings Database 2015". *Washington Post*, 2015; "The Counted". *Guardian*, atualizado continuamente.

[3] Flatow, Nicole. "Report: Black Male Teens Are 21 Times More Likely to Be Killed by Cops than White Ones". *ThinkProgress*, October 10, 2014; Jeff Kelly Lowenstein, "Killed by the Cops". *Color Lines*, 4 nov. 2007.

[4] Lee, Jaeah. "Exactly How Often Do Police Shoot Unarmed Black Men?". *Mother Jones*, 15 ago. 2014.

[5] N.E.: o autor se refere respectivamente ao assassinato de Michael Brown pelo policial Darren Wilson, em 09 de agosto de 2014 e ao assassinato de Walter Scott, pelo policial Michael Slager, em 04 de abril de 2015.

Charleston estão longe de configurarem exceções; negros e latinos são de longe os mais submetidos a interações policiais de baixa importância, de multas de trânsito a enquadros passando por prisões por contravenções menores, e frequentemente relatam ter sofrido tratamento hostil e degradante, mesmo não tendo feito nada de errado.[6] Na cidade de Nova York, de 80% a 90% das pessoas submetidas a esse tipo de interação são não-brancas.[7]

Essa forma de policiamento baseia-se na mentalidade segundo a qual as pessoas não-brancas cometem mais crimes e, portanto, devem ser submetidas a táticas policiais mais duras. A polícia argumenta que muitas vezes são os próprios moradores de comunidades em que há altos índices de criminalidade que exigem a ação policial. O que se omite é que essas comunidades também exigem melhores escolas, parques, bibliotecas e empregos – e que esses serviços são raramente fornecidos. São pessoas que carecem do poder político necessário para obter serviços e apoio reais para tornar suas comunidades mais seguras e saudáveis. A verdade é que comunidades brancas ricas e de classe média acabariam com o assédio e a humilhação constantes da polícia nas comunidades não-brancas, independentemente dos índices de criminalidade.

Quem questiona a polícia ou sua autoridade é muitas vezes submetido a ameaças verbais e ataques físicos. Em 2012, um jovem morador do Harlem chamado Alvin Cruz, que vinha sendo repetidamente enquadrado e revistado pela polícia sem justifica-

---

[6] Peck, Jennifer H. "Minority Perceptions of the Police: A State-of-the-art Review". *Policing: An International Journal of Police Strategies and Management* 38, n. 1 (2015): p. 173-203.

[7] Bekiempis, Victoria. "Why Do NYC's Minorities Still Face So Many Misdemeanor Arrests?". *Newsweek*, 28 fev. 2015. Disponível em: <http://www.newsweek.com/nypd-race-arrest-numbers-309686>.

tiva, gravou um desses encontros com a polícia no qual questionava o motivo da abordagem. Em resposta, o policial o xingou e dobrou seu braço atrás de suas costas e disse: "Cara, eu vou quebrar a porra do seu braço, depois vou socar essa sua cara".[8]

Mesmo pessoas não-brancas ricas e mais poderosas não estão imunes: em 2009, Henry Louis Gates Jr., professor de Harvard e apresentador da PBS, foi preso pela polícia de Cambridge em sua própria casa; ele tinha perdido suas chaves e um vizinho chamou a polícia para denunciar uma invasão domiciliar. O incidente instou o presidente Obama a declarar:

> Acho que é justo dizer, número um, que qualquer um de nós ficaria muito irritado; número dois, que a polícia de Cambridge agiu de maneira estúpida ao prender alguém quando já havia provas de que ele estava em sua própria casa, e, número três, o que acredito que sabemos independentemente e para além deste incidente é que há uma longa história neste país de afro-estadunidenses e latinos sendo desproporcionalmente abordados por forças policiais.[9]

Parte do problema decorre de uma "mentalidade de guerreiro".[10] Os policiais muitas vezes se enxergam como soldados em uma batalha contra o público, em vez de guardiões da segurança pública. O fato de receberem tanques e outras armas de nível militar, de que muitos deles são inclusive veteranos do

---

[8] Kavanaugh, Shane Dixon. "NYPD officers stop-and-frisk Harlem teen, threaten to break his arm: audio recording". *Nydailynews.com*, 9 out. 2012.

[9] Cooper, Helene. "Obama Criticizes Arrest of Harvard Professor". *New York Times*, 22 jul. 2009.

[10] Rahr, Sue. Rice, Stephen. "From Warriors to Guardians: Recommitting American Penal Culture to Democratic Ideals". *New Perspectives in Policing*, abr. 2015.

exército[11] e de que unidades militarizadas como a Armas e Táticas Especiais (SWAT) proliferaram durante a Guerra às Drogas dos anos 1980 e a Guerra ao Terror do pós-11 de setembro[12] só contribui para alimentar essa percepção, bem como a crença de que há comunidades inteiras que são desordeiras, perigosas, suspeitas e, em última instância, criminosas. Quando isso ocorre, a polícia não tarda e não hesita em fazer uso da força.

O uso excessivo da força, contudo, é apenas a ponta do *iceberg* do sobrepoliciamento. Existem atualmente mais de dois milhões de estadunidenses presos ou detidos e outros quatro milhões em liberdade condicional ou assistida. Muitos perderam o direito de votar; a maioria enfrentará sérias dificuldades de encontrar trabalho depois de solto e nunca se recuperará do prejuízo de renda e da falta de experiência profissional. Muitos tiveram os laços com suas famílias irrevogavelmente danificados e acabaram caindo em formas mais graves e violentas de criminalidade. Apesar dos inúmeros casos bem documentados de prisões e condenações falsas, a grande maioria dessas prisões e condenações foi conduzida dentro da lei e conforme os procedimentos adequados – ainda assim, seus efeitos sobre os indivíduos e as comunidades são extremamente destrutivos.

Reformas

Qualquer esforço para tornar o policiamento mais justo precisa abordar os problemas de uso excessivo da força, sobrepoliciamento e desrespeito ao público. Boa parte do debate público

[11] Weichselbaum, Simone. Schwartzapfel, Beth. "When veterans become cops, some bring war home". *USA Today*, 30 mar. 2017.

[12] Balko, Radley. *Rise of the Warrior Cop: The Militarization of America's Police Forces*. Nova York: PublicAffairs, 2013.

tem girado em torno de estratégias de reforma tais como a elaboração de treinamentos novos e aprimorados, a diversificação da polícia e a implementação de policiamentos comunitários, juntamente com a implantação de medidas mais robustas de responsabilização. No entanto, a maioria dessas reformas não enfrenta os problemas fundamentais inerentes ao policiamento.

Treinamento

A gravação da morte de Eric Garner, assassinado por supostamente vender cigarros avulsos na rua, imediatamente gerou uma onda de cobranças para que policiais passassem por um treinamento adicional sobre como fazer uso da força na hora de efetuar prisões. Os policiais foram acusados de usar uma técnica proibida de estrangulamento e de não responder às súplicas de Garner, que comunicou repetidamente não conseguir respirar. Em resposta, o prefeito Bill de Blasio e o comissário de polícia William Bratton anunciaram que todos os policiais do Departamento de Polícia de Nova York (NYPD) seriam submetidos a um treinamento adicional de uso da força para que no futuro pudessem efetuar prisões de maneiras menos prováveis de resultar em ferimentos graves, bem como treinamento em métodos para desescalar os conflitos e comunicar-se de maneira mais eficaz com o público.

Esse tipo de treinamento ignora dois fatores importantes na morte de Garner. O primeiro é a naturalidade do desdém dos policiais para com seu bem-estar, que ignoraram seus apelos de "Eu não consigo respirar", e a aparente indiferença com a qual aguardaram a chegada de uma ambulância quando ele já mostrava poucos sinais de vida. Este é um problema de valores que parece remeter ao cerne da afirmação de que, para muitos policiais, vidas negras *não* importam. O segundo é o policiamento ao estilo "janelas quebradas", que dedica às pequenas infrações uma fiscalização intensiva, invasiva e agressiva. Essa teoria foi apresentada pela primeira vez em 1982 pelos criminologistas James Q. Wilson e George Kelling.[13] Eles apresentaram pesquisas comportamentais existentes que mostravam que, quando um carro é abandonado em uma rua, ele geralmente é deixado quieto, mas, se apenas uma das suas janelas estiver quebrada, o carro todo é rapidamente vandalizado. A lição: quando não se demonstram cuidado e manutenção, isso desperta as tendências destrutivas latentes das pessoas. Portanto, se as cidades quiserem estabelecer ou manter bairros livres de criminalidade, elas devem tomar medidas para garantir que os residentes sintam a pressão para se conformarem às normas civilizadas de comportamento público. A melhor maneira de fazer isso é usar a polícia para lembrar às pessoas, de maneiras sutis e não tão sutis, que comportamentos desordeiros, indisciplinados e antissociais são inaceitáveis. Quando isso não ocorre, os instintos mais básicos das pessoas vêm à tona e passa a imperar um comportamento predatório em uma espécie de retorno a um estado hobbesiano de "guerra de todos contra todos".

O surgimento dessa teoria em 1982 está vinculado a um arco maior de pensamento neoconservador urbano que remonta à década de 1960. O antigo mentor e colaborador de Wilson, Edward Banfield, amigo do economista neoliberal Milton Friedman, da Universidade de Chicago, foi o pai de muitas das ideias que vieram a constituir o novo consenso conservador sobre as cidades. Em seu trabalho seminal de 1970, *A crise urbana: natureza e futuro*, Banfield argumenta que os pobres estão presos

---

[13] Wilson, James Q. Kelling, George. "Broken Windows: The police and neighborhood safety". *Atlantic*, mar. 1982.

a uma cultura de pobreza que os torna, em larga medida, imunes à ajuda do governo:

> Embora tenha mais 'lazer' do que quase qualquer um, a indiferença ('apatia', se quiser) da pessoa de classe baixa é tal que ela raramente faz os mais simples reparos no local em que vive. Ela não se preocupa com sujeira ou dilapidação e não se importa com a inadequação de instalações públicas como escolas, parques, hospitais e bibliotecas; na verdade, onde tais coisas existem, ela pode muito bem vir a destruí-las por descuido ou mesmo por vandalismo.[14]

Diferentemente de Banfield, que de muitas maneiras defendia o abandono das cidades, Wilson lamentava o declínio das áreas urbanas. Junto com escritores como Fred Siegel,[15] Wilson identificou um par de ameaças gêmeas: a liderança liberal fracassada e as supostas falhas morais dos afro-estadunidenses. Os três argumentaram que os liberais haviam sido involuntariamente responsáveis pelo caos urbano ao minarem os mecanismos formais de controle social que tornavam possível a vida nas cidades. Em seu apoio às reivindicações mais radicais das expressões urbanas posteriores ao movimento por direitos civis, os liberais teriam enfraquecido de tal maneira a polícia, os professores e outras forças governamentais de regulação do comportamento que o caos passara a reinar.

---

[14] Banfield, Edward. *The Unheavenly City: The Nature and the Future of Our Urban Crisis*. Boston: Little Brown and Co, 1970 [edição brasileira: *A crise urbana: natureza e futuro*. Trad. Álvaro Cabral. Rio de Janeiro: Zahar, 1979].

[15] Siegel, Frederick. *The Future Once Happened Here: New York, D.C., L.A., and the Fate of America's Big Cities*. Nova York: Free Press, 1997.

Wilson, seguindo Banfield, acreditava fortemente que havia limites profundos sobre o que o governo podia fazer para ajudar os pobres. Qualquer investimento financeiro neles seria um desperdício; novos serviços não seriam usados ou então acabariam sendo destruídos; e os pobres continuariam tocando suas vidas de maneira preguiçosa e destrutiva. Uma vez que a raiz do problema era uma falha essencialmente moral e cultural, ou a ausência de controles externos para regular os impulsos humanos inerentemente destrutivos, a solução tinha de assumir a forma de mecanismos de controle social punitivos para restaurar a ordem e a estabilidade da vizinhança.[16]

As opiniões de Wilson eram informadas por uma posição praticamente racista decorrente de uma mistura de explicações biológicas e culturais para a "inferioridade" da população negra pobre. Wilson foi coautor, com Richard Herrnstein, do livro *Crime and Human Nature* [Crime e natureza humana], que defendia a existência de importantes determinantes biológicos da criminalidade.[17] Embora a raça não fosse um dos determinantes fundamentais, a linguagem sobre QI e tipo de fisionomia abriu a porta para um tipo de sociobiologia que levou Herrnstein a escrever o livro abertamente racista *The Bell Curve: Intelligence and Class Structure in American Life* [A curva em forma de sino: inteligência e estrutura de classe na vida estadunidense], em conjunto com Charles Murray, outro amigo e colaborador próximo de Wilson.[18]

---

[16] Wilson, James Q. Herrnstein, Richard. *Crime and Human Nature: The Definitive Study of the Causes of Crime*. Nova York: Simon & Schuster, 1985.

[17] *Ibid.*

[18] Herrnstein, Richard. Murray, Charles. *The Bell Curve: Intelligence and Class Structure in American Life*. Nova York: Simon & Schuster, 2010.

Conforme a argumentação deles, para conseguir conter essa onda de declínio na civilidade, era necessário empoderar os policiais não apenas para combater o crime, mas para efetivamente se tornarem agentes da autoridade moral nas ruas. O novo papel da polícia era o de intervir nas desordens cotidianas da vida urbana que contribuíam para uma sensação de "vale-tudo". A teoria das janelas quebradas inverte magicamente a relação causal amplamente estabelecida entre criminalidade e pobreza, argumentando que a pobreza e a desorganização social seriam na verdade o resultado, e não a causa, da criminalidade e que o comportamento desordenado da cada vez maior "subclasse" ameaça destruir o próprio tecido social das cidades.

No fundo, o policiamento de janelas quebradas é uma tentativa profundamente conservadora de transferir para os próprios pobres o fardo da responsabilidade pelo declínio nas suas condições de vida e de argumentar que a solução para todos os males sociais é a implementação de formas cada vez mais agressivas, invasivas e restritivas de policiamento que envolvem mais prisões, mais comportamentos abusivos e, em última instância, mais violência. Enquanto a desigualdade continuar aumentando, o mesmo ocorrerá com os índices de falta de moradia e desordem pública, e, enquanto as pessoas seguirem apoiando o uso da polícia para gerir a desordem, continuaremos vendo um aumento no escopo do poder e da autoridade policiais à custa de direitos humanos e civis.

A ordem para prender Eric Garner veio dos escalões mais altos do departamento policial e atendia a reclamações de comerciantes locais sobre a comercialização ilegal de cigarros nos arredores. Parece excessivo e sem sentido tratar isso como um crime que exige a mobilização de uma unidade especial à paisana, dois sargentos e reforço uniformizado. Garner já tinha sido submetido a mais de uma dúzia de contatos com a polícia em circunstâncias semelhantes, incluindo passagens pela prisão; nada disso tinha surtido efeito para mudar seu comportamento ou melhorar as circunstâncias dele ou as da comunidade. Não há treinamento procedimental que resolva essa falha fundamental de política pública.

Muitos também defendem a implementação de treinamentos de sensibilidade cultural elaborados com a finalidade de reduzir o preconceito racial e étnico. Boa parte desse tipo de treinamento baseia-se na ideia de que a maioria das pessoas possui ao menos alguns estereótipos e preconceitos não trabalhados que influenciam seu comportamento apesar de não estarem plenamente acessíveis à consciência. Há experimentos controlados que mostram de maneira bastante consistente que as pessoas hesitam menos e são mais propensas a atirar contra um alvo negro do que um branco em simulações. Treinamentos como o programa "Policiamento Justo e Imparcial" [Fair and Impartial Policing] se valem de simulações e dramatizações para ajudar os policiais a enxergarem e corrigirem esses preconceitos conscientemente.[19] A ideia de implementar treinamentos de diversidade e multiculturalidade não é nova, nem muito eficaz. A maioria dos policiais já passou por algum tipo de treinamento de diversidade e tende a descrevê-lo como um protocolo cosmético de viés político, completamente descolado das realidades do policiamento de rua. Os pesquisadores não verificaram nenhum impacto desses programas em problemas como as disparidades raciais nas abordagens de trânsito ou nas prisões por porte de maconha; tanto os vieses implícitos quanto os explícitos permanecem, mesmo depois de treinamentos direcionados e intensivos. Isso não se dá necessariamente por-

---

[19] "Fair and Impartial Policing". Disponível em: <www.fairimpartialpolicing.com>.

que os policiais seguem comprometidos com seus preconceitos raciais (embora isso também possa muito bem ser verdade[20]), mas porque as pressões institucionais continuam intactas.

A polícia estadunidense recebe bastante treinamento. Quase todos os policiais passam por uma academia organizada de polícia e muitos têm experiência prévia no ensino superior ou no exército. Há ainda treinamentos continuados; os departamentos maiores têm seus próprios quadros de funcionários de treinamento, ao passo que os departamentos menores dependem dos centros estaduais e regionais de formação. Muitos estados têm agências unificadas de Padronização e Treinamento de Policiais[21] (POST) que estipulam padrões mínimos, desenvolvem protocolos de treinamento e fornecem orientações quanto às melhores práticas de conduta. Embora os padrões de treinamento policial ainda sejam mais descentralizados nos Estados Unidos do que em muitos países que têm forças e academias policiais nacionais, o novo sistema de comissões POST representou um enorme avanço no que diz respeito à elevação dos padrões e criação de uma maior uniformidade de procedimentos.

Ainda assim, mesmo depois do treinamento, os policiais frequentemente demonstram ter conhecimento inadequado das leis que eles têm a tarefa de fazer cumprir. A polícia enxota jovens das esquinas regularmente sem nenhum respaldo legal, realiza buscas sem que haja causa provável e, em alguns casos, toma medidas coercitivas com base em conhecimentos equivocados da lei. Na cidade de Victoria, no Texas, um policial

---

[20] Sapien, Joaquin. "Racist Posts on NY Cop Blog Raise Ire at Time of Tension". *ProPublica*, 16 abr. 2015. Disponível em: <http://www.propublica.org/article/racist-posts-on-ny-cop-blog-raise-ire-at-time-of-tension>.

[21] Police Officer Standards and Training.

agrediu um idoso que ele havia abordado por estar sem o selo de registro adesivado na placa de identificação de seu carro. O homem tentou explicar que o veículo tinha uma placa de concessionária, que no estado do Texas é isenta da obrigatoriedade do adesivo. Quando o policial se recusou a escutar, o homem tentou chamar seu chefe na concessionária para que ele comparecesse ao local onde estava ocorrendo a abordagem. Em vez de trabalhar no sentido de solucionar o erro, o policial tentou prender o homem e acabou ferindo-o de maneira tão grave com uma arma de choque que ele teve de ser hospitalizado.[22] No inquérito que se seguiu, o policial insistiu que a resistência passiva do homem configurava uma ameaça que precisava ser neutralizada. Como o incidente foi registrado pela câmera do painel da viatura, o policial foi demitido.

O treinamento que os policiais recebem na academia costuma ser bem diferente daquilo que depois aprendem com seus colegas e veteranos policiais. A ênfase é em disciplina rígida e na memorização mecânica de leis e regras, e prioriza a aparência adequada e não a substância. Os cadetes recebem poucos conselhos sobre como tomar decisões em um ambiente complexo, de acordo com as memórias de dois policiais veteranos.[23] Mesmo representações simpáticas à polícia, como o reality show *The Academy*, apresentam evidências bastante nítidas de um ambiente de treinamento militarizado comandado por

[22] Crowe, Melissa. Montes, Bianca. "Victoria police officer investigated for tasing driver, 76". *Victoria Advocate*, 13 dez. 2014.

[23] Moskos, Peter. *Cop in the Hood: My Year Policing Baltimore's Eastern District*. Princeton, NJ: Princeton University Press, 2008. Couper, David. *Arrested Development: A Veteran Police Chief Sounds Off about Protest, Racism, Corruption, and the Seven Necessary Steps to Improve our Nation's Police*. CreateSpace Independent Publishing Platform, 2012.

instrutores que tentam "quebrar" os recrutas por meio de exercícios punitivos e ataques pessoais humilhantes. Quando os policiais começam a trabalhar, a primeira coisa que seus colegas costumam lhes dizer é que devem esquecer tudo aquilo que aprenderam na academia.

De certa forma, o treinamento é na verdade parte do problema. Nas últimas décadas, a ênfase se deslocou bastante para o treinamento de segurança para policiais. Seth Stoughton, um ex-policial que virou professor de direito, demonstra como os policiais são reiteradamente expostos a situações nas quais interações aparentemente inócuas com o público, como abordagens de trânsito, se tornam mortais.[24] O ponto continuamente martelado é que qualquer encontro pode se tornar fatal em uma fração de segundo caso os policiais não permaneçam prontos para usar força letal a qualquer momento. Uma vez que os policiais passam a adentrar qualquer situação imaginando que ela pode ser a última, é natural que tratem as pessoas que encontram com medo e hostilidade, procurando controlá-las em vez de se comunicar com elas – e hesitam muito menos em usar força diante da menor das provocações ou mesmo incertezas.

Pegue o caso de John Crawford, um afro-estadunidense que foi morto a tiros por um policial em uma unidade do Walmart em Ohio. Crawford tinha retirado uma pistola de ar de uma prateleira e a carregava pela loja enquanto fazia suas compras. Um cliente chamou a polícia dizendo que havia um homem armado no estabelecimento. A câmera de segurança da unidade mostra que um dos policiais atirou sem aviso enquanto Crawford falava ao telefone.[25] Em Ohio, é permitido portar armas

---

[24] Stoughton, Seth. "Law Enforcement's 'Warrior' Problem". *Harvard Law Review*, n. 128, abr. 2015.

[25] Swaine, Jon. "Ohio Walmart video reveals moments before officer

de fogo abertamente, mas o policial tinha sido treinado para usar força letal ao ver uma arma. O policial envolvido não foi acusado de nada e a namorada de Crawford foi intimidada e ameaçada ao ser interrogada após o incidente.[26]

Um caso semelhante ocorreu na Carolina do Sul quando um policial estadual embicou sua viatura atrás de um jovem que estacionava seu carro em um posto de gasolina e lhe pediu sua carteira de motorista. Quando o jovem se debruçou de volta para dentro de seu carro para atender à solicitação, o policial começou a atirar nele sem nenhum aviso: viu um movimento inesperado, atire.[27]

Parte dessa ênfase no uso de força letal remonta ao surgimento de empresas de treinamento independentes, especializadas em fornecer treinamentos de reciclagem, com equipes formadas por militares e ex-policiais. Alguns desses grupos atendem tanto clientes militares quanto policiais e priorizam abordagens de estilo militarizado e a "mentalidade de combatente". A empresa CQB (Close Quarters Battle) se orgulha de treinar milhares de polícias municipais, estaduais e federais, bem como unidades militares estadunidenses e estrangeiras, tais como os Fuzileiros Navais dos Estados Unidos, o grupo de elite da Marinha estadunidense (Navy Seals) e as forças especiais dinamarquesas, canadenses e peruanas. Sua ênfase reside em oferecer "táticas comprovadas no campo de batalha".[28] A Trojan Securities treina

---

killed John Crawford". *Guardian*, 25 set. 2014.

[26] Swaine, Jon. "Video shows John Crawford's girlfriend aggressively questioned after Ohio police shot him dead in Walmart". *Guardian*, 14 dez. 2014.

[27] Hanna, Jason. Savidge, Martin. Murgatroyd, John. "Video shows trooper shooting unarmed man, South Carolina police say". *CNN*, 26 set. 2014.

[28] "Close Quarters Battle: SRT Training, CQB Training, SWAT Training,

tanto unidades militares quanto policiais e oferece treinamento policial para o manuseio de uma variedade de armas em diversos cenários, incluindo um curso de cinco dias de "Operações Policiais Sigilosas de Inteligência e Vigilância".[29]

Esse problema é especialmente agudo no caso das equipes da SWAT. Originalmente criada no início dos anos 1970 para lidar com atos raros de violência extremista, suspeitos entrincheirados ou confrontos armados envolvendo a polícia, essas unidades hoje ocupam-se quase exclusivamente da execução de mandados de busca e apreensão de drogas, e chegam inclusive a se envolver em funções regulares de patrulhamento, equipadas com armas automáticas e coletes à prova de balas. Essas unidades violam regularmente os direitos constitucionais das pessoas, matam e mutilam inocentes – muitas vezes em decorrência de estarem no local errado –, além de vitimarem animais de estimação.[30] Essas unidades paramilitares estão sendo cada vez mais mobilizadas para lidar com protestos e manifestações. A resposta militarizada aos protestos de Ferguson pode muito bem ter servido para intensificar aquele conflito; e provavelmente não é nenhum acaso que o cargo anterior do chefe de polícia do condado de Saint Louis era o de comandante de uma equipe da SWAT. Essas unidades passam por uma grande quantidade de treinamento de reciclagem, financiado em parte pela apreensão de dinheiro supostamente proveniente do tráfico de drogas.

O governo federal também começou a financiar o treinamento e o equipamento das unidades da SWAT na década de

---

High Risk Entry Training, Combat Training, Hand-to-Hand Combat". Disponível em: <www.cqb.cc>.

[29] "Trojan Securities International". Disponível em: <www.rojansecurities.com/military.html>.

[30] Balko, Radley. *The Rise of the Warrior Cop*, *op. cit.*

1970 no contexto da última rodada de um grande programa nacional de reformas policiais que visavam melhorar as relações entre as polícias e a comunidade, e reduzir a brutalidade policial por meio de treinamentos aprimorados. Em vez disso, essas reformas efetivamente despejaram milhões de dólares em programas de treinamento que resultaram no surgimento de equipes da SWAT e na ascensão do combate às drogas e de táticas militarizadas de controle de multidões.

Diversidade

Não há dúvida de que a diferença racial entre a polícia majoritariamente branca e os policiados majoritariamente afro-estadunidenses em Ferguson, Missouri, contribuiu para a intensidade dos protestos contra a morte de Mike Brown. Os reformadores muitas vezes defendem o recrutamento de mais policiais negros, na esperança de que eles tratariam as comunidades com maior dignidade, respeito e justeza. Infelizmente, poucas evidências efetivamente dão respaldo a essa esperança. Mesmo as forças policiais mais diversas apresentam graves problemas de perfilamento e viés raciais, e os policiais negros e latinos parecem exibir um desempenho muito semelhante ao de seus colegas brancos.

No âmbito nacional, a composição racial da polícia segue de perto os números da população nacional. A população estadunidense é 72% branca; 75% dos policiais em todo o país são brancos. Os negros representam 13% da população e 12% da polícia. Asiáticos e latinos são proporcionalmente bem menos representados, mas não de maneira muito gritante.[31] Nos departamentos maiores, apenas 56% dos oficiais são brancos. As

[31] Reaves, Brian A. "Local Police Departments, 2007". *US Department of Justice: Office of Justice Programs*, Bureau of Justice Statistics, (2010).

disparidades parecem maiores nas comunidades não-brancas por conta da profunda segregação nessas regiões. Nesses casos, há invariavelmente um grande número de policiais brancos patrulhando áreas predominantemente não-brancas. Esse contraste se destaca mais do que seu inverso, porque os brancos raramente se preocupam de ser policiados por policiais não brancos e porque as comunidades brancas tendem a experimentar menos interações negativas com a polícia.

Hoje há um vasto conjunto de evidências medindo até que ponto a raça de cada policial afeta seu emprego da força. A maioria dos estudos mostra que não há nenhuma correlação clara.[32] Alguns chegam a indicar, o que é mais desconcertante, que os policiais negros têm *mais* probabilidade de usar força ou fazer prisões, especialmente de cidadãos negros.[33] Um estudo

---

[32] Friedrich, Robert. *The Impact of Organizational, Individual, and Situational Factors on Police Behavior.* Universidade de Michigan: Dissertation de Ph.D., 1977; Garner, Joel. Schade, Thomas. Hepburn, John. Buchanan, John. "Measuring the Continuum of Force Used by and Against the Police", *Criminal Justice Review* 20 (1994): p. 146-168; McElvain, James. Kposowa, Augustine. "Police Officer Characteristics and Internal Affairs Investigations for Use of Force Allegations". *Journal of Criminal* Justice 32, n. 3 (2004): p. 265-279; Terrill, William. Mastrofski, Stephen. "Situational and Officer-Based Determinants of Police Coercion", *Justice Quarterly* 19, n. 2 (2002): p. 215-248. McCluskey, John. Terrill, William. Paoline, Eugene. "Peer Group Aggressiveness and the Use of Coercion in Police-Suspect Encounters". *Police Practice and Research* 6, n. 1 (2005): p. 19-37; Lawton, Brian. "Levels of Nonlethal Force: An Examination of Individual, Situational, and Contextual Factors". *Journal of Research in Crime and Delinquency* 44, n. 2 (2007): p. 163-184.

[33] Cohen, Bernard. Chaiken, Jan. *Police Background Characteristics and Performance: Summary.* Santa Monica, CA: RAND Corporation, 1972. Sun, Ivan. Payne, Brian. "Racial Differences in Resolving Conflicts:

recente sugere que pequenos aumentos em diversidade produzem resultados piores, ao passo que aumentos grandes começam a produzir algumas melhoras; mas poucos departamentos atenderam esse critério. Ao final, os autores concluem que "não há evidências que indiquem que aumentar a proporção de policiais negros oferecerá uma solução direta".[34] O uso de força é altamente concentrado em um pequeno grupo de policiais, geralmente do gênero masculino, de idade mais jovem e que trabalham em áreas com índices elevados de criminalidade.[35] Essa alta concentração do uso de força pode ser exacerbada por mecanismos fracos de responsabilização e uma cultura machista que formal e informalmente estimula policiamento agressivo. Essas mesmas forças culturais e institucionais militam contra o comportamento diferencial por parte de policiais não brancos.

No âmbito dos departamentos, forças policiais mais diversificadas não exibem desempenho melhor no que diz respeito aos índices de satisfação da comunidade, especialmente entre os moradores não brancos. Esses departamentos geralmente também são igualmente propensos a apresentar problemas sistemáticos com o uso excessivo da força, como se viu nas intervenções federais feitas em Detroit, Miami e Cleveland nos últimos anos. Tanto

---

A Comparison between Black and White Police Officers". *Crime and Delinquency* 50, n. 4 (2004): p. 516-541. Brown, Robert. Frank, James. "Race and Officer Decision Making: Examining Differences in Arrest Outcomes between Black and White Officers". *Justice Quarterly* 23, n. 1 (2006): p. 96-126.

34 Martin, Ryan. "Having more black officers is not a 'direct solution' for reducing black killings by police, IU research show". *Indy Star*, 27 fev. 2017.

35 Brand, Steven. Stroshine, Meghan. "The Role of Officer Attributes, Job Characteristics, and Arrest Activity in Explaining Police Use of Force". *Criminal Justice Policy Review* 24, n. 5 (2014): p. 551-572.

Nova York quanto Filadélfia têm forças policiais altamente diversificadas (embora não tanto quanto suas respectivas populações), mas ambas passaram a ser submetidas a intenso escrutínio por uso excessivo da força e práticas discriminatórias, como a política de enquadro *stop and frisk*.[36] Em larga medida isso ocorre porque as prioridades departamentais são definidas por políticos locais, que promoveram a adoção de uma ampla variedade de políticas intensivas, invasivas e agressivas de controle da criminalidade, que, por sua natureza, recaem desproporcionalmente sobre as comunidades não-brancas. Entre elas, o policiamento no modelo "janelas quebradas", com sua ênfase em coibir desordem pública, e a Guerra às Drogas, travada quase exclusivamente em bairros não brancos. Ter mais policiais negros e não brancos pode parecer uma reforma interessante, mas, enquanto sistemas mais amplos de policiamento não mudarem, não há evidências de que esse tipo de modificação por si só produziria uma redução significativa da brutalidade policial ou do sobrepoliciamento.

Justiça procedimental

A justiça procedimental lida com *como* a lei é aplicada, em oposição à justiça substantiva, que diz respeito aos resultados reais do funcionamento do sistema. O relatório da Força-Tarefa sobre Policiamento no Século XXI do presidente Obama se concentra em reformas procedimentais, tais como treinamento, e incentiva os policiais a se esforçarem mais para explicar por que

[36] N.E.: o programa "pare, pergunte e reviste", ou pare e reviste, do Departamento de Polícia da cidade de Nova York, é uma prática de deter temporariamente, questionar e revistar civis em busca de armas e outros contrabandos. A política é extremamente criticada devido à filtragem racial por parte dos policiais nas ações.

estão abordando, questionando ou prendendo pessoas.[37] Os departamentos são orientados a criar políticas internas consistentes de uso da força e mecanismos de transparência e supervisão civil. O relatório sugere que mais treinamento, diversidade e comunicação produzirão melhores relações entre polícia e comunidade, maior eficácia no controle da criminalidade e maior legitimidade da instituição policial.

No fim dos anos 1960, já haviam sido estipulados objetivos semelhantes. O relatório Katzenbach de 1967 defendia que as raízes do crime estavam na pobreza e na exclusão racial, mas também argumentava que uma parte central da solução era o desenvolvimento de um sistema de justiça criminal mais robusto e procedimentalmente justo que garantiria os direitos de todas as pessoas estarem livres do crime. Nessa esteira, exigiu-se uma grande ampliação das despesas federais com justiça criminal. Assim como no caso dos programas municipais de habitação e outros serviços sociais, as prisões, os tribunais e as polícias também precisavam de apoio federal. "Todas as partes do sistema carecem de financiamento. Falta muita mão de obra e a que existe não é suficientemente bem treinada ou remunerada."[38] A Comissão recomendou a implementação de treinamentos melhores, políticas de diversidade racial nas contratações, inovações programáticas

---

[37] President's Task Force on 21st Century Policing [Força-Tarefa do Presidente sobre o Policiamento no Século XXI]. *Final Report of the President's Task Force on 21st Century Policing*. Washington, DC: Office of Community Oriented Policing Services, 2015.

[38] President's Commission on Law Enforcement and Administration of Justice [Comissão do Presidente sobre Aplicação da Lei e Administração da Justiça]. *The Challenge of Crime in a Free Society: A Report by the President's Commission on Law Enforcement and Administration of Justice*. Washington, DC: United States Government Printing Office, 1967.

e investimento em pesquisa. A Comissão Kerner sobre Desordens Civis chegou a uma conclusão semelhante, prescrevendo "treinamento, planejamento, sistemas adequados de inteligência e conhecimento a respeito da comunidade do gueto".[39]

Da mesma forma, a primeira versão do projeto de lei Ruas Seguras [Safe Streets bill], esboçado pelo presidente Johnson em 1968, pleiteava recursos para recrutar e treinar a polícia, modernizar equipamentos, melhor coordenar as agências de justiça criminal e inaugurar esforços inovadores de prevenção e reabilitação; contou com o apoio da União Estadunidense pelas Liberdades Civis (ACLU) e de outras organizações liberais em prol de reformas.[40] A versão do projeto que voltou do Congresso basicamente liberava recursos em grandes blocos para que os estados investissem como bem entendessem. Mesmo assim, Johnson não deixou de avalizar o projeto de lei, alegando que os objetivos fundamentais de profissionalizar a polícia seriam alcançados. Na década seguinte, o resultado produzido foi uma expansão massiva dos equipamentos policiais, unidades da SWAT e equipes de combate às drogas – e quase nenhum recurso direcionado à prevenção e reabilitação.

Ao enquadrar o problema do policiamento como uma questão de inadequação de treinamento e falta de profissionalização, os reformadores deixam de abordar diretamente como o próprio caráter do policiamento e do sistema legal opera para manter e exacerbar a desigualdade racial. Ao exigirem "lei e ordem" sob um prisma de neutralidade racial, eles fortalecem um sistema que submete as pessoas não-brancas a uma desvan-

---

[39] National Advisory Commission on Civil Disorders. *Report of the National Advisory Commission on Civil Disorders*. Nova York: Bantam Books, 1968.

[40] Omnibus Crime Control and Safe Streets Act of 1968. *Pub. L. 90-351, 90th Cong.*, 19 jun. 2007.

tagem estrutural e contribui para sua profunda marginalização social e jurídica.[41] No fundo, eles deixam de reconhecer que o caráter básico da lei e da polícia, desde suas origens, consiste em ser uma ferramenta para gerir a desigualdade e manter o *status quo*. As reformas policiais que não enfrentam diretamente essa realidade estão condenadas a reproduzi-la.

O Departamento de Justiça comete o mesmo erro em seu relatório sobre o Departamento de Polícia de Ferguson.[42] Ele se apoia muito na melhoria do treinamento e da expansão de iniciativas de policiamento comunitário para combater os vieses raciais e o uso excessivo da força. Também defende que a polícia reconheça seu papel histórico na opressão racial, como foi feito pelo diretor do FBI James Comey e, em menor grau, pelo comissário William Bratton em Nova York.[43] Para além disso, o documento, em larga medida, apresenta reformas procedimentais elaboradas para tornar o processo de policiamento mais democrático por meio de consultas internas com policiais e seus sindicatos e consultas externas com o público. As polícias são incentivadas a pensar como a comunidade perceberá suas ações e a buscar interações não punitivas com as pessoas a fim de construir confiança. Esse tipo de reforma pode até aprimorar a eficiência das burocracias policiais

---

[41] Bell, Monica. "Police Reform and the Dismantling of Legal Estrangement". *Yale Law Journal* 126:7 (2017).

[42] Civil Rights Division of the United States Department of Justice. *Report on the Investigation of the Ferguson Police Department*. Washington, D. C., 4 mar. 2015.

[43] Comey, James. "Speech at Georgetown University". *Washington*, D.C., 12 fev. 2015, FBI.gov; Mathias, Christopher. "Bratton Says Police to Blame for 'Worst Parts' of Black History, but Reform Advocates are Unimpressed". *Huffington Post*, 24 fev. 2015. Disponível em: <http://www.huffingtonpost.com/2015/02/24/william-bratton-nypd-slavery-history-broken-windows_n_6746906.html>.

e melhorar as relações entre os atores envolvidos nos diálogos entre polícia e comunidade, mas surtirão poucos efeitos no que diz respeito aos resultados racialmente díspares do policiamento. Isso porque mesmo a aplicação racialmente neutra das leis de trânsito invariavelmente punirá os moradores mais pobres, que têm menos condições de fazer a manutenção de seus veículos e arcar com as multas. Policiais bem treinados seguindo os procedimentos corretos ainda vão acabar prendendo pessoas em larga medida por crimes de menor gravidade, e o fardo continuará a recair principalmente sobre as comunidades de cor porque *é assim que o sistema foi projetado para funcionar* – e não em virtude de preconceitos ou mal-entendidos dos agentes policiais individuais.

Policiamento comunitário

Todo mundo gosta da ideia de um policial do bairro que conhece e respeita a comunidade. Infelizmente, essa é uma compreensão mítica da história e do caráter do policiamento urbano, como veremos no capítulo 2. O que distingue a polícia de outros órgãos municipais é que ela está legalmente autorizada a fazer uso da força.

Embora precisemos que a polícia siga a lei e faça uso mais restrito da força, não dá para esperar que ela seja significativamente mais amigável do que ela já é, dado seu papel atual na sociedade. Quando seu trabalho é criminalizar todo e qualquer comportamento desordeiro e financiar o governo local por meio de campanhas massivas de aplicação de multas, suas interações com o público em regiões de altos índices de criminalidade serão, na melhor das hipóteses, duras e distanciadas, e, na pior das hipóteses, hostis e abusivas. As pessoas vão demonstrar resistência aos policiais e vão julgar suas atitudes como intrusivas e ilegítimas; a polícia reagirá a essa resistência de maneira defensiva e com ainda mais assertividade. O policiamento comunitário é inviável nessas condições.

Outra parte do problema reside na natureza da comunidade. Como aponta Steve Herbert, as reuniões comunitárias tendem a ser frequentadas muito mais por moradores de longa data, pessoas que não moram de aluguel em suas casas, donos de comércios e proprietários locadores.[44] As opiniões dos inquilinos, dos jovens, das pessoas em situação de rua, dos imigrantes e dos mais socialmente marginalizados raramente são representadas. Por conta disso, elas tendem a se concentrar menos em crimes graves e mais em problemas de "qualidade de vida" envolvendo comportamentos desordeiros de baixo nível.

Em todo o país, os programas de polícia comunitária têm se baseado na ideia de que a "comunidade" deve trazer preocupações de todos os tipos a respeito das condições do bairro à polícia, que por sua vez trabalhará com ela no desenvolvimento de soluções. As ferramentas de que a polícia dispõe para resolver esses problemas, entretanto, geralmente se limitam a ações punitivas, como prisões e aplicações de multas. É muito comum que os programas de policiamento comunitário defendam o aumento do recurso a Ligas Atléticas da Polícia, desenvolvimento de atividades positivas não ligadas à aplicação estrita da lei com a juventude e mais foco em conhecer os membros da comunidade. Há poucas pesquisas, no entanto, que trazem indícios de que esses esforços efetivamente reduzem a criminalidade ou ajudam a superar o problema do sobrepoliciamento.

O tráfico de pequeno porte e o uso de drogas geram um grande número de demandas por serviço policial. A criminalização dessas atividades não contribuiu em nada para reduzir a

---

44 Herbert, Steve. *Citizens, Cops, and Power: Recognizing the Limits of Community*. Chicago: University of Chicago Press, 2006.

disponibilidade das drogas e seus efeitos negativos sobre indivíduos ou comunidades, mas produziu consequências negativas substanciais para quem foi preso e vem consumindo uma enorme quantidade de recursos municipais e estaduais.

As pesquisas demonstram que o policiamento comunitário não empodera as comunidades de maneiras significativas. Amplia o poder da polícia, mas nada faz para reduzir o peso do sobrepoliciamento nas pessoas não-brancas e nos pobres. É hora de passar a investir nas próprias comunidades. Orçamentos participativos e mecanismos aprimorados de responsabilização política contribuirão mais para melhorar o bem-estar das comunidades do que aumentar o poder e o escopo do policiamento.

Mecanismos de responsabilização

Outro foco dos reformadores é garantir que a polícia seja devidamente responsabilizada pelos seus atos. Na maioria dos casos, os ativistas exigem que os policiais sejam processados criminalmente, mas como isso raramente surte algum efeito alguns passaram a defender novas formas de julgamentos policiais. Muitos reformadores frustrados com a inação do poder municipal têm cobrado intervenções por parte do governo federal, embora também não haja muito histórico de êxito desse tipo de estratégia. Por fim, as câmeras corporais acopladas aos uniformes policiais surgiram como uma possível solução tecnológica, mas levantam sérias questões de privacidade.

Promotores independentes

Existem sérios impedimentos jurídicos, institucionais e sociais para se conseguir processar policiais. Embora seja difícil obter um conjunto de dados concretos a esse respeito, é extremamente raro encontrar um processo bem-sucedido contra um policial por ele ter matado alguém durante seu expediente quando não há nenhuma denúncia de corrupção envolvida. Um relatório recente registrou que nos últimos dez anos apenas 54 policiais foram formalmente acusados de efetuarem disparos fatais em serviço; desses, somente onze chegaram a ser condenados.[45] Na média, eles foram sentenciados a apenas quatro anos de prisão, sendo que alguns só tiveram de cumprir algumas semanas de pena. As poucas condenações que efetivamente saíram foram decorrentes principalmente de evidências claras registradas em vídeo ou de testemunhos prestados por outros policiais.

A partir do momento em que se inicia uma investigação dessa natureza, já existem barreiras estruturais para o indiciamento e o processo. Quando há motivo para se acreditar que o disparo da arma de fogo pode não ter sido justificado, a tendência é de que os promotores assumam um papel mais importante. No entanto, eles precisam contar com a cooperação da própria polícia para conseguir reunir as evidências necessárias, incluindo depoimentos de testemunhas. E os policiais presentes no local às vezes são as únicas testemunhas do ocorrido. A estreita relação de trabalho entre a polícia e os promotores, normalmente um trunfo nas investigações de homicídio, passa a configurar um conflito de interesses fundamental até nos casos que seriam mais simples e diretos. Em razão disso, os promotores muitas vezes relutam em levar adiante esse tipo de caso de maneira mais agressiva.

Ademais, como os cargos de procurador estadual geralmente são eletivos, eles muitas vezes têm receio de serem vistos como inibidores da polícia, uma vez que o público vê os pro-

---

[45] Kindy, Kimberly. Kelly, Kimbriell. "Thousands Dead, Few Prosecuted". *Washington Post*, 11 abr. 2015.

curadores estaduais como defensores da lei e da ordem. Mesmo em períodos mais tensos envolvendo casos de má conduta policial, a maioria dos cidadãos tende a manter um forte viés favorável à polícia. É possível constatar os efeitos disso no caso de Darren Wilson, o policial que alvejou Michael Brown em Ferguson. Os procuradores passaram meses coletando e apresentando evidências. Por mais que isso conferisse um ar de rigorosidade ao caso, também criou um período de "esfriamento" público, abrindo mais margem para que a pressão em torno do processo esmorecesse.

Além disso, a procuradoria do condado de Saint Louis optou por uma abordagem radicalmente diferente nesse caso. Normalmente, os promotores fazem uma breve apresentação das provas ao grande júri, na qual defendem que acusações específicas sejam consideradas. Dado o baixo limiar do que configuraria causa provável e a natureza unilateral dos encaminhamentos, acusações bem-sucedidos são a norma. Nesse caso, porém, os procuradores optaram por fornecer ao grande júri uma ampla variedade de evidências conflitantes e poucos subsídios para poder avaliá-las, fazendo com que a decisão fosse tomada sem qualquer orientação no sentido de qualificar se as acusações eram ou não justificadas e para qual ofensa. Isso permitiu que a procuradoria se isentasse de qualquer responsabilidade pelo desfecho e serviu para confundir e minar a convicção do grande júri, apostando que ele provavelmente optaria por errar por excesso de cautela e se abstivesse de levar a cabo o indiciamento. Normalmente, o júri é orientado de maneira clara e apenas contraria os procuradores em casos extremos.

Uma alternativa que está sendo aventada em vários estados é a criação de uma procuradoria independente, mais afastada da política local. A esperança é de que tais processos independentes sejam vistos como mais legítimos, independentemente do resultado. Além disso, essas chamadas *blue desks* [divisões azuis] podem se tornar repositórios de experiência em processos policiais. Embora ainda vinculados à política estadual, esses departamentos, em virtude de terem um único foco, talvez sejam mais capazes de se blindar de críticas por levarem a cabo processos excessivamente incisivos, bem como de acusações por não apoiarem a polícia – uma vez que estariam cumprindo seu objetivo principal.

No entanto, mesmo quando um procurador estiver devidamente motivado, ainda há enormes obstáculos jurídicos. Respaldadas por decisões da Suprema Corte, as leis estaduais que autorizam a polícia a fazer uso da força conferem aos policiais uma margem consideravelmente folgada no emprego letal da força. No caso *Graham v. Connor*, de 1989, a Suprema Corte decidiu que os policiais podem fazer uso da força para efetuar uma prisão legal ou se acreditarem que a pessoa representa uma ameaça física grave ao policial ou a terceiros.[46] Isso significa que a polícia pode fazer uso da força a partir do momento em que há qualquer resistência a uma prisão. No Missouri e em muitos outros lugares, qualquer ato que seja percebido como tentativa de tirar a arma de um policial já justifica o uso letal da força. A corte também afirma que as circunstâncias devem ser julgadas em seu conjunto e com base em uma compreensão de que os policiais precisam tomar decisões em frações de segundo. Por isso, fatores como o tamanho do suposto criminoso e de que modo ele se movimentou, bem como o treinamento e as orientações recebidas pelo policial, entram no rol de considerações que um júri pode levar em conta. Em alguns casos, as leis estaduais nem refletem os novos padrões federais. Processos

---

[46] *Graham v. Connor*, 490 U.S. 386 (1989).

recentes movidos contra policiais no Missouri e na Carolina do Sul ficaram embolados por conta de leis estaduais que permitem à polícia atirar em suspeitos em fuga.

Outro desafio que não será corrigido com procuradores independentes é a mentalidade dos júris. A cultura popular e o discurso político estão saturados de comentários sobre a importância central da polícia na manutenção da integridade estrutural básica da sociedade, bem como a respeito do caráter perigoso de seu trabalho – por mais equivocadas que sejam ambas essas ideias. O padrão jurídico dos julgamentos de policiais intensifica essa tendência de identificação com eles.

Finalmente, a despeito do discurso de que estaríamos em uma "sociedade pós-racial", o racismo e o preconceito permanecem onipresentes na sociedade estadunidense – em especial, na esfera da justiça criminal. Há fartas evidências de que o júri tende a ter um viés que exacerba as disparidades raciais nas resoluções da justiça criminal, incluindo falsas condenações, aplicação da pena de morte e condenações por drogas. Há pesquisas recentes que mostram que quanto mais próximos os brancos vivem dos negros, tanto mais positivas são suas opiniões sobre a polícia – um mau sinal para um indiciamento em um lugar como o condado de Saint Louis. É muito mais provável que jurados brancos acabem ficando do lado da polícia, independentemente da raça do policial e da pessoa morta.

Intervenção federal

Muitos proponentes defendem que o governo federal assuma um papel mais ativo na responsabilização das polícias locais e no estudo de políticas e práticas sistemáticas, citando os problemas que observamos há pouco a respeito da relação entre as promotorias públicas e as polícias locais.[47] Desde a era do movimento por direitos civis, quando o governo reconheceu que os sistemas legais locais estavam se recusando a tocar processos contra perpetradores de violência racista, o Departamento de Justiça (DOJ) foi autorizado a abrir ações criminais contra policiais individuais por meio de processos por violação de direitos civis.

Os ativistas locais também têm recorrido ao DOJ quando sentem que a polícia local e as autoridades políticas não estão respondendo às suas demandas por reformas sistêmicas. Desde 1994, após o caso Rodney King, o DOJ passou a ter permissão para realizar investigações, produzir relatórios e até mover ações em situações nas quais há indício de um padrão de violações constitucionais.[48] Sua capacidade de expor problemas e pressionar as autoridades locais é vista como um importante fator regulador do poder político e policial local. Além disso, muitos ativistas acreditam que a intervenção federal lhes garantirá um maior respaldo nas suas negociações cotidianas com a polícia local.

Na prática, são raros esses processos e investigações. As polícias locais muitas vezes relutam em cooperar, algumas chegam a se recusar abertamente a cumprir com as determinações, forçando a abertura de ações judiciais adicionais, o que eleva os custos e atrasa as reformas. A Divisão de Direitos Civis do DOJ conta com apenas cinquenta advogados, sendo que alguns deles não cuidam exclusivamente desse tipo de tarefa.[49] Em se tratando de atos individuais, o ônus da prova exige que haja evidências que comprovem a intenção de privar alguém de seus

---

[47] Dianis, Judith Browne. "Why Police Shootings are a Federal Problem". *Politico*, 13 abr. 2015.

[48] *Cause of Action, U.S. Code* 42 (1994), § 14141.

[49] Weichselbaum, Simone. "Policing the Police". *Marshall Project*, 26 mai. 2015.

direitos. Atos realizados no calor da hora, combinados com qualquer indicação de possível ameaça ao policial, geralmente são o suficiente para solapar processos inteiros. Além disso, por conta do receio de não fazer grandes intervenções federais nos sistemas locais de justiça, apenas os casos mais explícitos e incontestáveis acabam sendo levados adiante – cerca de apenas cem por ano. Cada um dos cerca de 17 mil departamentos independentes de polícia do país tem uma forma particular de fazer as coisas, gozando de notável autonomia. Uma vitória política ou jurídica que consiga impor mudanças em determinado departamento de polícia local pode não ter impacto nenhum no departamento vizinho.

Mesmo quando os casos terminam em acordos voluntários ou termos de ajustamento impostos pelo tribunal, os resultados raramente são significativos ou duradouros. Em 1999, o DOJ assinou um termo de ajustamento com a polícia estadual de Nova Jersey para tratar de casos de "dirigir sendo negro"[50] por meio da imposição de uma série de mudanças na forma pela qual os policiais eram treinados e designados a tarefas, na forma de conduzir abordagens e revistas, bem como nos cuidados com os arquivos e registros. No fim das contas, contudo, um estudo conduzido cinco anos depois revelou que 75% de todas as abordagens feitas pelos policiais do departamento ainda eram dirigidas a motoristas negros e latinos.[51] Em Cleveland, o DOJ conseguiu que a

---

[50] N.T.: *driving while black* é uma expressão sarcástica usada para descrever uma prática comum de perfilamento racial nas abordagens policiais de trânsito. Formula-se a atitude racista à maneira de uma infração formal, como "*Driving while intoxicated*" ("Dirigir sob o efeito de álcool"), para evidenciar seu caráter absurdo.

[51] Harris, David. *Driving While Black: Racial Profiling on our Nation's Highways*. Nova York: American Civil Liberties Union, 1999.

polícia local concordasse em proibir o disparo contra veículos em fuga a menos que houvesse uma ameaça imediata à vida. Esse acordo parece ter surtido pouco efeito quando policiais mataram um motorista e uma passageira desarmados depois de terem alvejado seu carro com 137 disparos porque teriam confundido o barulho de um estalo do motor com o de um tiro.[52] O DOJ tem o poder de deixar de repassar verbas federais a departamentos policiais que não implementarem mudanças, mas na prática isso nunca ocorre. Em vez de tomar providências muitas vezes cosméticas para aumentar a legitimidade da polícia, o DOJ deveria exigir um extenso reexame a respeito do papel crescente exercido pela polícia nas desigualdades raciais e de classe.

Parte da inocuidade desse processo se deve ao fato de que as mudanças impostas tendem a espelhar as reformas fracassadas delineadas ao longo deste capítulo: sofisticação do treinamento, instalação de câmeras nas viaturas e uniformes policiais, e aprimoramento da manutenção de registros. O relatório do DOJ sobre as práticas policiais em Ferguson de fato ajudou a expor a alocação inadequada de recursos federais e estaduais investidos em operações municipais e serviços policiais e judiciais racialmente enviesados e de baixa qualidade. Chegou até a sugerir reduzir o uso altamente arbitrário de intimações e prisões para pequenas infrações, bem como reduzir o policiamento ostensivo nas escolas. Infelizmente, sua principal recomendação foi implementar um sistema de "policiamento comunitário", sem contudo abordar toda a série de problemas que isso implica. Não discutiu o refreamento da Guerra às Drogas, da militarização da polícia ou do policiamento pautado pela teoria das janelas quebradas.

---

52 Berman, Mark. "Six Cleveland Police Officers Fired for Fatal '137 Shots' Car Chase in 2012". *Washington Post*, 26 jan. 2016.

Sob o governo Trump, há ainda menos motivos para apostar nessa estratégia como forma de controlar as polícias locais. O *attorney general*[53] Jeff Sessions deixou claro que dará carta branca às polícias locais e que, assim como na gestão George W. Bush, serão poucas as investigações e ações judiciais federais. Em vez de depender da instância federal, precisamos responsabilizar diretamente as autoridades locais pelo comportamento e pela missão das polícias locais.

Câmeras corporais

Os reformadores vêm aventando o uso de câmeras corporais como forma de dissuadir e responsabilizar os policiais por comportamento impróprio. O governo Obama acatou essa reforma e destinou dezenas de milhões de dólares nos orçamentos das polícias para tanto. As câmeras acopladas aos painéis das viaturas, que já existem há mais tempo, estão se tornando cada vez mais disseminadas; os departamentos de polícia gostam de ficar de olho nos policiais, e as câmeras parecem ter reduzido o número de reclamações e ações judiciais civis contra policiais. Em alguns casos, elas inclusive auxiliaram processos judiciais.

Existe um problema de recusa de colaboração por parte dos policiais. Em vários casos de disparos fatais, os agentes não ligaram suas câmeras. Por exemplo: um dos policiais que presenciou a morte de Walter Scott em Charleston não estava com sua câmera ligada. Nenhum dos policiais presentes em um caso de disparo fatal em Washington, D. C., em 2016, estava com a câ-

[53] N.T.: trata-se do cargo de chefia do Departamento de Justiça, que equivaleria ao de Ministro da Justiça, no Brasil, abarcando também algumas atribuições do procurador geral da República e do advogado geral da União.

mera ligada. Paul O'Neil, de 18 anos, foi morto por policiais de Chicago que estavam com suas câmeras desligadas.[54] Um estudo, inclusive, revelou que os departamentos que usam câmeras tinham taxas *mais altas* de casos envolvendo disparos fatais.[55]

Em última análise, a eficácia das câmeras corporais depende diretamente dos mecanismos de responsabilização vigentes. Se os procuradores locais e os júris não estiverem dispostos a agir com base nas evidências fornecidas pelas câmeras, os tribunais não serão uma ferramenta eficaz de responsabilização. Conferir às ouvidorias locais acesso às gravações pode colaborar com algumas investigações, mas muitas vezes essas ouvidorias só possuem autoridade limitada.

O uso de câmeras corporais também levanta questões importantes sobre privacidade e liberdades civis. Que destino terão essas gravações? No passado, as polícias chegaram a usar as informações coletadas para estabelecer bancos de dados de gangues, "arquivos vermelhos" de ativistas políticos e enormes bancos de dados sobre indivíduos que não são acusados de envolvimento em comportamento criminoso. Quem terá acesso a essas imagens? Em alguns casos, esse material pode ficar disponível para acesso público. Em Seattle, que conta com fortes legislações estaduais de transparência e acesso à informação, a polícia começou a postar vídeos no YouTube com os rostos dos indivíduos borrados. Por mais que isso transmita certa sensação de anonimato, as pessoas mais familiarizadas com as circunstâncias em questão podem acabar identificando

---

[54] Meyer, Robin. "Body Cameras are Betraying their Promise". *Atlantic*, 30 set. 2016.

[55] Pang, Min-Seok. Pavlou, Paul A. "Armed with Technology: The Impact on Fatal Shootings by the Police". *Fox School of Business Research Paper No 60-020*. 8 set. 2016.

com relativa facilidade os indivíduos envolvidos. Se o principal motivo por trás do apoio público ao uso de câmeras corporais seja aumentar a responsabilização dos policiais, então talvez as gravações deveriam ficar sob o controle de um órgão independente, e não nas mãos da própria polícia.[56]

Alternativas

Qualquer esperança de tornar a polícia mais responsabilizável pelos seus atos precisa ser baseada em uma maior abertura e transparência. Os departamentos policiais são notoriamente defensivos e insulares. O estatuto especial da polícia como detentora do monopólio do uso legítimo da força contribuiu para a consolidação de um imaginário de "eles contra nós" que produziu toda uma cultura de sigilo. Por tempo demais, a polícia se blindou de fiscalização pública, pesquisa acadêmica aberta e investigações por parte da imprensa. Precisamos erradicar práticas arraigadas que não servem a nenhum propósito legítimo, abandonar políticas fracassadas e combater o racismo implícito e explícito no interior dos quadros da polícia, e acabar com a cultura de hostilidade em relação ao público.

A polícia precisa parar de lutar contra as solicitações de acesso à informação feitas pelo público, por pesquisadores e pela imprensa. Ela deveria, ao contrário, estimular mais fiscalização pública por meio da inclusão de civis nos principais órgãos de tomada de decisão. Assim como muitos hospitais, universidades e empresas têm diretores externos provenientes das comunidades que essas organizações atendem, a polícia deveria trabalhar para trazer as pessoas para dentro, e não excluí-las. Isso está sen-

[56] Vitale, Alex S. "A New Approach to Body Cameras". *Gotham Gazette*, 2 mai. 2017.

do feito em cidades como Seattle e Oakland, onde foram criadas comissões civis de polícia que vêm apresentando resultados encorajadores. Idealmente, essas pessoas deveriam ser escolhidas pelas comunidades, e não pela polícia ou mesmo pelas autoridades políticas. Esse é um requisito básico do policiamento democrático. Como observa o professor de direito da Universidade de Nova York (NYU) Barry Friedman, ao deixarmos de supervisionar adequadamente as ações da polícia, estamos colocando nossa sociedade em perigo, em especial, tendo em vista que novas tecnologias conferem à polícia a capacidade de ter acesso a cada vez mais aspectos de nossas vidas privadas.[57]

Não podemos depender de uma porção de indivíduos bem-intencionados para conseguir conter os excessos do poder policial. É preciso instaurar bases institucionais de poder que operem como forças contratendenciais, monitorando a polícia de maneira ativa e rigorosa.

Desarmar a polícia

Desde 1900, a polícia britânica matou um total de cinquenta pessoas. Só em março de 2016, a polícia estadunidense matou cem pessoas.[58] Sim, nos Estados Unidos há mais pessoas e mais armas, mas a escala das mortes cometidas pela polícia vai muito além dessas diferenças. A polícia estadunidense é equipada com uma espantosa variedade de armas, desde pistolas semiautomáticas e rifles AR-15 totalmente automáticos até lançadores de granada e metralhadoras calibre 50. Boa parte dos arma-

[57] Friedman, Barry. *Unwarranted: Policing Without Permission*. Nova York: Farrar, Straus and Giroux, 2017.

[58] "The Counted", *Guardian*. <https://www.theguardian.com/us-news/series/counted-us-police-killings >.

mentos militarizados vem diretamente do Pentágono por meio do Programa 1033, um programa de transferência de armas iniciado em 1997. Por meio dele foi viabilizada a distribuição de 4 bilhões de dólares em equipamentos. Os departamentos locais de polícia podem obter armamentos extras sem nenhum custo adicional e sem ter que prestar contas sobre como eles serão usados. Agora pequenas comunidades têm acesso a veículos blindados, fuzis de assalto, lança-granadas e uma série de armas "menos letais", tais como balas de borracha e munição de spray de pimenta. O Departamento de Segurança Interna (DHS) também repassou 34 bilhões de dólares em "subsídios antiterrorismo", um presente e tanto para empresas militares privadas em busca de expandir seu alcance para os mercados de policiamento civil.[59]

As equipes da SWAT se tornaram as principais consumidoras de armamentos e táticas militarizadas.[60] Essas unidades fortemente armadas e paramentadas quase nunca são utilizadas para seu propósito original de lidar com situações envolvendo reféns ou suspeitos entrincheirados. Em vez disso, sua função agora é cumprir mandados de busca e apreensão, dar apoio a operações de compra e apreensão de drogas no nível do varejo e fazer o patrulhamento de regiões com elevados índices de criminalidade. Boa parte dessa expansão ocorreu em função de políticas federais que financiaram a compra de equipamentos para essas equipes, seja diretamente, seja por meio de leis de confisco de bens.

---

[59] ACLU. *War Comes Home: The Excessive Militarization of American Policing*. Nova York: ACLU Foundation, 2014.

[60] Kraska, Peter. *Militarizing the American Criminal Justice System: The Changing Roles of the Armed Forces and the Police*. Lebanon, NH: University Press of New England, 2001.

O aumento do uso de unidades paramilitares acarretou dezenas de incidentes em que a polícia indevidamente matou ou feriu pessoas – incluindo jogar uma granada de atordoamento no berço de um bebê durante uma operação antidrogas na Geórgia em maio de 2014.[61] A criança teve queimaduras graves e ficou em coma. Nenhuma droga foi encontrada e ninguém foi preso. Um policial foi acusado de perjúrio, mas foi posteriormente inocentado no julgamento. Aliás, o procurador local ainda ameaçou responsabilizar os familiares pelos ferimentos da criança. Essa quase total ausência de responsabilização por operações desastrosas, uso excessivo da força e desumanização dos suspeitos precisa ser corrigida. Livrar-se dessa parafernália militar seria um começo, mas mesmo armas de fogo de pequeno porte já representam um grande problema. Será que policiais armados configuram de fato a ferramenta mais apropriada na maioria dos casos?

Mesmo quando os policiais acabam sendo feridos ou mortos, o fato de estarem portando uma arma de fogo às vezes contribui para sua vitimação. Criminosos decididos a escaparem das garras da polícia têm maior probabilidade de usar força letal precisamente porque sabem que o policial está armado. Por isso tendem a sempre apelar direto para atitudes mais drásticas. É muito menos provável que um suspeito armado dispare contra um policial desarmado. Isso significa que algumas pessoas podem acabar escapando? Sim. Mas também significa que muitas vidas serão salvas, incluindo a vida de policiais, e que a legitimidade da polícia será amplamente reforçada. As abordagens no trânsito seriam menos mortais, tanto para os policiais quanto para o público, se a polícia não portasse armas.[62]

---

[61] Chen, Tina. "Baby in Coma after Police 'Grenade' Dropped in Crib During Drug Raid". *ABC News*, 30 mai. 2014.

[62] Smithsimon, Greg. "Disarm the Police". *MetroPolitics*, 29 set. 2015.

Enquanto a polícia insiste na necessidade de armas de fogo, a grande maioria dos policiais nunca sequer efetua um disparo – alguns inclusive se gabam de ter longas carreiras sem sequer precisar sacá-las em serviço. Alguns dirão que elas funcionam como elemento dissuasor e que reforçam a autoridade policial para que não seja necessário apelar para o uso da força. Isso pode até ser verdade nas margens, mas depender da ameaça de força letal para garantir cooperação vai completamente na contramão do princípio do "policiamento consentido". O fato de a polícia sentir necessidade de reforçar constantemente sua autoridade por meio da ameaça de violência letal é um indício de uma crise fundamental de legitimidade policial.

Função da polícia

Mais do que qualquer coisa, porém, o que realmente precisamos é repensar o papel da polícia na sociedade. As origens e a função da polícia estão intimamente ligadas à gestão das desigualdades de raça e de classe. A supressão dos trabalhadores e a rigorosa vigilância e microgestão de vidas negras e não-brancas sempre estiveram no centro do policiamento. Qualquer estratégia de reforma policial que não encarar essa realidade está fadada ao fracasso. Precisamos parar de nos pautar em função de reformas procedimentais e passar a avaliar criticamente os resultados substanciais do policiamento. Precisamos reavaliar constantemente o que é que a polícia está sendo solicitada a fazer e que impacto o policiamento produz nas vidas dos policiados. Uma guerra mais cordial, gentil e diversificada contra os pobres ainda é uma guerra contra os pobres. Como aponta Chris Hayes, organizar o policiamento em torno da cobrança de taxas e multas para financiar os governos locais é algo que mina os ideais básicos da democracia.[63] E enquanto a polícia for incumbida de travar guerras simultâneas contra as drogas, o crime, a desordem e o terrorismo, teremos um policiamento agressivo e invasivo que criminaliza desproporcionalmente os homens jovens, pobres e não brancos. Precisamos fazer recuar essa ampliação espantosa do poder policial e seu papel no encarceramento em massa que está no cerne da "nova segregação".[64]

O que estamos testemunhando é uma crise política. Em todos os níveis e em ambos os partidos, nossos líderes políticos abraçaram uma política neoconservadora que enxerga todos os problemas sociais como questões de polícia. Eles desistiram de se valer do governo para melhorar a desigualdade racial e econômica e parecem determinados a agravar essas desigualdades e usar a polícia para administrar as consequências. Durante décadas, eles vêm colocando a polícia contra o público ao mesmo tempo que pedem que sejam mais amigáveis e melhorem as relações com a comunidade. Não dá para fazer as duas coisas.

Há um número cada vez maior de autoridades vindo a público falar sobre as falhas dessa abordagem. Na esteira da morte trágica de cinco policiais em Dallas, o chefe de polícia David Brown disse:

---

[63] Hayes, Chris. *A Colony in a Nation*. Nova York: W.W. Norton and Co., 2017.

[64] N.T.: o termo *New Jim Crow* foi cunhado pela advogada e ativista Michelle Alexander em seu livro homônimo que discute a maneira pela qual a atual estrutura do sistema judiciário e seus mecanismos de encarceramento em massa atualizam e repõem as práticas de segregação racial do antigo sistema Jim Crow, abolidas formalmente em 1965 por pressão do movimento por direitos civis. Reproduzimos aqui a tradução dada ao título da edição brasileira do livro. Alexander, Michelle. *A nova segregação: racismo e encarceramento em massa*. São Paulo: Boitempo, 2017, trad. Pedro Davoglio e Silvio Luiz de Almeida.

> Estamos exigindo demais dos policiais neste país. Estamos mesmo. Estamos colocando toda e qualquer falha social nas costas da polícia para resolver. Faltam recursos para o tratamento de saúde mental? Deixe que os policiais cuidem disso [...] Aqui em Dallas temos um problema de cães abandonados rondando pelas ruas; vamos então mandar os policiais ficarem correndo atrás de cães soltos. As escolas fracassam, repassemos a tarefa à polícia [...] É muito para pedir. O policiamento foi feito para resolver todos esses problemas.[65]

Dizem a nós que os policiais são os guardiões da justiça. Que eles estão aqui para ajudar a manter a ordem social para que ninguém seja submetido a abusos. Que a aplicação neutra da lei garante a liberdade de todos nós. Essa compreensão do policiamento, porém, é em larga medida um mito. Apesar de quaisquer boas intenções que seus agentes possam ter, a polícia estadunidense funciona como uma ferramenta para administrar desigualdades profundamente arraigadas de uma forma que produz sistematicamente injustiças para a população pobre, marginalizada e não-branca.

Parte do problema é que nossos políticos, imprensa e instituições de justiça criminal muitas vezes identificam justiça com vingança. A cultura popular está recheada de fantasias de vingança nas quais os injuriados impõem uma retribuição horrível sobre aqueles que os feriram. Muitas vezes, isso envolve uma fantasia daqueles que foram jogados à margem e se voltam contra os poderosos; é uma fantasia de empoderamento por meio da violência. A polícia e as prisões passaram a ser nossas ferra-

[65] Dennis, Brady. Berman, Mark. Izadi, Elahe. "Dallas Police Chief Says 'We're Asking Cops to Do Too Much in This Country'". *Washington Post*, 11 jul. 2016.

mentas preferidas para aplicar punições. Todo o nosso sistema de justiça criminal converteu-se em uma enorme fábrica de vingança. Políticas de reincidência como as leis dos três *strikes*,[66] registros de agressores sexuais, a pena de morte e a abolição da liberdade condicional giram em torno de retribuição, e não de segurança. Segmentos inteiros de nossa sociedade já são considerados culpados de antemão. Isso não é justiça; é opressão. A justiça real procuraria restaurar pessoas e comunidades, reconstruir a confiança e a coesão social, oferecer às pessoas uma forma de seguir adiante, reduzir as forças sociais que produzem a criminalidade e tratar tanto vítimas quanto agressores como seres humanos plenos. Nossas polícias e sistema de justiça criminal como um todo não só fracassam nesse quesito como muitas vezes sequer consideram esse tipo de horizonte como parte de sua missão.

Há policiais e outros agentes do sistema de justiça criminal que querem usar seu poder para melhorar comunidades e indivíduos e proteger as pessoas "boas" das "más". Porém, esse tipo de postura está amparado na mesma noção degradada de justiça enquanto punição, além de contrariar os imperativos políticos das instituições em que operam. Por todo o país, há números cada vez maiores de policiais inconformados, profun-

[66] N.T.: as *three strikes laws* dos Estados Unidos fazem uma alusão direta à regra da terceira falta no beisebol, em que o batedor que a comete é eliminado da partida. Estruturada em torno de uma ideia de endurecimento cumulativo, esse tipo de norma determina que criminosos reincidentes – em geral, após cometer o terceiro delito ou "falta" – sejam submetidos a penas mais severas. Sua forma de aplicação varia de estado para estado, mas a premissa é de que o criminoso que pratica o terceiro *strike* esgotou todas as suas chances e deve ser retirado por muito tempo ou definitivamente do convívio social.

damente frustrados com a missão que lhes foi delegada e com as ferramentas que foram orientados a usar para tanto. Eles estão fartos de fazer parte de um sistema de criminalização e punição em massa. Esse sentimento é particularmente agudo entre os policiais afro-estadunidenses, que testemunham as terríveis consequências da atuação da polícia nas suas comunidades. Alguns estão começando a vir a público, como os Doze do NYPD, grupo que abriu um processo contra o seu próprio departamento de polícia pelo uso ilegal de uma política de policiamento baseada no cumprimento de metas.[67] Muitos outros, entretanto, têm medo de se pronunciar.

Mas nem todos os policiais são bem-intencionados. Muitos infelizmente praticam abusos baseados em discriminações de raça, gênero, religião ou condição econômica. O racismo explícito e intencional está vivo e ativo no policiamento estadunidense. Pedem que acreditemos que esses incidentes são excessos cometidos por "algumas maçãs podres". Mas por que é que a instituição policial blinda de maneira tão consistente esses excessos? Muitas vezes, quando há alguma denúncia de policiamento enviesado, a resposta é armar logo uma articulação defensiva na qual se nega qualquer intenção de fazer mal e se bloqueia qualquer forma de disciplinamento dos policiais envolvidos. Isso transmite uma mensagem inequívoca de que os policiais estão acima da lei e estão livres para proceder com base em seus preconceitos, sem precisar se preocupar com as consequências de seus atos. Também denota que a instituição está mais preocupada em se defender do que em erradicar esses problemas.

Será mesmo que nossa sociedade fica mais segura e mais justa com o encarceramento de milhões de pessoas? Será que

---

67 Knafo, Saki. "A Black Police Officer's Fight Against the NYPD". *New York Times*, 18 fev. 2016.

delegar à polícia o papel principal no enfrentamento aos problemas de moradia, saúde mental, disciplina escolar, desemprego entre os jovens, imigração, violência juvenil, trabalho sexual e drogas é realmente uma maneira de atingir uma sociedade melhor? É de fato possível treinar a polícia para que ela realize todas essas tarefas de maneira profissional e não coercitiva? Nas páginas que se seguem eu argumento que a resposta a todas essas perguntas é não; e desenho um plano para construirmos uma alternativa.

Qualquer projeto verdadeiro de reforma policial precisa substituir as polícias por comunidades empoderadas trabalhando para resolver seus próprios problemas. Comunidades pobres não-brancas vêm sofrendo as consequências de elevada criminalidade e desordem. São seus filhos que estão sendo mortos e roubados. Elas também têm sido obrigadas a arcar com o fardo do policiamento agressivo, invasivo e humilhante. O policiamento jamais será uma ferramenta justa ou eficiente de empoderamento comunitário, muito menos de justiça racial. As comunidades precisam confrontar diretamente os arranjos políticos, econômicos e sociais que produzem as enormes disparidades entre as raças e o abismo cada vez maior entre os que têm e os que não têm. Não precisamos de reformas policiais vazias; precisamos de uma democracia robusta que confira às pessoas a capacidade de exigir de seu governo e de si mesmas soluções reais, não punitivas, a seus problemas.

2. A polícia não está aqui para te proteger

A polícia existe para nos manter seguros. Ao menos é isso que nos é dito pela grande mídia e pela cultura pop. Os programas de TV exageram a quantidade de crimes graves e a natureza do que a maioria dos policiais realmente faz em seu dia a dia. O controle da criminalidade representa uma pequena parcela do policiamento, sempre foi assim.

Prisões por delitos graves de qualquer tipo são uma raridade para policiais uniformizados – a maioria deles não chega a fazer mais que uma por ano. Quando um policial de patrulha de fato apreende um criminoso violento no ato, trata-se de um momento marcante de sua carreira. A grande maioria dos policiais trabalha fazendo patrulhamento. Eles registram denúncias, realizam rondas aleatórias, tratam de infrações de trânsito e reclamações de barulho, emitem multas e fazem prisões por pequenas contravenções como beber em público, posse de pequenas quantidades de drogas ou a vaga acusação de promover "conduta desordeira". Os policiais que eu acompanhei fazendo patrulhamento descrevem seus dias como "99% de tédio e 1% de puro terror" – e mesmo esse 1% já é um certo exagero para a realidade da maioria dos policiais.

Mesmo os detetives (que representam apenas cerca de 15% das forças policiais) passam a maior parte do tempo fazendo registros de crimes que eles nunca resolverão – e em muitos casos nem chegarão a investigar. É simplesmente inviável que a polícia investigue todos os crimes denunciados. Até mesmo investigações de homicídio podem ser rapidamente encerradas se não for identificado nenhum suspeito claro dentro de dois dias, como ressalta o *reality show* televisivo *The First 48* [As primeiras 48 horas]. Roubos e furtos têm ainda menos probabilidade de receberem um apuramento minucioso ou de sequer serem investigados. A maioria dos crimes investigados não chega a ser resolvida.

A visão liberal do policiamento

Eu cresci assistindo a programas como *Adam-12*, que retratavam os policiais como aplicadores imparciais da lei. Nos anos 1960 e 1970, Hollywood ajudava o Departamento de Polícia de Los Angeles (LAPD) a produzir uma imagem profissional de si mesmo no rescaldo dos levantes Watts em 1965.[68] Hoje, estamos inundados de dramas policiais e *reality shows* televisivos que transmitem *ethos* e objetivos semelhantes. Alguns são mais matizados do que outros, mas em geral esses programas retratam a polícia lutando para combater o crime em um ambiente complexo e por vezes moralmente contraditório. Mesmo quando a polícia aparece envolvida em comportamentos corruptos

---

[68] N.E.: o Levante de Watts foi uma rebelião popular contra a violência policial sofrida pelos negros nas periferias, ocorrida no bairro de Watts, em Los Angeles, de 11 a 15 de agosto de 1965. O protesto, que teve origem durante a abordagem policial de Marquette Frye e sua consequente prisão, resultou em 34 mortes, mais de mil feridos e aproximadamente três mil prisões.

ou brutais, como em *Dirty Harry* [Perseguidor Implacável] ou *The Shield* [The Shield - Acima da Lei], fica claro que sua principal motivação é pegar os bandidos.

É basicamente uma fantasia liberal que a polícia existe para nos proteger dos bandidos. Como argumenta o veterano estudioso da polícia David Bayley,

> A polícia não previne o crime. Este é um dos segredos mais bem guardados da vida moderna. Os especialistas sabem disso, os policiais sabem, mas as pessoas em geral não sabem. Ainda assim, a polícia finge ser a melhor defesa da sociedade contra o crime e está sempre argumentando que, se receber mais recursos, especialmente pessoal, será capaz de proteger as comunidades contra a criminalidade. Isso é um mito.[69]

Bayley aponta que não há nenhuma correlação entre o número de policiais e os índices de criminalidade.

Os liberais pensam na polícia como o mecanismo legítimo para fazer uso da força no interesse da sociedade como um todo. Para eles, o Estado, por meio de eleições e outros processos democráticos, representa a vontade geral da sociedade tão bem quanto qualquer sistema poderia; aqueles que agem contra esses interesses, portanto, devem enfrentar a polícia. A polícia deve manter sua legitimidade pública agindo de uma forma que o público respeite e esteja de acordo com o Estado de Direito. Para os liberais, a reforma policial é sempre uma questão de tomar medidas para restaurar essa legitimidade. É isso que distingue a polícia de uma democracia liberal da de uma ditadura.

---

[69] Bayley, David. *Police for the Future*. Oxford, Reino Unido: Oxford University Press, 1996, p 25-8.

Isso não significa dizer que os liberais acreditam que o policiamento estadunidense seja desprovido de problemas. Eles reconhecem que a polícia às vezes viola seus princípios, mas enxergam isso como uma falha individual a ser tratada por meio da implementação de procedimentos disciplinares ou melhorias no treinamento e supervisão. Se departamentos inteiros de polícia se mostram discriminatórios, abusivos ou não profissionais, eles reivindicarão medidas para erradicar preconceitos e más práticas como melhor capacitação, mudanças nos cargos de liderança e uma série de mecanismos de supervisão até que a legitimidade seja restabelecida. Eles defendem ser possível erradicar policiais racistas e agressivos da profissão e restabelecer um sistema imparcial de aplicação da lei que funcione para o interesse da sociedade como um todo. Querem que a polícia seja mais bem treinada, mais responsabilizável e menos violenta e racista – objetivos louváveis, mas que deixam intactas suas funções institucionais básicas, que no fundo nunca tiveram a ver com segurança pública ou controle da criminalidade.

Como aponta a cientista política Naomi Murakawa, esse equívoco liberal está por trás das reformas inadequadas da polícia e da justiça criminal feitas no passado.[70] Os liberais, de acordo com Murakawa, querem ignorar a profunda herança do racismo. Em vez de admitir o papel central da escravidão e do sistema Jim Crow na produção de riqueza para os brancos e na negação de oportunidades básicas de vida para os negros, eles preferem se concentrar no uso de alguns programas corretivos – apoiados por um sistema de justiça criminal robusto para transformar as atitudes da população negra para que ela tenha melhores condições de desempenho competitivo no mercado

[70] Murakawa, Naomi. *The First Civil Right: How Liberals Built Prison America*. Oxford, Reino Unido: Oxford University Press, 2014.

de trabalho. O resultado, entretanto, é que os estadunidenses negros partem de uma posição desvantajosa que os torna mais propensos a entrarem em contato com o sistema de justiça criminal e a serem tratados com mais severidade por ele. O que falta a essa abordagem liberal é qualquer avaliação crítica dos problemas que o Estado está pedindo que a polícia resolva, e se a polícia é de fato a entidade mais adequada para resolvê-los.

A realidade é que a polícia existe principalmente como um sistema para gerir e até mesmo produzir desigualdade através da supressão de movimentos sociais e da administração rigorosa dos comportamentos de populações pobres e não-brancas, as que saem perdendo nos arranjos econômicos e políticos vigentes. Bayley argumenta que o policiamento surgiu com o desenvolvimento de novas formações políticas e econômicas que passaram a produzir convulsões sociais que não podiam mais ser geridas pelos processos privados, comunais e informais existentes.[71] Isso pode ser verificado logo nas origens do policiamento, marcadas por três arranjos sociais básicos de desigualdade no século XVIII: escravidão, colonialismo e o controle de uma nova classe trabalhadora industrial. Isso criou o que Allan Silver denomina "sociedade policiada", na qual o poder do Estado foi significativamente expandido diante das convulsões sociais e demandas por justiça.[72] Como assinala Kristian Williams, "a polícia representa o ponto de contato entre o aparato coercitivo do Estado e as vidas de seus cidadãos".[73] Nas palavras de Mark Neocleous, a polícia

---

71 Bayley, David. "The Development of Modern Policing" em *Policing Perspectives: An Anthology*, ed. Gaines, Larry. Oxford, Reino Unido: Oxford University Press, 1998, p. 67.

72 Silver, Allan. "The Demand for Order in Civil Society" em *The Police*, ed. Bordua, David J. Nova York: John Wiley and Sons, 1976, p. 21.

73 Williams, Kristian. *Our Enemies in Blue: Police and Power in*

existe para "fabricar ordem social", mas essa ordem repousa sobre sistemas de exploração – e quando as elites sentem que esse sistema está em risco, seja por revoltas de escravizados, seja por greves gerais, seja por crimes e levantes nas ruas, elas contam com a polícia para controlar essas movimentações.[74] Quando possível, a polícia impede de forma agressiva e proativa a formação de movimentos e manifestações públicas de raiva, mas quando necessário recorrerá à força bruta. Portanto, embora as formas específicas que o policiamento assume tenham mudado conforme a natureza da desigualdade e as formas de resistência a ela tenham se alterado com o tempo, a função básica de gerir populações pobres, estrangeiras e não-brancas em nome de um sistema de desigualdade econômica e política permanece.

A força policial original

A maioria dos acadêmicos liberais e conservadores tenta rebater esse argumento citando a Polícia Metropolitana de Londres como grande exemplo do que seria a força policial "original". Criada em 1829 por Sir Robert Peel, a quem os "Bobbies" devem seu apelido, essa nova força era mais eficaz que a informal e não profissional "vigia", e que a milícia e o exército, excessivamente violentos e frequentemente odiados. Contudo, mesmo essa nobre iniciativa tinha em seu cerne o propósito não de combater o crime, mas de gerir a desordem e proteger as classes proprietárias contra a turba. Peel desenvolveu suas ideias durante sua experiência de gerenciamento da ocupação colonial britânica da Irlanda, ao buscar novas formas de controle

---

America. Oakland, CA: AK Press, p. 119.

[74] Neocleous, Mash. *The Fabrication of Social Order: A Critical Theory of Police Power*. Pluto Press, 2000.

social que permitiriam a continuação da dominação política e econômica diante de um cenário de intensificação de insurreições, motins e levantes políticos.[75] Durante anos, essas "irrupções" eram administradas pela milícia local e, se necessário, pelo próprio exército britânico. No entanto, a expansão colonial e as Guerras Napoleônicas reduziram dramaticamente a disponibilidade dessas forças exatamente no momento em que aumentava a resistência à ocupação britânica. Além disso, as tropas armadas tinham ferramentas limitadas para lidar com motins e outras formas de desordem em massa. Muitas vezes elas acabavam sendo convocadas a abrir fogo contra multidões, criando mártires e inflamando ainda mais a resistência irlandesa. Peel foi forçado a desenvolver uma forma de policiamento menos custosa e mais legítima: uma "Força de Preservação da Paz", composta por policiais profissionais que buscavam controlar multidões incorporando-se de maneira mais integral nas localidades rebeldes, para então identificar e neutralizar os "encrenqueiros" e os cabeças por meio de ameaças e prisões. Isso eventualmente levou à criação da Royal Irish Constabulary, que durante cerca de um século permaneceu a principal força policial rural da Irlanda. Ela desempenhou um papel central na manutenção do domínio britânico e um sistema agrícola opressor administrado por lealistas britânicos, um sistema que produziu pobreza, fome e deslocamento generalizados.

O acontecimento-chave que sinalizou a necessidade de uma força policial profissional foi o Massacre de Peterloo de 1819. Em um cenário de pobreza generalizada combinada com o deslocamento de mão de obra qualificada pela industrialização, começaram a surgir movimentos em todo o país reivindicando

---

75 Broeker, Galen. *Rural Disorder and Police Reform in Ireland, 1812-36*. Abingdon, Reino Unido: Routledge, 2015.

reformas políticas. Em agosto de 1819, dezenas de milhares de pessoas se reuniram no centro de Manchester. A manifestação, contudo, foi logo declarada ilegal. A cavalaria avançou sobre a multidão e, armada com sabres, matou uma dúzia de manifestantes e feriu centenas e centenas de outros. Em resposta, o Estado britânico desenvolveu uma série de leis contra a vadiagem desenhadas para forçar as pessoas a se ocupar de trabalho "produtivo". O que se mostrava necessário era uma força capaz tanto de manter o controle político quanto de ajudar a produzir uma nova ordem econômica própria do capitalismo industrial.[76] Foi para isso que, na condição de ministro do Interior, Peel criou a Polícia Metropolitana de Londres. As principais atribuições da nova polícia, apesar de alegar neutralidade política, eram proteger a propriedade, reprimir rebeliões, sufocar greves e outras mobilizações sindicais, e produzir uma força de trabalho industrial disciplinada. Esse sistema foi expandido por toda a Inglaterra, que estava repleta de movimentos contra a industrialização. Os luditas resistiram à exploração por meio de práticas de sabotagem no local de trabalho. Os jacobinos, inspirados na Revolução Francesa, eram uma fonte constante de preocupação. Os mais ameaçadores, contudo, eram os cartistas, que reivindicavam reformas democráticas fundamentais em nome dos trabalhadores ingleses empobrecidos. Os condestáveis e milícias e locais, não profissionais, eram incapazes de lidar com esses movimentos de forma eficaz ou fazer valer as novas leis de vadiagem.[77] Em um primeiro momento, recorria-

---

[76] Read, Donald. *Peterloo: The 'Massacre' and its Background*. Manchester, Reino Unido: Manchester University Press, 1958; Walmsley, Robert. *Peterloo: The Case Re-opened*. Manchester, Reino Unido: Manchester University Press, 1969.

[77] Mather, F. C. *Public Order in the Age of the Chartists*. Manchester,

-se aos serviços da nova Polícia de Londres, que tinha se mostrado bastante apta a sufocar distúrbios e greves usando um mínimo de força. Essa força londrina, no entanto, sempre carregou a marca da intervenção do governo central, o que muitas vezes inflamava ainda mais os movimentos. Por isso, as cidades acabaram criando seus próprios departamentos profissionais de polícia em tempo integral, com base no modelo londrino.

O modelo londrino foi importado para Boston em 1838 e se espalhou pelas cidades do norte nas décadas seguintes. Esse modelo teve de se adaptar à realidade dos Estados Unidos, onde a imigração em massa e o rápido processo de industrialização criaram um ambiente ainda mais caótico social e politicamente. Os líderes econômicos e políticos de Boston precisavam de uma nova força policial para administrar os levantes e a desordem social generalizada associada às classes trabalhadoras.[78] Em 1837, os motins de Broad Street envolveram uma turba de 15 mil imigrantes irlandeses que só foi contida depois que um regimento de milícia, incluindo 800 unidades de cavalaria, foi chamado às ruas. Depois disso, o prefeito Samuel Elliot decidiu tomar providências para criar uma força policial civil profissional.

Em 1844, Nova York criou uma força policial ainda maior e mais formal que a de Boston. A cidade transbordava com novos imigrantes que estavam sendo triturados pela industrialização acelerada e muitas vezes cruel, gerando uma situação de convulsão social e miséria que se expressava na forma de um aumento dos fenômenos da criminalidade, do conflito racial e étnico, e da agitação trabalhista. Em 1802, 1825 e 1828, estivadores brancos e negros entraram em greve e realizaram ações

---

Reino Unido: Manchester University Press, 1984.

[78] Lane, Roger. *Policing the City: Boston, 1822-1885*. Nova York: Atheneum, 1971.

destrutivas de sabotagem. Houve ondas grevistas maiores encabeçadas por trabalhadores qualificados que estavam sendo marginalizados pela produção em massa em 1809, 1822 e 1829. Isso tudo culminou na formação do Partido dos Trabalhadores dos EUA [Workingmen's Party] em 1829, que reivindicava uma jornada de dez horas e levou à fundação da Central Sindical Geral [General Trades' Union] em 1833. Motins menos explicitamente políticos se espalharam durante esse período, às vezes até com frequência mensal. Durante o motim de Natal de 1828, 4 mil trabalhadores atravessaram os bairros ricos de Manhattan em marcha, espancando negros e saqueando lojas pelo caminho. A vigia noturna se reuniu para contê-los, mas cedeu – para o horror da elite da cidade, que assistiu ao desenrolar dos acontecimentos de dentro de suas mansões e de uma festa no City Hotel. Em resposta, os jornais começaram a exigir uma grande expansão e profissionalização da vigia, o que eventualmente acabou originando a formação da polícia.[79]

Os nativistas protestantes ricos temiam e se ressentiam dos novos imigrantes, que eram geralmente católicos, pouco instruídos, desordeiros, politicamente militantes e propensos a votar no Partido Democrata. Eles procuraram disciplinar e controlar essa população através da restrição do consumo de álcool, dos jogos de azar e da prostituição, bem como comportamentos muito mais mundanos, tais como os penteados das mulheres, o comprimento dos maiôs e beijos em público.[80] A formação da polícia de Chicago estava diretamente ligada a esse tipo de esforço. O prefeito da coali-

[79] Gilje, Paul. *The Road to Mobocracy: Popular Disorder in New York City, 1763-1834*. Chapel Hill, NC: University of North Carolina Press, 1987.

[80] Fosdick, Raymond Blaine. *Crime in America and the Police*. Nova York: The Century Co., 1920.

zão da Lei e Ordem,[81] Levi Boone, estabeleceu a primeira força policial especial após sua eleição, em 1855, com a intenção expressa de impor uma série de leis morais nativistas, incluindo restrições ao consumo de álcool. Em resposta à prisão de dezenas e dezenas de taberneiros, um grupo composto principalmente por trabalhadores alemães tentou libertá-los, levando aos Motins de Cerveja Lager (*Lager Beer Riots*). De acordo com o historiador Sam Mitrani, as elites locais reagiram com a convocação de uma reunião de "Lei e Ordem" para exigir um corpo policial ainda maior e mais profissional. Na semana seguinte, o Conselho Municipal respondeu criando a primeira força policial oficial de Chicago.[82]

Foi a criação da polícia que tornou possível pela primeira vez a aplicação generalizada de leis antivício e até mesmo do próprio código penal.[83] Essas leis de moralidade deram ao Estado maior poder de intervir na vida social dos novos imigrantes e ao mesmo tempo abriram a porta para uma corrupção generalizada. A corrupção nesse setor era endêmica nos departamentos de polícia de todo o país. É certo que os porões das delegacias muitas vezes abrigavam pessoas em situação de rua e que os policiais de fato tomavam conta de muitos jovens órfãos, mas, como assinala Eric Monkkonen, esses esforços foram pensados principalmente como forma de monitorar e controlar essa população, não para fornecer qualquer assistência significativa.[84]

---

81 N.E.: a coalizão era formada por nativistas anti-imigrantes (American Party/Native American Party), anti-católicos (Know-Nothings) e defensores da temperança que estavam interessados na reforma moral e na ordem pública.

82 Mitrani, Sam. *The Rise of the Chicago Police: Class and Conflict, 1850–1894*. Chicago: University of Illinois Press, 2013.

83 Lane, Roger. *Policing the City*, *op. cit.*

84 Monkkonen, Eric. *Policing Urban America: 1860–1920*. Cambridge,

As primeiras polícias urbanas dos Estados Unidos eram corruptas e incompetentes. Os policiais eram geralmente escolhidos com base em ligações políticas e suborno. Na maior parte dos lugares não havia concursos públicos ou mesmo treinamento formal. Também foram usadas pelos partidos políticos como ferramentas para suprimir o voto na oposição e espionar e suprimir organizações, reuniões e greves de trabalhadores. Se um empresário local tivesse uma ligação mais próxima com algum político local, bastava que ele comparecesse à delegacia que um esquadrão da polícia seria enviado para ameaçar, surrar e prender os trabalhadores se fosse necessário. Subornos provenientes de jogos de azar e, mais tarde, contrabandistas eram uma importante fonte de renda para os policiais, sendo que as comissões aumentavam conforme a hierarquia da cadeia de comando. Esse sistema de estar "na folha de pagamento" permaneceu o procedimento padrão em muitos departamentos importantes até a década de 1970, quando começou a surgir certa resistência na forma de denunciantes, como Frank Serpico. A corrupção continua sendo um problema, especialmente em relação às drogas e ao trabalho sexual, mas tende a ser mais isolada, menos sistêmica e mais sujeita a certos controles disciplinares internos, em razão do trabalho feito por reformadores liberais no sentido de restabelecer a legitimidade das polícias.

As principais atribuições dos primeiros detetives eram espionar figuras políticas radicais e outros "encrenqueiros" e substituir os caçadores particulares de ladrões, que recuperavam bens roubados em troca de recompensas. Curiosamente, pouquíssimos ladrões acabavam sendo pegos pela nova polícia. Em muitos casos, eles trabalhavam em estreita colaboração com ladrões e batedores de carteira, embolsando uma parte de seus proventos e agindo

---

Reino Unido: Cambridge University Press, 1981.

como receptadores ao trocar bens roubados por recompensa, em vez de ter de vendê-las no mercado negro com um desconto grande. Os primeiros detetives, como Alexander "Clubber" Williams, acumularam fortunas consideráveis com esse tipo de esquema.[85]

A extensão da corrupção policial era tamanha que grandes empresários, jornalistas e líderes religiosos se uniram para expor a corrupção e a ineficiência da instituição, e exigir que a polícia se tornasse mais profissional e suprimisse com mais eficácia o crime, o vício e a política radical.[86] Em resposta a esforços como esses e outros feitos no fim do século XIX e início do século XX, o policiamento foi sendo profissionalizado por meio de concursos públicos e processos centralizados de contratação, treinamento e novas tecnologias. A corrupção ostensiva e a brutalidade foram controladas e foram introduzidas as ciências da administração. Reformadores como August Vollmer desenvolveram cursos e livros didáticos de ciências policiais, utilizaram novas tecnologias de transporte e comunicação e introduziram laboratórios policiais e sistemas de impressão digital. Como veremos adiante, muitas dessas ideias surgiram de suas experiências no interior das forças estadunidenses de ocupação nas Filipinas.

Das Filipinas à Pensilvânia

Em alguns casos, as primeiras forças policiais foram criadas com o objetivo específico de reprimir os movimentos dos tra-

---

[85] Dunham, Roger G. Aplert, Geoffrey P. *Critical Issues in Policing: Contemporary Readings, Seventh Edition*. Long Grove, IL: Waveland Press, Inc., 2015.

[86] Czitrom, Daniel. *New York Exposed: The Gilded Age Police Scandal that Launch the Progressive Era*. Oxford, Reino Unido: Oxford University Press, 2016.

balhadores. A Pensilvânia abrigava um dos sindicalismos mais militantes do fim do século XIX e início do século XX. A polícia municipal era muito pequena e às vezes até simpatizava com os trabalhadores, então os proprietários das minas e fábricas recorreram ao Estado para lhes fornecer forças armadas a fim de controlar as greves e intimidar os organizadores. A resposta inicial do Estado foi autorizar uma força policial totalmente privatizada, denominada Coal and Iron Police [Polícia de Carvão e Ferro].[87] Bastava que os empresários locais pagassem uma taxa de certificação de um dólar por pessoa para nomear alguém de sua escolha como agente oficial da lei. Essas forças trabalhavam diretamente para o empresário, geralmente sob a supervisão dos Pinkertons[88] ou de outras organizações privadas de segurança, e eram normalmente usadas para quebrar greves, frequentemente agindo como *agents provocateurs*, fomentando a violência como forma de dividir os movimentos dos trabalhadores e justificar sua remuneração continuada. A Polícia de Carvão e Ferro cometeu inúmeras atrocidades, incluindo o Massacre de Latimer, de 1897, no qual matou 19 mineiros desarmados e feriu outros 32. A gota d'água foi a Greve dos Carvoeiros de Antracito [Anthracite Coal Strike], de 1902, uma batalha intensa que durou cinco meses e gerou escassez de carvão em todo o país.

No rescaldo da greve, líderes políticos e empresários se convenceram de que um novo sistema de gestão do trabalho, bancado pelos cofres públicos, sairia mais barato para eles e teria maior legitimidade e eficácia públicas. O resultado foi a

---

[87] Sadler, Spencer J. *Pennsylvania's Coal and Iron Police*. Chicago: Arcadia Publishing, 2009.

[88] N.E.: a Pinkerton National Detective Agency, é uma agência de investigação e segurança privada fundada e estabelecida nos Estados Unidos pelo escocês Allan Pinkerton na década de 1850.

criação da Polícia Estadual da Pensilvânia em 1905, a primeira polícia estadual do país, modelada a partir da polícia das Filipinas, usada para manter a ocupação estadunidense da região e que se tornou um laboratório para novas técnicas e tecnologias policiais.[89] A população local se ressentia da ocupação estadunidense e desenvolveu organizações e lutas anticoloniais. A força policial nacional tentou desenvolver laços estreitos com as comunidades locais a fim de conseguir monitorar atividades subversivas. Os Estados Unidos também agiram rapidamente para instalar cabos de telefone e telégrafo para permitir a comunicação rápida de novas informações de inteligência. Quando surgiam manifestações, a polícia, por meio de uma enorme rede de informantes, podia se antecipar e introduzir espiões e agentes provocadores no meio delas a fim de semear discórdia e permitir que lideranças e outros agitadores fossem rapidamente presos e neutralizados.

Na Pensilvânia, a introdução dessa nova força paramilitar representou um importante deslocamento de poder, que se afastou mais das comunidades locais. Essa mudança, sem dúvida, favoreceu os interesses de grandes empresários, que exerciam muito mais influência sobre os políticos estaduais. Embora supostamente sob o controle político civil, a realidade é que a polícia estadual continua sendo uma força fundamental de supressão de atividade grevista, ainda que frequentemente com menos violência e maior autoridade jurídica e política. As consequências, no entanto, eram praticamente as mesmas, pois ela participou da repressão de greves e do assassinato de trabalhadores, como na Greve dos Carvoeiros do Condado de Westmoreland [West-

---

[89] McCoy, Alfred. *Policing America's Empire: The United States, The Philippines, and the Rise of the Surveillance State*. Madison, WI: University of Wisconsin Press, 2009.

moreland County Coal Strike], de 1910 e 1911. Seus ataques frequentes lhes renderam o apelido de "cossacos da Pensilvânia", cunhado pelos mineiros eslovacos, e levaram o legislador estadual socialista James H. Maurer a solicitar, compilar e publicar uma enorme quantidade de cartas descrevendo suas táticas de mão pesada sob o título *The American Cossack* [O cossaco estadunidense].[90] É interessante notar que muitas das cartas indicam que a nova polícia estadual não mostrava nenhuma preocupação rotineira com o controle da criminalidade, operando estritamente como forças de supressão grevista bancadas com recursos públicos. Em 1915, a Comissão Walsh[91] a descreveu como

> uma força extremamente eficiente para esmagar greves, mas [...] um malogro no que diz respeito à prevenção de violência relacionada às greves, à manutenção dos direitos legais e civis das partes envolvidas na disputa e à proteção do público. Pelo contrário, a violência parece aumentar em vez de diminuir quando a polícia se envolve em uma disputa industrial; os direitos legais e civis dos trabalhadores foram violados em várias ocasiões.[92]

Jesse Garwood, uma figura importante nas forças estadunidenses de ocupação nas Filipinas, aplicou os métodos de espionagem militarizada e repressão política aos mineiros e operários da Pensilvânia.

---

90 Federação Estadual do Trabalho da Pensilvânia. *The American Cossack*. Nova York: Arno Press & The New York Times, 1971.

91 N.E.: State Commission on Industrial Relations [Comissão Estadual de Relações Industriais].

92 "Pennsylvania State Police [Politics] Historical Marker", *ExplorePAhistory.com*. Disponível em: <http://explorepahistory.com/hmarker.php?markerId=1-A-3BB>.

Essas práticas, por sua vez, retroalimentavam o policiamento interno estadunidense. O líder policial mais importante do século XX, August Vollmer, tornou-se chefe de polícia em Berkeley, na Califórnia, depois de servir nas Filipinas. É dele o livro de referência mais influente do policiamento moderno. Vollmer foi pioneiro no uso de viaturas de patrulhamento com rádio, sistemas de impressão digital e outras técnicas hoje consideradas padrão. O general da marinha Smedley Butler, que criou a polícia haitiana e exerceu um papel importante na ocupação estadunidense da Nicarágua, trabalhou como chefe de polícia da Filadélfia em 1924, dando início a uma onda de modernização tecnológica e militarização das táticas policiais. Ele foi afastado do cargo depois de uma série de protestos públicos contestando seus métodos repressivos.[93]

Os Estados Unidos ainda criariam forças policiais coloniais adicionais na América Central e no Caribe no início do século XX. Jeremy Kuzmarov documenta o envolvimento dos EUA na criação de forças policiais repressivas no Haiti, na República Dominicana e na Nicarágua.[94] Essas forças foram projetadas no contexto de um programa de modernização e construção de nações (*nation-building*) da Era Progressista, mas foram rapidamente transformadas em forças brutais de repressão a serviço de regimes apoiados pelos Estados Unidos. Essas forças de segurança treinadas pelos EUA cometeram abusos horrorosos de direitos humanos, incluindo tortura, extorsão, sequestro e assassinato em massa.

---

[93] Kuzmarov, Jeremy. *Modernizing Repression: Police Training and Nation-Building in the American Century*. Amherst, MA: University of Massachusetts Press, 2012, p. 39.

[94] *Ibid.*

Durante o período do pós-guerra, os Estados Unidos continuaram estabelecendo forças policiais como parte de seus objetivos de política externa. Japão, Coreia do Sul e Vietnã do Sul: todos esses países tinham forças policiais criadas pelos EUA cujos objetivos principais eram inteligência e contrainsurgência. O. W. Wilson, o reformador policial do pós-guerra, foi coronel da polícia militar durante a Segunda Guerra Mundial e depois participou da desnazificação da Alemanha. Posteriormente, passou a lecionar ciência policial em Berkeley e foi nomeado Comissário da Polícia em Chicago em 1960, influenciando uma geração de executivos da polícia com suas ideias de policiamento preventivo.

Os Texas Rangers

Os EUA também tinham sua própria versão doméstica de policiamento colonial: os Texas Rangers. Inicialmente um bando mais solto de forças irregulares, os Rangers foram contratados para proteger os interesses dos recém-chegados colonos brancos, primeiro sob o governo mexicano, depois sob uma república independente do Texas e, finalmente, como parte do estado do Texas. Seu principal trabalho era caçar populações nativas acusadas de atacar colonos brancos, além de investigar crimes como roubo de gado.

Os Rangers muitas vezes também atuavam como justiceiros em nome dos brancos em disputas com as populações espanhola e mexicana. Por mais de um século, eles foram uma das principais forças da expansão colonial branca, expulsando os mexicanos por meio de violência, intimidação e interferência política. Em alguns casos, os brancos chegavam a surrupiar gado de fazendas mexicanas e em seguida, quando os *vaqueros* mexicanos tentavam reaver seus rebanhos, chamavam os Rangers para recuperar sua "propriedade roubada". Os mexicanos e os povos nativos que resistissem à autoridade dos Rangers podiam ser mortos, espancados, presos ou intimidados. Mike Cox descreve esse processo como nada menos que uma campanha de extermínio na qual quase toda a população indígena foi morta ou expulsa do território.[95]

O livro *Forgotten Dead: Mob Violence against Mexicans in the United States, 1848-1828* [Os mortos esquecidos: violência de turba contra mexicanos nos Estados Unidos, 1848-1928], de Carrigan e Webb,[96] é parte de um esforço, envolvendo famílias, acadêmicos e a comunidade Tejano mais ampla, de descobrir essa história oculta e resultou em uma exposição no Bullock State History Museum intitulada *Vida e morte na fronteira*, que historiava os diversos abusos cometidos por texanos à herança histórica da população mexicana, que foi expulsa por colonos brancos com a ajuda dos Texas Rangers.[97] Isso inclui o horrível massacre de 1918 em Porvenir, no qual os Rangers mataram 15 habitantes locais desarmados e fizeram com que o restante da comunidade fugisse para o México por medo de mais violência. Isso levou a uma série de audiências públicas no Legislativo estadual em 1919 a respeito de execuções extrajudiciais e práticas de brutalidade com motivação racial por parte de fazendeiros

---

[95] Cox, Mike. *The Texas Rangers: Wearing the Cinco Peso, 1821-1900*. Londres, Reino Unido: Macmillan, 2008.

[96] Carrigan, William. Webb, Clive. *Forgotten Dead: Mob Violence against Mexican in the United States, 1848–1928*. Oxford, Reino Unido: Oxford University Press, 2013.

[97] Cantu, Aaron. "The Chaparral Insurgents of South Texas". *New Inquiry*, 7 abr. 2016; Onion, Rebecca. "America's Lost History of Border Violence". *Slate*, 5 mai. 2016.

brancos. Essas audiências não deram em nada em termos de mudanças formais; os registros gráficos de abuso ficaram lacrados durante os cinquenta anos seguintes para evitar qualquer mancha no histórico "heroico" dos Rangers.

Essa violência intensa foi, em parte, impulsionada pela ação de separatistas no interior da população mexicana do Texas que estavam cansados da usurpação constante de suas terras, de políticas segregacionistas e de serem excluídos do processo político – tudo cometido pelas mãos dos Rangers e da polícia local. Esse movimento de *sediciosos* provocou uma reação horrenda que foi celebrada pelos jornais locais: "Os notórios bandidos e foras da lei estão sendo caçados como coiotes e, um por um, estão sendo mortos [...]. A guerra de extermínio continuará até que cada um dos sujeitos que se sabe ter algum envolvimento com o levante tenha sido exterminado".[98]

Nos anos 1960 e 1970, as elites municipais e estaduais usaram os Rangers para suprimir os direitos políticos e econômicos da população mexicana-estadunidense e desempenharam um papel central na subversão dos movimentos de trabalhadores rurais, interditando reuniões, intimidando apoiadores e prendendo e brutalizando piqueteiros e líderes sindicais.[99] Eles também eram frequentemente convocados para intimidar os mexicanos-estadunidenses a deixarem de votar nas eleições locais. A maioria dos latinos foi submetida a uma espécie de "Juan Crow" em que, além de terem negado seu direito ao voto,

---

[98] Johnson, Benjamin. *Revolution in Texas: How a Forgotten Rebellion and Its Bloody Suppression Turned Mexicans into Americans*. New Haven, CT: Yale University Press, 2005.

[99] Samora, Julian. Bernal, Joe. Peña, Albert. *Gunpowder Justice: A Reassessment of the Texas Rangers*. Notre Dame, IN: University of Notre Dame Press, 1979.

eram impedidos de entrar em certos estabelecimentos públicos e privados tais como hotéis, restaurantes, salas de espera em estações de ônibus, piscinas e banheiros públicos. O primeiro ataque direto contra esse sistema ocorreu em 1963 na pequena cidade rural de Crystal City, onde, apesar de serem maioria, os moradores Tejanos não tinham representação política. O *establishment* político branco impunha um regime de segregação, cobrava impostos mais altos dos latinos e lhes oferecia serviços de qualidade inferior. Em 1962, os moradores mexicanos-estadunidenses começaram a tentar validar seus registros eleitorais e logo tiveram que enfrentar assédio e intimidação por parte da polícia e dos empresários locais. Depois de um grande esforço envolvendo monitores externos, atenção da imprensa e ações judiciais, eles conseguiram completar o recenseamento e, em 1963, lançaram uma série de candidatos para o conselho municipal local. Em resposta, os Texas Rangers empreenderam um programa de intimidação. Eles tentaram evitar comícios eleitorais, ameaçaram candidatos e seus apoiadores e até partiram para ataques físicos e prisões. No fim, devido à extensa atenção da imprensa externa, os Rangers tiveram que recuar e a chapa varreu a eleição, inaugurando um período de mais direitos civis para os mexicanos-estadunidenses.

Em 1935, Walter Webb escreveu uma enorme história dos Rangers chamada *The Texas Rangers: A Century of Frontier Defense* [Os Texas Rangers: um século de defesa da fronteira], que, sem o menor grau de ambiguidade, glorificou seus feitos e procurou alçá-los a modelo para o policiamento estadunidense.[100] O presidente Lyndon B. Johnson chegou inclusive a prefaciar uma edição

[100] Webb, Walter. *The Texas Rangers: A Century of Frontier Defense.* Boston: Houghton Mifflin, 1935.

posterior do livro.[101] A obra de Webb inspirou uma geração de filmes e romances enaltecendo os Rangers, culminando em *Walker, Texas Ranger*, uma série televisiva dos anos 1990 estrelando o ator direitista Chuck Norris, especialista em artes marciais.

O papel da escravidão

A escravidão foi outra força fundamental que moldou as origens do policiamento estadunidense. Muito antes de a Polícia Metropolitana de Londres ser formada, cidades do sul do país, como Nova Orleans, Savannah e Charleston, tinham policiais uniformizados, pagos para trabalhar em tempo integral, que prestavam contas às autoridades civis locais e eram vinculados a um sistema de justiça criminal mais amplo. Essas primeiras forças policiais derivavam não do sistema informal dos vigias (*watch*), como acontecia no nordeste do país, mas sim das patrulhas de escravos, e se desenvolveram para prevenir revoltas.[102] Eles tinham o poder de adentrar propriedades privadas para garantir que os escravizados não estivessem abrigando armas ou fugitivos, conduzindo reuniões ou aprendendo a ler ou escrever. Também desempenharam um papel fundamental impedindo que escravizados fugissem para o norte do país, uma vez que patrulhavam regularmente as estradas rurais.

Enquanto a maioria das patrulhas de escravos era rural e não profissional, as patrulhas urbanas, como a Guarda e Vigia Municipal de Charleston, já se profissionalizavam em 1783. Em 1831, a polícia de Charleston contava com um contingente de 100

---

[101] Webb, Walter *The Texas Rangers: A Century of Frontier Defense*, 2ª ed. Austin, TX: University of Texas Press, 1965.

[102] Hadden, Sally. *Slave Patrols: Law and Violence in Virginia and the Carolinas*. Cambridge, MA: Harvard University Press, 2001.

guardas municipais pagos e 60 guardas estaduais trabalhando 24 horas por dia, incluindo patrulhas a pé e a cavalo. Pessoas escravizadas frequentemente trabalhavam longe da propriedade de seus senhores, em armazéns, oficinas e outros locais de trabalho, como parte do processo de industrialização. Isso significava que um grande número de pessoas escravizadas desacompanhadas podia se deslocar pela cidade por conta própria, desde que elas portassem um documento adequado. Elas podiam se reunir com outros, frequentar tabernas clandestinas ilícitas e até mesmo estabelecer associações religiosas e benevolentes, geralmente em conjunto com negros libertos, o que gerava enorme ansiedade social entre os brancos. A polícia profissional era, portanto, considerada essencial. Richard Wade cita um charlestoniano em 1845:

> Nas regiões esparsamente povoadas do país, onde gangues de negros ficam devidamente restritas a determinadas *plantations* sob controle e disciplina imediatos de seus respectivos proprietários, os escravos não tinham permissão para vagar e perambular por aí procurando aprontar algo. [...] A simples cavalgada ocasional e a supervisão geral de uma patrulha devem bastar. Porém, é absolutamente necessário haver algum sistema mais enérgico e escrutinador nas cidades, onde, em virtude da própria densidade da população e do caráter adjacente das edificações, deve haver necessidade de uma circunspeção mais detida e cuidadosa.[103]

O resultado, de acordo com Wade, foi "uma luta persistente para minimizar a confraternização entre os negros e, em especial, evi-

---

[103] Wade, Richard. *Slavery in the Cities: The South 1820-1860*. Oxford, Reino Unido: Oxford University Press, 1967, p. 80.

tar o crescimento de uma comunidade negra organizada".[104] Isso foi feito por meio de monitoramento e fiscalização constantes da população negra. Policiais fortemente armados fiscalizavam com regularidade as autorizações de circulação dos escravizados em serviço e os documentos dos negros livres. A polícia travava uma batalha constante para fechar bares clandestinos, grupos de estudo e encontros religiosos. O único limite do poder policial era que as pessoas escravizadas eram propriedade de alguém; matar uma delas podia implicar ter de responder legalmente ao proprietário. Nas áreas rurais, a transição das patrulhas de escravos para a polícia foi mais lenta, mas a conexão funcional básica entre os dois modelos foi igualmente forte.[105]

Com a abolição da escravidão, o sistema de patrulhamento de escravizados também desapareceu; pequenas cidades e áreas rurais desenvolveram formas novas e mais profissionais de policiamento para lidar com a recém-liberta população negra. A principal preocupação nesse período não era tanto prevenir rebeliões, mas forçar os negros recém-libertos a assumir papéis econômicos e políticos subservientes. Novas leis criminalizando a vadiagem foram amplamente utilizadas para forçar os negros a aceitarem empregos, principalmente no sistema de arrendamento rural conhecido como *sharecropping*. A polícia local impunha taxas de votação[106] e outras medidas de supres-

---

[104] *Ibid.*, p. 82.

[105] Hadden, Sally E. *Slave Patrols, op. cit.*, p. 4.

[106] N.T.: *poll taxes* são tributos de taxa única, cobrados "por cabeça", independentemente da situação financeira ou das condições específicas dos contribuintes. No sul dos Estados Unidos, as *poll taxes* foram utilizadas, na prática, como taxas de votação, pois estava condicionado ao pagamento do tributo o direito de votar. Sendo a população negra a mais pobre, o tributo operava como forma racializada de supressão eleitoral.

são eleitoral para assegurar que o controle do sistema político permanecesse nas mãos de brancos.

Qualquer pessoa encontrada nas estradas incapaz de comprovar emprego era rapidamente submetida a ação policial. A polícia local era a porta de entrada essencial para os males gêmeos do arrendamento de condenados para trabalho penal forçado e das fazendas prisionais. Os xerifes locais prendiam negros libertos com base em provas esfarrapadas ou inexistentes e, em seguida, os jogavam em um sistema de justiça criminal cruel e desumano, cujas punições muitas vezes resultavam em morte. Esses mesmos xerifes e juízes também recebiam propinas e, em alguns casos, chegavam a produzir listas de negros trabalhadores e "em boa forma" para serem encarcerados em nome de patrões, que por sua vez os alugariam para realizar trabalho forçado com fins lucrativos. Douglas Blackmon descreve as condições terríveis nas minas e no trabalho com lenha, onde morriam milhares de pessoas.[107] Na era Jim Crow, o policiamento já havia se tornado uma ferramenta central de manutenção da desigualdade racial em todo o sul do país, complementado por justiceiros *ad hoc*, como a Ku Klux Klan, que muitas vezes trabalhava em conjunto com a polícia local (além de contar com policiais nas suas fileiras).[108]

O policiamento no norte do país também foi profundamente afetado pela emancipação. Os líderes políticos do norte tinham profundo temor da migração de negros rurais recém-libertos, que viam como socialmente, se não racialmente, inferiores, sem educação e criminosos. Estabeleceram-se guetos nas cidades do norte, para que essa população crescente fosse controlada, com a

---

[107] Blackmon, Douglas. *Slavery by Another Name: The Re-Enslavement of Black Americans from the Civil War to World War II*. Nova York: Anchor Books, 2008.

[108] Williams, Kristian. *Our Enemies in Blue*, *op. cit.*, cap. 4.

polícia desempenhando um papel tanto de contenção quanto de pacificação. Até a década de 1960, isso se deu em larga medida por meio da aplicação racialmente discriminatória da lei e do uso generalizado de força excessiva. Os negros sabiam muito bem quais eram os limites comportamentais e geográficos, e o papel que a polícia exercia para fazê-los valer tanto no sul, dominado pelo sistema Jim Crow, quanto no norte, organizado em guetos.

Policiamento político na era do pós-guerra

Com a ascensão do movimento pelos direitos civis, ocorreu uma intensificação do policiamento repressivo. No sul do país, a polícia se tornou a linha de frente da supressão do movimento. Ela negava autorizações para protestos, ameaçava e batia em manifestantes, efetuava prisões discriminatórias e deixava de proteger os manifestantes contra as ações de turbas raivosas e vigilantes, que incluíam espancamentos, desaparecimentos, atentados a bomba e assassinatos. Tudo isso ocorria para garantir a preservação de um sistema formal de discriminação racial e exploração econômica.

Nas cidades do norte e do oeste do país, a repressão ao movimento por direitos civis às vezes se valia de abordagens mais matizadas em um primeiro momento, mas tão logo isso falhasse partia-se para violência aberta. Muitas cidades permitiam a realização de uma ampla variedade de ações de protesto, impondo apenas pequenas restrições. Boicotes e piquetes em apoio à organização política do sul eram amplamente tolerados, assim como protestos dirigidos aos governos locais reivindicando empregos, educação e serviços sociais. A partir do momento em que esses movimentos começassem a crescer e a se tornar mais militantes, no entanto, eles passavam a ser submetidos a táticas cada vez mais repressivas. Surgiram novos "Esquadrões Vermelhos" com a finalidade de coletar inteligência por meio de informantes, agentes infiltrados e até mesmo *agents provocateurs*, que trabalharam ativamente para minar as atividades de grupos como os Panteras Negras e o Congresso de Igualdade Racial (CORE). Eventualmente, a polícia local, muitas vezes trabalhando em cooperação com o FBI, partia para ações ostensivas de supressão desses movimentos, valendo-se de prisões premeditadas feitas sob acusações forjadas e, em alguns casos, até mesmo de assassinatos de figuras proeminentes como Fred Hampton, o líder dos Panteras Negras morto com uma saraivada de tiros no meio da noite durante uma invasão policial de seu apartamento, em Chicago. O Movimento Indígena Estadunidense (American Indian Movement - AIM) e movimentos sociais latinos, como os Brown Berets e os Young Lords, enfrentaram formas semelhantes de repressão.

Esses movimentos foram reprimidos em parte com base em estratégias de contrainsurgência derivadas da política externa da época. Entre 1962 e 1974, o governo dos Estados Unidos operou uma importante iniciativa internacional de treinamento policial, chamada Office of Public Safety (OPS), composta por uma equipe de experientes executivos policiais estadunidenses. Essa agência trabalhou em estreita colaboração com a CIA no treinamento de policiais em áreas de conflito da Guerra Fria, incluindo Vietnã do Sul, Irã, Uruguai, Argentina e Brasil. De acordo com documentos internos, o treinamento enfatizava contrainsurgência, incluindo espionagem, fabricação de bombas e técnicas de interrogação. Em muitas partes do mundo, esses policiais estiveram envolvidos em abusos dos direitos humanos, incluindo tortura, desaparecimentos e execuções extrajudiciais. Mais de 200 milhões de dólares em armas de fogo e equipamentos foram distribuídos aos departamentos de polícia estrangeiros e 1.500 funcionários estadunidenses estiveram envolvidos no treinamento de 1 milhão de agentes policiais no exterior. Outro dado ainda mais preocupante é o de que muitos dos treinadores migraram em bloco para agências policiais, como a Drug Enforcement Administration (DEA), o FBI e várias forças policiais municipais e estaduais, trazendo consigo uma visão mais militarizada de policiamento, impregnada de imperativos da Guerra Fria de suprimir movimentos sociais por meio de contrainteligência, técnicas militarizadas de repressão de manifestações e truculência no controle da criminalidade.[109] Eles aplicaram essa mentalidade de contrainsurgência aos levantes políticos que ocorriam no interior das fronteiras do país.

O diretor do OPS, Byron Engle, prestou um testemunho perante a Comissão Kerner sobre Desordens Civis em que dizia que, "ao trabalhar com a polícia em vários países, adquirimos uma grande quantidade de experiência sobre como lidar com violência, desde manifestações e motins até guerra de guerrilha. Boa parte dessa experiência pode ser útil nos Estados Unidos".[110] O resultado foi uma expansão massiva do financiamento federal para as polícias sob o governo Johnson. Sob o pretexto de profissionalizar a polícia, o governo federal começou a gastar centenas de milhões de dólares para fornecer às polícias mais treinamento e equipamento, praticamente a fundo perdido, sem impor grandes contrapartidas ou diretrizes. Infelizmente, mas como era de se esperar, em vez de reduzir o peso do policiamento racializado, esse novo movimento de

---

109 Seigel, Micol. "Objects of Police History". *Journal of American History* 102, n. 1 (2015): p. 152-161.

110 Kuzmarov, Jeremy. *Modernizing Repression*, *op. cit.*, p. 235.

profissionalização simplesmente aumentou o poder da polícia e levou diretamente ao desenvolvimento de equipes SWAT e do encarceramento em massa.

O policiamento hoje

As últimas décadas foram palco de uma espantosa ampliação do escopo e da intensidade da atividade policial. Há mais policiais do que nunca mobilizados na aplicação de ainda mais leis, acarretando níveis astronômicos de encarceramento, exploração econômica e abuso. Essa expansão anda de mãos dadas com a ascensão do encarceramento em massa. Tudo começou com a retórica da Guerra ao Crime da década de 1960 e continuou a se desenvolver e se intensificar até hoje, com o apoio de ambos os partidos políticos.

Esse aumento do poder da polícia está vinculado a um conjunto de crises econômicas e políticas. No nível político, os políticos estavam ávidos para encontrar novas maneiras de obter o apoio dos eleitores brancos na esteira do movimento pelos direitos civis. Como apontam autores como Michelle Alexander, Nixon mobilizou temores raciais através das lentes da "lei e da ordem" para convencer os brancos sulistas a votarem nos Republicanos pela primeira vez desde a era da Reconstrução. Após a desastrosa derrota de Michael Dukakis em 1988 por "pegar leve com o crime", os Democratas também incorporaram totalmente essa estratégia, levando a desastres como a lei de controle do crime, de 1994, de Bill Clinton, que introduziu dezenas de milhares de policiais adicionais e expandiu a Guerra às Drogas e a Guerra ao Crime.

As mudanças nas realidades econômicas dos Estados Unidos também desempenharam um papel central nesse processo.

Christian Parenti mostrou como o governo federal quebrou a economia na década de 1970 a fim de conter o crescimento do poder dos trabalhadores, deixando milhões sem emprego e criando uma nova subclasse permanente, composta majoritariamente de afro-estadunidenses, em grande parte excluída da economia formal.[111] Em resposta, o governo se mobilizou em todos os níveis para administrar essa nova "população excedente" por meio de policiamento intensivo e encarceramento em massa. O policiamento de comunidades pobres e não-brancas se intensificou imensamente. Com o aumento do desemprego, da pobreza e da falta de moradia, o governo, as polícias e as procuradorias trabalharam em conjunto para criminalizar enormes parcelas da população com o auxílio de ideologias como a teoria das janelas quebradas e o mito do superpredador.

Não podemos reduzir todo o policiamento à repressão ativa de movimentos sociais e ao controle de minorias raciais. Por mais equivocados que sejam seus métodos, a polícia de hoje está claramente preocupada com questões de segurança pública e controle da criminalidade. O advento de técnicas de gerenciamento como a Compstat foi de fato pensado como uma forma de resolver problemas graves de criminalidade, e uma quantidade considerável de recursos é investida nesse tipo de esforço. No entanto, essa orientação para o combate ao crime já é por si só uma forma de controle social. Do livro *Governing Through Crime* [Governar através do crime][112], de Jonathan Simon, ao *A*

---

[111] Parenti, Christian. *Lockdown America: Police and Prisons in the Age of Crisis*. Brooklyn, NY: Verso Books, 2000.

[112] Simon, Jonathon. *Governing Through Crime: How the War on Crime Transformed American Democracy and Created a Culture of Fear*. Oxford, Reino Unido: Oxford University Press, 2007.

nova segregação[113], de Michelle Alexander, há fartas pesquisas que demonstram que o que é considerado crime e o que se define como alvo de controle é moldado por preocupações sobre a desigualdade de raça e classe e o potencial de convulsão social e política. Como aponta Jeffrey Reiman, em *Rich Get Richer and the Poor Get Prison* [Os ricos ficam mais ricos e os pobres vão presos], o sistema de justiça criminal perdoa e ignora crimes que produzem profundos danos sociais quando são cometidos por ricos, ao mesmo tempo que criminaliza intensamente o comportamento dos pobres e não brancos, inclusive comportamentos pouco nocivos à sociedade.[114] Quando os crimes dos ricos efetivamente *são* enfrentados, isso geralmente se dá por meio de controles administrativos e ações cíveis, e não por meio de policiamento agressivo, processos criminais e encarceramento – práticas reservadas em larga medida à população pobre e não-branca. Nenhum banqueiro foi preso em virtude do que ocorreu na crise financeira de 2008, apesar de terem havido práticas generalizadas de fraude e pilhagem da economia estadunidense – ações que provocaram desemprego em massa, despejos, falta de moradia e marginalização econômica.

A política estadunidense de controle da criminalidade é estruturada em torno do uso da punição para gerir as "classes perigosas", disfarçando-se de sistema de justiça. A preocupação da polícia com o crime torna mais palatáveis suas funções de controle social. A transição do uso de milícias e tropas mili-

---

113 Alexander, Michelle. *The New Jim Crow: Mass Encarceration in the Age of Colorblindness.* Nova York: The New Press, 2013 [edição brasileira: *A nova segregação: racismo e encarceramento em massa*, trad. Pedro Davoglio, São Paulo: Boitempo, 2017].

114 Reiman, Jeffrey. *The Rich Get Richer and the Poor Get Prison: Ideology, Class, and Criminal Justice.* Boston: Pearson, 2007.

tares para o uso de polícias civis foi um processo de produzir maior aceitação pública das funções de controle social do Estado, dentro ou fora do país.

A polícia moderna de hoje não está tão longe assim de seus antepassados colonialistas. Ela também impõem um sistema de leis projetado para reproduzir e manter a desigualdade econômica, geralmente desenhado a partir de contornos racializados. Nas palavras de Michelle Alexander,

> *Precisamos* de um sistema eficaz de prevenção e controle do crime em nossas comunidades, mas não é isso que o sistema atual faz. O atual sistema é mais efetivo para criar criminalidade e uma classe perpétua de pessoas rotuladas de criminosos do que para eliminar o crime ou reduzir o número de criminosos [...] Dizer que o encarceramento em massa é um tremendo fracasso faz sentido, porém, apenas se presumirmos que o sistema de justiça criminal foi concebido com o objetivo de prevenir e controlar o crime. Contudo, se o encarceramento em massa for entendido como um sistema de controle social – especificamente, racial –, então ele é um sucesso fantástico.[115]

O exemplo mais contundente disso é a Guerra às Drogas, na qual milhões de pessoas, em sua maioria negras e pardas, foram trituradas pelo sistema de justiça criminal, tiveram suas vidas destruídas e suas comunidades desestabilizadas, sem que isso produzisse qualquer redução no consumo ou na disponibilidade de drogas.

Todo mundo quer viver em comunidades seguras, mas quando as pessoas e as comunidades passam a recorrer à polícia para

---

[115] Alexander, Michelle. *The New Jim Crow*, *op. cit.*, p. 224-225 [edição brasileira, *A nova segregação*, *op. cit.*, p. 325-327].

resolver seus problemas, elas estão essencialmente mobilizando a maquinaria de sua própria opressão. Por mais que a polícia muitas vezes opere conforme os procedimentos adequados de controle do crime – embora nem sempre –, isso ocorre através das lentes de um ceticismo racial e classista, quando não de hostilidade direta. Por mais que possa haver policiais individuais que não tenham profundos preconceitos alojados dentro de si – embora muitos tenham –, o fim último da instituição sempre foi o de administrar a população pobre e não-branca, em vez de produzir qualquer coisa que se assemelhe à verdadeira justiça. É compreensível que as pessoas tenham passado a recorrer à polícia para lhes fornecer proteção e segurança. As pessoas pobres, em particular, são as maiores vítimas dos crimes de rua. Depois de décadas de austeridade neoliberal, os governos locais ficaram esvaziados em termos de recursos ou vontade política para levar a cabo o tipo de política social benéfica capaz de enfrentar o problema do crime e da desordem sem o uso de polícia armada; como aponta Simon, o governo basicamente abandonou os bairros pobres às forças do mercado, apoiado por um sistema repressivo de justiça criminal. Esse sistema permanece no poder através da criação de uma cultura de medo para a qual ele se coloca como o único apto a combater.[116]

À medida que a pobreza cresce e os preços das moradias aumentam, o apoio do governo a políticas de habitação popular evaporou, deixando em seu rastro uma combinação de abrigos para a população em situação de rua e policiamento agressivo pautado pela teoria das janelas quebradas. À medida que as instalações de atendimento de saúde mental fecham suas portas, a polícia passa a se tornar a linha de frente para prestar socorro

[116] Simon, Jonathan. *Governing Through Crime, op. cit.*

em situações envolvendo crises de saúde mental. À medida que os jovens ficam sem escolas, empregos ou instalações recreativas adequadas, eles passam a formar gangues de proteção mútua ou participar dos mercados clandestinos de bens roubados, drogas e sexo para sobreviver, e são implacavelmente criminalizados. O policiamento moderno é em larga medida uma guerra contra os pobres que pouco faz para deixar as pessoas mais seguras ou as comunidades mais fortes, e, mesmo quando o faz, isso se dá por meio das formas mais coercitivas de poder estatal que destroem a vida de milhões de pessoas. Em vez de recorrer à polícia para resolver nossos problemas, devemos nos organizar em prol de uma justiça real. Precisamos produzir uma sociedade projetada para atender às necessidades humanas das pessoas, em vez de chafurdar na busca por riqueza em detrimento de todo o resto.

3. Da escola para a prisão

Em 2005, três policiais na Flórida prenderam à força uma menina afro-estadunidense de 5 anos por mau comportamento na escola. O acontecimento foi registrado em vídeo. O cantor e ativista da luta por direitos civis Harry Belafonte ficou, como muitos outros, chocado com o que viu e deu início a uma campanha para formar a próxima geração de ativistas por direitos civis: o Gathering for Justice [Agremiação por Justiça], que por sua vez criou a Justice League [Liga da Justiça], uma força importante do movimento Black Lives Matter [Vidas Negras Importam]. Uma das demandas fundamentais do grupo é pelo fim da criminalização da juventude nas escolas.[117]

"Policiais de Recurso Escolar"[118]

Ao longo dos últimos vinte anos, houve uma explosão no número de policiais instalados em escolas – uma das expansões mais dramáticas e claramente contraproducentes do escopo e do poder policial. No ano letivo de 2013-2014, havia mais de 43 mil policiais trabalhando em escolas nos Estados Unidos.[119]

---

117 "Justice League NYC". Disponível em: <http://www.gatheringforjustice.org/justiceleaguenyc>.

118 N.E.: no original School Resource Officers.

119 Gray, Lucinda. Lewis, Laurie. *Public School Safety and Discipline: 2013-2014*. Washington, DC: National Center for Education Statisti-

Mais de 40% de todas as escolas agora têm policiais designados a elas, 69% dos quais se envolvem na imposição de disciplina escolar em vez de simplesmente garantir a segurança e o cumprimento da lei.

Embora as origens dos "Policiais de Recurso Escolar" (SROs) de certa forma remontem à década de 1950, houve uma mudança dramática na quantidade e no enfoque desses policiais na década de 1990, graças, em larga medida, ao programa Cops in Schools [Policiais nas Escolas] do Departamento de Justiça, que repassou uma verba de 750 milhões de dólares para a contratação de 6.500 novos policiais para trabalho em escolas.[120] Por mais que muitos desses policiais trabalhem duro para garantir um ambiente seguro aos alunos e atuar como mentores e conselheiros, a escolha geral de contar com policiais armados para lidar com questões de segurança produziu um aumento massivo nas prisões de alunos – o que mina fundamentalmente a missão educacional das escolas, transformando-as em uma extensão do Estado carcerário mais amplo e alimentando o que veio a ser conhecido como a linha direta da escola à prisão [*school-to-prison pipeline*].

Esse aumento no número de policiais trabalhando em escolas está ligado a uma série de fatores sociais e políticos que convergiram na década de 1990 e permanecem até hoje. Primeiro, o criminologista conservador John DiLulio, com James Q. Wilson, autor da teoria das janelas quebradas, argumentaram em 1995 que os Estados Unidos logo experimentariam uma onda

---

cs, U.S. Department of Education, 2015. Disponível em: <http://nces.ed.gov/pubsearch>.

120 "COPS in Schools (CIS)". *US Department of Justice Community Oriented Policing Services*. Disponível em: <http://www.cops.usdoj.gov/default.asp?Item=54>.

de criminalidade juvenil impulsionada pelo comércio de crack, pelas altas taxas de famílias monoparentais e por uma série de preocupações racialmente codificadas a respeito do declínio dos valores e da moralidade pública.[121] Ele previu que em 2010 haveria mais de 270 mil jovens predadores nas ruas, acarretando um aumento massivo dos crimes violentos. Ele descreveu esses jovens como criminosos linha-dura: "uma molecada de ensino fundamental radicalmente impulsiva, brutalmente desprovida de remorso [...] que carrega armas em vez de lancheiras" e "não tem absolutamente nenhum respeito pela vida humana".[122] DiLulio e seus colegas argumentaram que não havia nada a fazer exceto excluir essas crianças de ambientes nos quais elas poderiam prejudicar outras pessoas e, em última instância, encarcerá-las pelo máximo tempo possível. As ideias de DiLulio estavam baseadas em evidências espúrias e pressupostos ideologicamente motivados que se revelaram totalmente equivocados. A cada ano desde então, a criminalidade juvenil dentro e fora das escolas nos Estados Unidos vem diminuindo.[123]

Ainda assim, o mito do "superpredador" foi extremamente influente. Ele atraiu muita atenção midiática, gerando editoriais e ações legislativas. Uma das consequências imediatas foi uma onda de novas leis reduzindo a maioridade penal, facilitando o encarceramento de jovens em presídios para adultos e indo ao en-

---

121 DiLulio, John. "The Coming of the Super-Predators". *Weekly Standard*, 27 nov. 1995, p. 23; Wilson, James Q. "Crime and Public Policy", em *Crime*, Wilson, James Q. Petersilia, Joan (eds.). São Francisco: Institute for Contemporary Studies Press, 1995.

122 Dilulio, John. "The Coming of the Super-Predators", *op. cit.*

123 Sickmund, Melissa. Puzzanchera, Charles (eds.). *Juvenile Offenders and Victims: 2014 National Report*. Pittsburgh, PA: National Center for Juvenile Justice, 2014.

contro da política mais ampla de incapacitação penal e encarceramento em massa. Essa imagem também esteve no centro de uma série de esforços voltados para endurecer as políticas disciplinares das escolas e aumentar a presença da polícia nesses espaços.

O segundo grande fator foi o massacre de Columbine, em 1999, no qual dois estudantes do ensino médio em Colorado assassinaram doze colegas e um professor, apesar de haver policiais armados presentes no *campus*. Esse incidente trágico recebeu uma quantidade enorme de atenção devido à sua natureza extrema e ao fato de ter ocorrido em uma região suburbana branca com baixo índice de criminalidade. Se até então era relativamente fácil para as famílias de classe média ignorar as explosões mais frequentes de violência em escolas não-brancas nas cidades, depois desse episódio, elas passaram a defender ativamente a tomada de providências para tornar as escolas mais seguras aos jovens.

Em consonância com o *ethos* mais amplo de endurecimento da justiça criminal, a resposta foi aumentar a presença de policiais armados nas escolas em vez de lidar com as questões sociais subjacentes de *bullying*, transtorno mental e disponibilidade de armas de fogo. Por mais que a questão do *bullying* tenha recebido alguma atenção, isso se deu em larga medida através de um prisma punitivo, levando à implementação de procedimentos disciplinares adicionais de "tolerância zero" e contribuindo ainda mais para o aumento de suspensões, expulsões e prisões feitas com evidências esfarrapadas e por infrações menores.

O terceiro grande fator foi a ascensão da reorganização neoliberal da escola, com sua ênfase na aplicação de provas de caráter altamente decisivo, verbas reduzidas e sistemas disciplinares punitivos. Cada vez mais, as escolas estão sendo julgadas quase exclusivamente com base no desempenho dos alunos em avaliações padronizadas. A remuneração dos professores, o repasse de verbas e a própria sobrevivência da escola estão vinculados aos resultados dessas provas. Isso cria um clima de panela de pressão nas escolas no qual o foco principal passa a ser melhorar as notas nas avaliações, colocando os interesses dos professores e gestores contra os dos alunos.[124] Um professor ou coordenador que quiser manter seu emprego ou ganhar um bônus é incentivado a se livrar dos alunos que estão rebaixando a pontuação média da turma, seja devido ao baixo desempenho individual nas avaliações seja em razão de comportamentos que acabam atrapalhando o desempenho de outros alunos. Isso dá a essas escolas um forte incentivo para afastar esses alunos, seja temporariamente por meio de suspensões seja permanentemente por meio de expulsões ou evasão escolar.

Avaliações de caráter altamente decisivo e controle social

Estados que se apoiam fortemente em avaliações de caráter altamente decisivo tendem a organizar o ensino principalmente em função da preparação para exames e de modelos de aprendizagem mecânica; isso desestimula a criatividade e o aprendizado individualizado, além de contribuir para gerar problemas disciplinares à medida que os alunos ficam cada vez mais desinteressados ou ressentidos. As escolas muitas vezes respondem a essa dinâmica com a adoção de sistemas disciplinares ainda mais restritivos e punitivos. O resultado é um aumento nas suspensões, prisões e expulsões, afastando os alunos da escola e canalizando-

124 Advancement Project. *Test, Punish and Push Out: How Zero Tolerance and High Stakes Testing Funnel Youth in the School-to-Prison Pipeline*. Washington, DC: Advancement Project, jan. 2010.

-os para o sistema de justiça criminal. Nesse ambiente, a moral dos professores diminui e as taxas de evasão aumentam.

A Carolina do Norte se tornou um dos primeiros estados a adotar totalmente esse tipo de política em 1996. Os professores relatam gastar cada vez mais tempo fazendo treinos preparativos para as avaliações, enquanto as matérias não contempladas nas provas, como educação física, ciências e estudos sociais, foram drasticamente enxugadas. Novos sistemas disciplinares punitivos, criados na esteira da aprovação da política do No Child Left Behind[125] [Nenhuma criança ficará para trás], produziram um aumento nas suspensões e prisões. As suspensões de menos de dez dias aumentaram 41%, as suspensões de longo prazo saltaram 135% e, em 2008, o número de SROs dobrou, a ponto de o número de estudantes presos chegar a 16.499. As disparidades raciais nas suspensões também pioraram, com alunos negros três vezes e meia mais propensos a serem afastados da escola.[126]

A Flórida adotou um regime de avaliações de caráter altamente decisivo em 1998. Em 2003, o número de alunos suspensos da escola havia crescido quase 20%. Em 2004, 28 mil alunos foram presos no ambiente escolar, quase dois terços deles por delitos menores que anteriormente eram tratados pela própria escola. Além disso, mais alunos foram classificados como portadores de deficiências, excluindo-se suas pontuações da média das avaliações. A moral dos professores despencou: em uma pesquisa de 2006, mais da metade de todos os docentes relataram que pensavam em abandonar a carreira. No mesmo ano, o índice de concluintes da Flórida tinha caído para 57%, o quarto mais baixo do país. Devido

---

125 N.E.: No Child Left Behind foi uma lei estadunidense de 2001 que reautorizou a Lei da Educação Elementar e Secundária a incluir dispositivos aplicáveis a alunos desfavorecidos.

126 *Ibid.*, p. 32.

às altas taxas de expulsão e evasão escolar, a quantidade de pessoas prestando exames GED[127] aumentou 25% de 2003 a 2007.[128]

No epicentro dessa transformação está o Texas, onde privatizações e cortes drásticos no setor público se encontram com a expansão dos mecanismos punitivos de controle social. O Texas foi um dos primeiros estados a adotar um regime de avaliações de caráter altamente decisivo na década de 1990. Como governador, George W. Bush ampliou o papel desse tipo de avaliação e implementou uma série de medidas punitivas, concentradas principalmente em abordagens de tolerância zero. Visto que, como vimos, essas avaliações estimulam os professores a retirarem da sala alunos disruptivos e com baixo desempenho, os índices de suspensões explodiram - 95% delas por infrações menores.[129] Em 2009-2010, já havia 2 milhões de suspensões no Texas, 1,9 milhão das quais eram por "violação do código de conduta local", e não por alguma infração mais grave. Para lidar com essa onda violenta de suspensões, empresas privadas com laços estreitos com políticos estaduais republicanos desenvolveram aquilo que Annette Fuentes chama de "escolas supermax"[130].[131] Essas escolas usam tecnologias de biometria, detectores de metal, revistas frequentes, vigilância pesada em vídeo e intensos sistemas disciplinares para

---

[127] N.T.: GED - General Educational Development [Desenvolvimento Educacional Geral]: bateria de exames que fornece certificação de que o aplicante possui habilidades escolares equivalentes às de quem concluiu o ensino médio estadunidense ou canadense.

[128] Advancement Project. *Test, Punish and Push Out*, *op. cit.*, p. 31.

[129] Reyes, Augustina. *Discipline, Achievement, and Race: Is Zero Tolerance the Answer?*. Nova York: Rowman and Littlefield, 2006.

[130] N.E.: "supermax" alude ao universo carcerário das prisões de segurança máxima (*super-maximum security*).

[131] Fuentes, Annette. *Lockdown High: When the Schoolhouse Becomes a Jailhouse*. Nova York: Verso, 2013.

administrar os jovens expulsos das escolas regulares. Em muitos casos, não é sequer permitido conversar nos corredores ou refeitórios. Os professores têm pouco treinamento especializado e em virtude da baixa remuneração há menos professores certificados do que nas escolas regulares. A ênfase é em Instrução Assistida por Computadores e aplicação frequente de provas. Há um controle bastante rígido sobre qualquer apreciação externa da qualidade das escolas, mas os poucos pareceres desse tipo que foram feitos identificaram índices terríveis de desempenho e condições semelhantes às de uma prisão.

No fim das contas, o suposto "Milagre Texano" de melhoria nas notas foi baseado em falseamento e pontuações, índices astronômicos de suspensão e evasão escolar, e canalização de alunos problemáticos para escolas que mais parecem prisões situadas à margem do regime de avaliação do estado. Bush surfou nesse esquema até chegar à Casa Branca, onde o instituiu em nível nacional na forma da Lei No Child Left Behind.

A expressão máxima dessa transformação na educação é o movimento das escolas *charter*[132], que abraça de corpo e alma as

[132] N.T.: as *charter schools* são um modelo híbrido de escola pública e privada. Elas recebem financiamento público, não cobram mensalidade e são abertas a todos alunos, mas têm gestão privada e mais flexibilidade para definir pontos como a grade horária e o corpo docente, não sendo submetidas aos estatutos e regulamentos das escolas propriamente públicas – inclusive no que diz respeito à contratação e demissão de professores e funcionários. Em contrapartida, precisam apresentar determinados resultados para justificar a continuidade de seu financiamento. Seu nome deriva do fato de que operam sob um contrato concedido por uma instância pública, como um estado ou distrito, que estipula os critérios gerais de organização e os requisitos que deverão cumprir. Por isso, são por vezes traduzidas como escolas semiautônomas, independentes, licenciadas ou público-privadas.

avaliações com alto caráter decisivo e os sistemas disciplinares punitivos. Seus proponentes chegaram a reivindicar a adoção generalizada de políticas escolares pautadas pela teoria das janelas quebradas como uma forma de incutir maior disciplina em sala de aula.[133] Eventualmente, o discurso em torno de tais métodos foi transformado em "dar muita atenção aos mínimos detalhes" e disciplina severa do tipo "sem conversa". Esses métodos também são fortemente enfatizados pela Teach for America e pelo Center for Transformative Teaching, duas organizações que exercem uma influência significativa sobre o treinamento de professores, inclusive para escolas públicas tradicionais. Embora essas frases evoquem a imagem de profissionais do ensino dedicados trabalhando duro para superar quaisquer obstáculos, o que realmente está em jogo é a criação de regras cada vez mais restritivas e o aumento na frequência e na severidade das punições, efetivamente se livrando de alunos que potencialmente rebaixariam a média das pontuações. Jovens negros, em particular, estão sendo pressionados a cair fora dessas escolas não por questões propriamente educacionais, mas por não pararem quietos em sala de aula ou não comparecerem calçando os sapatos da cor certa. Um aluno de uma escola *charter* em Nova York chegou a ser suspenso dezenove vezes na primeira série. A escola disse que ele era "intelectualmente talentoso, mas apresenta dificuldade de se comportar".[134] O *PBS NewsHour* descobriu que havia escolas desse tipo suspendendo crianças já no jardim de infância por infrações comportamentais.[135] Essas crianças abandonam desproporcio-

[133] Thernstrom, Abigail. Thernstrom, Stephen. *No Excuses: Closing the Racial Gap in Learning*. Nova York: Simon and Schuster, 2004.

[134] Taylor, Kate. "At a Success Academy Charter School, Singling Out Pupils Who Have 'Got to Go'". *New York Times*, 29 out. 2015.

[135] *PBS Newshour*, "Is kindergarten too young to suspend a student?".

nalmente as escolas *charter* em parte porque os pais acabam não dando conta de administrar as constantes reuniões disciplinares e suspensões. O *New York Times* descobriu que a grande rede de escolas *charter* Success Academy em Nova York tinha um índice de suspensão de 10%, com esse número chegando a 23% em algumas unidades, ao passo que nas escolas públicas municipais esse índice era de apenas 3%.[136] Uma mãe foi informada de que, caso o mau comportamento de sua filha de 6 anos em sala de aula não parasse, a professora seria obrigada a chamar a polícia. Uma escola tinha até uma lista de "Precisam cair fora" que elencava os alunos considerados incompatíveis com suas rígidas regras comportamentais.

O resultado é que muitas escolas *charter* acabam formando um recorte desigual de alunos, composto principalmente de meninas. As escolas, então, declaram ter índices muito elevados de conclusão escolar porque os alunos que saem o fazem voluntariamente, por outras razões que não o fracasso escolar.

Da escola direto para a prisão

Por fim, essas forças se mesclaram com a tendência mais ampla de endurecimento punitivo que tem levado ao aumento do encarceramento em massa de maneira mais geral. Na década de 1990, os políticos já haviam abraçado a ideia de que a criminalidade era uma falha moral profundamente arraigada e em larga medida refratária a reformas. A única resposta apropriada seria, no entender deles, o encarceramento de longo prazo, como visto com o surgimento de políticas de reincidência como as leis dos

---

Disponível em: <https://www.pbs.org/video/is-kindergarten-too-young-to-suspend-a-student-1451949988/>.

136 Taylor, Kate. "At a Success Academy Charter School", *op. cit.*

"três *strikes*"[137] e outros esquemas de sentenças mínimas obrigatórias. Nesse ambiente político, toda e qualquer ameaça à segurança pública se transformava imediatamente em uma nova oportunidade de implementar mais medidas de punição e controle.

O presidente Bill Clinton colaborou de muito bom grado com esse processo. Em 1994, ele introduziu a Gun-Free Schools Act [Lei das Escolas Livres de Armas], que implementou políticas "tolerância zero" de disciplina escolar. Seguindo esse exemplo, legisladores e gestores escolares adotaram uma série de códigos disciplinares severos, introduzindo sistemas de vigilância, detectores de metal e uma enorme quantidade de policiais nas escolas.

Essas políticas levaram a uma crescente criminalização da juventude, apesar da queda nos índices de criminalidade. De acordo com o Departamento de Educação dos EUA (DOE), foram feitas 92 mil prisões no ano letivo de 2011-2012.[138] Um estudo mostra que escolas com SROs apresentaram índices quase cinco vezes maiores de prisão em relação às escolas sem SROs, mesmo depois de compensar os recortes demográficos dos alunos, como raça e renda.[139] O impacto dessas políticas tem sido especialmente severo para alunos não brancos e portadores de deficiência. Escolas com altas porcentagens de alunos não brancos têm maior probabilidade de ter políticas de tolerância zero e gerar mais suspensões, expulsões e prisões.[140]

---

[137] N.T.: ver nota 66.

[138] US Department of Education Office for Civil Rights. "Data Snapshot: School Discipline", *Civil Rights Data Collection*, n. 1 (março de 2014).

[139] Nelson, Libby. Lind, Dara. "The school to prison pipeline, explained". *Justice Policy Institute*, 24 fev. 2015.

[140] Lewin, Tamar. "Black Students Face More Discipline, Data Suggests". *New York Times*, 6 mar. 2012.

O Departamento de Educação dos EUA constatou em uma pesquisa de 2011-2012 conduzida em 72 mil escolas que alunos negros, latinos e com deficiência foram todos desproporcionalmente submetidos a ações penais.[141] Embora apenas 16% dos matriculados sejam alunas e alunos negros, eles representam 27% dos alunos encaminhados à polícia e 31% dos alunos submetidos a prisões relacionadas à escola. Em comparação, os alunos e alunas brancos representam 51% dos matriculados, 41% dos alunos encaminhados à polícia e 39% dos presos. Alguns distritos particulares apresentam dados ainda mais gritantes. Em Chicago, entre 2013 e 2014, constatou-se que alunos negros tinham 27 vezes mais probabilidade de serem presos do que alunos brancos, com um número de 8 mil prisões nesse período de dois anos.[142] Mais de 50% dos presos tinham menos de 15 anos.

Os alunos são frequentemente presos por pequenos atos de desobediência e perturbação, tais como usar telefones celulares, desrespeitar professores e levantar muito a voz em discussões. As escolas com SROs repassam cada vez mais das tarefas de disciplina escolar a esses policiais, avaliando ser mais fácil simplesmente chamar um policial para vir remover e prender um aluno do que ter de trabalhar para conseguir estabelecer um ambiente razoável em sala de aula por meio de sistemas disciplinares esclarecidos. Mesmo os professores mais bem-intencionados têm opções limitadas. Sistemas disciplinares saudáveis e eficazes exigem trabalho e recursos, embora geralmente saiam muito mais barato do que bancar policiais armados adicionais.

As suspensões, que são grandes indicadores de prisão futura, também são altamente desproporcionais em termos de seu

---

141 *Ibid.*

142 Project Nia. "Data on School 2013-2014". *Policing Chicago Public Schools* 3 (2015).

recorte racial. Um estudo nacional de 2010 conduzido pelo Southern Poverty Law Center revelou que em 9 mil escolas de ensino fundamental II, os meninos negros, que representavam 28% dos alunos, eram suspensos três vezes mais que os meninos brancos. Já as alunas negras eram suspensas com mais de quatro vezes mais frequência do que as brancas.[143] O Children's Defense Fund de Ohio revelou que os alunos negros tinham quatro vezes mais probabilidade de serem suspensos do que seus colegas brancos. Esses resultados foram reforçados por estudos conduzidos por todo o país.[144]

Crianças com com deficiência representam mais de um quarto dos encaminhados à polícia (embora representem apenas 14% dos alunos), prática que por vezes produz resultados horrendos.[145] Na primavera de 2015, a Public Radio International fez um perfil narrando o caso de um menino de 11 anos com autismo em Lynchburg, na Virgínia, que foi repetidamente acusado de crimes pelo SRO de sua escola.[146] Em um incidente,

---

[143] Losen, Daniel. Skiba, Russell. *Suspended Education: Urban Middle Schools in Crisis*. Montgomery AL: Southern Poverty Law Center, 2010.

[144] Brice, Jonathan. "Baltimore Leader Helps District Cut Suspensions". *Education Week*, 6 fev. 2013; Cody, Rachel Graham. "Expel Check". *Williamette Week*, 24 set. 2013; Tucker, Jill. "Escolas de Oakland para obter monitor de suspensão". *SF Gate*, 27 set. 2012; Lewin, Tamar. "Black Students Face More Discipline", *op. cit.*; Children's Defense Fund - Ohio. "Issue Brief: Zero Tolerance and Exclusionary School Discipline Policies Harm Students and Contribute to the Cradle to Prison Pipeline". *Kids Count*, nov. 2012.

[145] US Department of Justice and US Department of Education "Dear Colleague Letter"; US Department of Justice and US Department of Education, "Dear Colleague Letter: Nondiscriminatory Administration of School Discipline", 8 jan. 2014.

[146] Ferriss, Susan. "Update: How kicking a trash can became criminal

o jovem chutou uma lata de lixo depois de ser repreendido por mau comportamento, levando o policial a abrir uma acusação formal de conduta desordeira contra ele no juizado de menores. Em outro incidente, o menino foi jogado no chão e algemado pelo mesmo SRO depois de resistir ser arrastado para fora da sala de aula. Isso lhe rendeu uma acusação de contravenção menor por conduta desordeira e uma acusação criminal de agressão contra um agente da polícia. O mais espantoso é que o juiz determinou que o jovem era culpado de todas as acusações. A Virgínia, a propósito, é o estado com maior índice de crianças acusadas de crimes ligados à escola.[147] Alunos LGBTQIA+ também correm maior risco de sofrerem punições disciplinares e acabarem presos; eles são frequentemente marginalizados por outros alunos e até mesmo pelos professores, levando a comportamentos considerados "antissociais".

Em agosto de 2015, a ACLU entrou com uma ação federal contra um subxerife de Kentucky por algemar dois estudantes com deficiência, um menino de 8 anos e uma menina de 9, por comportamento desordeiro menor relacionado às suas deficiências. As crianças eram tão pequenas que o policial teve de algemar seus bíceps, traumatizando-as ainda mais. A algemagem do menino foi gravada em vídeo. Os policiais disseram a ele: "Você tem a opção de fazer o que estamos pedindo ou sofrer as consequências".[148] Evidentemente, o policial não tinha passado por nenhum treinamento específico para lidar com crianças com deficiência; a decisão da escola de depender de policiais armados

---

for a 6th grader", *Center for Public Integrity*, 3 set. 2015.

[147] *Ibid.*

[148] American Civil Liberties Union, "Kentucky Case Spotlights Problem of Untrained Law Enforcement Disciplining Students with Disabilities", 3 ago. 2015.

não treinados para controlar o comportamento de alunos com deficiência é profundamente problemática e, para a ACLU, configura uma violação fundamental da Lei de Estadunidenses com Deficiências (ADA)[149] e de direitos civis e humanos.

A militarização das escolas

Outra questão preocupante é a crescente militarização das escolas. No âmbito nacional, as polícias vêm recebendo do Pentágono enormes quantidades de equipamentos militares excedentes. As agências policiais escolares também entraram no jogo, chegando a adquirir veículos blindados MRAP (protegidos contra emboscadas e resistentes a minas), fuzis de assalto AR-15, espingardas e lançadores de granadas. De acordo com o *Washington Post*, pelo menos 120 forças policiais vinculadas a escolas em trinta estados se valeram do Programa 1033 de transferência de armas (discutido no capítulo 1).[150] Em 2003, os administradores da Goose Creek High School, na Carolina do Sul, coordenaram uma enorme incursão da SWAT em sua escola como parte de um esforço para descobrir drogas e armas. Policiais totalmente paramentados, com armas em punho, mandaram centenas de estudantes, em sua maioria negros, deitar-se no chão sem nenhuma justificativa provável específica, enquanto os administradores passaram identificando estudantes para serem revistados e presos. Um vídeo da ação mostra estudantes apavorados com as mãos na cabeça ou fugindo aterrorizados à medida que policiais totalmente vestidos de preto surgem repentinamente de dentro de almoxarifados e escadarias gritando comandos e apontando

---

149 N.E.: no original Americans With Disabilities Act.

150 Chokshi, Niraj. "School police across the country receive excess military weapons and gear", *Washington Post*, 16 set. 2014.

suas armas às pessoas.[151] Levaram até cães policiais para farejar as drogas que supostamente motivaram a deflagração da operação. Nenhuma foi encontrada. O administrador que tinha organizado a operação pediu desculpas aos pais dos alunos, mas ressaltou que, "uma vez que a polícia está no *campus*, ela está no controle" – e é exatamente esse o problema.[152]

O uso de armas e equipamentos militarizados mina o *ethos* básico da escola como um ambiente apoiador de aprendizagem e o substitui por medo e controle.[153] A Associação Nacional de SROs se tornou um bastião desse processo. Sua convenção anual é uma panóplia de empreiteiros militares buscando vender novos sistemas de segurança às escolas, treinar policiais em técnicas paramilitares e argumentar que os alunos estão sob risco constante, seja de ameaças externas seja dos seus próprios colegas. Annette Fuentes participou de uma dessas convenções e ficou chocada com o orador principal, um "especialista em antiterrorismo" com zero treinamento pedagógico e nenhuma experiência de policiamento interno, que alertou às centenas de policiais presentes:

> Há pessoas dentro das suas escolas planejando uma Columbine agora mesmo. Cada cidade, cada universidade agora tem um Cho [o atirador da Virginia Tech], e em cada estado há células da Al-Qaeda pensando nisso. Toda escola é um possível alvo de

---

[151] American Civil Liberties Union. "South Carolina Students Were Terrorized by Police Raid with Guns and Drug Dogs, ACLU Lawsuit Charges", 15 dez. 2003.

[152] Leung, Rebecca. "Ambush ar Goose Creek: Drug Worries Lead to Raid at S. Carolina High School". *CBS News*, 2 fev. 2004.

[153] Peak, Bethany. "Militarization of School Police: One Route on the School-to-Prison Pipeline, " *Arkansas Law Review* 68, n. 2 (2015): p. 195-229.

> ataque [...] Cada um de vocês tem que ser uma força de combate de um homem só [...] Vocês precisam ter armas, munições e proteção à prova de balas suficiente para se manter vivos [...] Vocês deveriam circular pela escola todos os dias trajando equipamento tático da cabeça aos pés, com armas semiautomáticas e cinco cartuchos de munição [...] Vocês não podem mais se dar ao luxo de pensar a si mesmos como oficiais da paz [...] Vocês precisam se considerar soldados em guerra, porque vamos pedir para que vocês ajam como soldados.[154]

Essa mentalidade permeia cada vez mais o policiamento escolar. Em 2010, o Southern Poverty Law Center entrou com uma ação coletiva contra as escolas de Birmingham, no Alabama, alegando que elas estavam sistematicamente fazendo uso de força excessiva.[155] Eles se queixam de que, entre 2006 e 2014, 199 alunos foram alvo de uma combinação de spray de pimenta e gás lacrimogêneo chamada Freeze+P que provoca muita dor e intensa irritação na pele, além de poder obstruir as vias respiratórias e a visão. Todos os estudantes alvejados eram afro-estadunidenses. Uma aluna estava grávida, muitos só estavam passando e alguns não demonstravam absolutamente nenhum comportamento violento quando foram atingidos. Na maioria dos casos, os policiais não fizeram nenhum esforço para cuidar das pessoas atingidas e algumas foram mantidas sob custódia da polícia para aguardar a leitura formal das acusações trajando roupas banhadas pelas substâncias lacrimogêneas. Em 2015, um tribunal federal determinou que a situação configurava uma violação de direitos civis e proibiu o uso

---

[154] Fuentes, Annette. *Lockdown High*, *op. cit.*, p. 155.

[155] Goldstein, Dana. "In Your Face: Does Tear Gas Belong in Schools? Do Police?". *Marshall Project*, 26 jan. 2015.

do spray.[156] Um SRO disparou uma arma de choque contra um estudante de 17 anos enquanto tentava separar uma briga em uma escola de ensino médio no Texas. O estudante imediatamente desabou e ficou gravemente ferido pela pancada na cabeça decorrente da queda, a ponto de passar 52 dias em um coma induzido.[157] O vídeo da câmera de vigilância da escola revelou que o jovem estava se afastando dos policiais quando foi eletrocutado.

Práticas mais mundanas de violência cometidas por SROs também são muito recorrentes. Em outubro de 2015, um aluno gravou um subxerife da Carolina do Sul que trabalhava na escola prendendo violentamente uma adolescente por estar com seu telefone celular em sala de aula. O policial derrubou a jovem com sua carteira, arrastou-a pelo chão e a imobilizou.[158] Uma colega que gravou o incidente foi fisicamente ameaçada e presa quando levantou a voz para protestar contra o que estava acontecendo. Em 2010, um estudante de 15 anos que tinha uma lesão cerebral traumática anterior foi espancado por um policial de Dalton, Illinois, em uma escola para crianças com deficiência por estar com a camisa para fora da calça. O incidente foi gravado em vídeo pelas câmeras de vigilância e nenhuma ação foi tomada contra o policial, que sequer registrou o ocorrido.[159] Reclamações como essas ocorrem direto nas escolas de todo o país.

---

[156] Brown, Emma. "Judge: Police can no longer pepper-spray students for minor misbehavior at school". *Washington Post*, 1º out. 2015.

[157] McLaughlin, Elliot. "Texas student tased by police exits coma, enters rehabilitation, attorney says". *CNN*, 3 fev. 2014.

[158] Moore, Thad. Hensley, Nicole. Siemaszko, Corky. "Deputy involved in body-slam arrest of Spring Valley High student is dating a black woman so he can't be racist, sheriff says". *New York Daily News*, 27 out. 2015.

[159] "Police Brutality – Officer Beats Special Ed Kid", vídeo de YouTube, 3:29, postado por "StopTheBrutality", 27 out. 2010. Disponível em:

De acordo com uma matéria da revista *Mother Jones*, entre 2010 e 2015, 28 estudantes estadunidenses foram gravemente feridos por SROs e um foi morto.[160] Em 2010, Derek Lopez, um aluno de 14 anos, foi morto a tiros por um SRO no subúrbio de San Antonio. Lopez tinha socado um aluno nas dependências da escola. O policial Daniel Alvarado testemunhou a agressão e mandou o adolescente não se mexer, depois o perseguiu até um galpão nos fundos das dependências, onde disparou contra ele. Alvarado alegou que Lopez "veio para cima" dele assim que abriu a porta do galpão. Em agosto de 2012, um grande júri se recusou a indiciar o policial.[161]

Níveis mais baixos de uso da força são bem mais preponderantes. Embora não haja dados nacionais disponíveis – em parte porque não há nenhuma exigência estadual ou federal de que esses registros sejam devidamente feitos –, os estudos locais mostram o uso pesado da força. O jornal *Houston Chronicle* revelou que, entre 2010 e 2014, a polícia em dez distritos escolares suburbanos de Houston registrou a ocorrência de 1.300 incidentes envolvendo uso da força.[162] Muitos distritos grandes não dispunham de dados ou simplesmente se recusaram a cooperar; nem os órgãos de supervisão da polícia nem os órgãos de supervisão educacionais exigem esse tipo de protocolo de relatoria.

A enorme expansão dos policiais escolares baseia-se na ideia de que eles deixam as escolas mais seguras, mas isso simplesmente não é verdade. As escolas com forte presença policial frequente-

---

<https://www.youtube.com/watch?v=HU5fAGOVvEM>.

[160] Lee, Jaeah. "Chokeholds, Brain Injuries, Beatings: When School Cops Go Bad". *Mother Jones*, 14 jul. 2015.

[161] Moravec, Eva Ruth. "Adolescente baleado pelo oficial Northside identificado". *My San Antonio*, 15 nov. 2010.

[162] Pinkerton, James. "Local school police used force on students hundreds of times in recent years". *Houston Chronicle*, 27 mar. 2015.

mente relatam sentir-se menos seguras do que escolas semelhantes sem polícia. Não há nenhuma evidência de que os SROs reduzem a criminalidade, e houve poucos casos em que os policiais efetivamente desempenharam um papel na prevenção de um possível crime envolvendo arma de fogo (a maioria desses casos contou com ameaças explícitas). Em um caso de 2013, um policial em Atlanta interrompeu um atentado em uma escola; o alvo pretendido já havia sido baleado, com um funcionário da escola, e o agressor não estava mais atirando quando foi preso.[163] No geral, as pesquisas revelam que os crimes relatados na verdade aumentam com a presença de SROs.[164] Isso se dá em parte porque eles acabam descobrindo mais práticas de contrabando e tratam mais coisas como assuntos criminais do que se faria normalmente. Não há evidências sólidas de que eles reduzam roubos, furtos ou violência.[165]

Reformas

O papel dos SROs tem sido continuamente ampliado à medida que os policiais passam a receber novas responsabilidades e encontrar mais coisas para fazer com seu tempo na ausência de ameaças reais à segurança. Agora há policiais armados agindo formal ou informalmente como orientadores educacionais em muitas escolas. Eles conduzem programas de prevenção ao uso de drogas, como o Educação sobre Resistência ao Abuso de

---

163 "Additional counselors at Price Middle School after shooting". *WGCL-TV Atlanta*, 28 fev. 2013.

164 Na, Chongmin. Gottfredson, Denise. "Police Officers in Schools: Effects on School Crime and the Processing of Offending Behaviors", *Justice Quarterly* (2011): p. 1-32.

165 Raymond, Barbara. "Response Guide N. 10: Assigning Police Officers to Schools". *Center for Problem-Oriented Policing*, 2010.

Drogas (DARE),[166] entre outros. Infelizmente, há pouca supervisão ou treinamento para essas funções. Os SROs geralmente recebem pouca ou nenhuma instrução sobre mentoria, orientação educacional ou pedagogia. Enquanto alguns de seus esforços são louváveis, outros são risíveis. Há décadas de pesquisa mostrando a repetida ineficácia de programas como o DARE. Além disso, existe um conflito fundamental em sugerir que as crianças tratem os policiais como mentores e orientadores educacionais. Embora os policiais queiram que os jovens confiem neles, eles também são agentes da lei, o que significa que essas comunicações podem ser usadas como evidências e podem muito rapidamente levar a uma ação policial, eventualmente até contra o jovem que está sendo orientado. Em tempos de tolerância zero, isso pode ter consequências devastadoras.

Em seu relatório oficial de 2014, *Guiding Principles*, que detalha seus princípios norteadores quanto às melhores práticas disciplinares, o Departamento de Educação dos EUA indica a importância de os policiais escolares receberem treinamento em desenvolvimento do adolescente, técnicas de desescalamento, identificação de preconceitos implícitos e como melhor lidar com alunos com deficiências ou históricos de trauma.[167] Outros continuam a ressaltar o valor dos policiais como modelos e mentores, contanto que entendam que seu papel é fornecer segurança aos alunos e à escola, e não operar como agentes de disciplina escolar.[168] Esse tipo de abordagem, entretanto, pressu-

---

[166] N.E.: no original Drug Abuse Resistance Education.

[167] US Department of Education. *Guiding Principles: A Resource Guide for Improving School Climate and Discipline*. Washington, DC: US Department of Education, 2014.

[168] Stoughton, Seth. Gupta-Kagan, Josh. "Why are Police Disciplining Students?". *Atlantic*, 29 out. 2015.

põe que há um valor inerente ao fato de esse papel ser exercido por policiais uniformizados, em vez de, digamos, um treinador esportivo, professor, orientador educacional ou administrador escolar. O objetivo implícito é estabelecer a importância e a legitimidade da polícia aos olhos dos alunos. Ou seja, em virtude de representarem figuras formais de autoridade, a presença dos policiais nas escolas é vista como valiosa. Essa visão entende que os jovens se beneficiam da apreciação da autoridade bem instituída. Trata-se de um aspecto inerente à adesão liberal à justiça procedimental, discutida no capítulo 1: o problema não é o fato de haver agentes formais de controle estatal nas escolas, o problema é que eles às vezes agem de maneira inadequada e abusam dessa tão importante autoridade.

Inclusive, as origens as mais antigas da presença da polícia nas escolas são permeadas por essa mentalidade. Na década de 1950, policiais foram introduzidos nas escolas de Flint, em Michigan, com a intenção de restabelecer a legitimidade e o valor da polícia aos olhos dos jovens em um momento marcado por altos índices de violência juvenil e descontentamento social. Os anos 1960 viram um novo período da expansão desta introdução, mais uma vez com esse mesmo intuito.[169] Nada disso tinha a ver com a segurança e a proteção das escolas ou da juventude. A maioria desses primeiros programas foi inclusive introduzida em escolas de ensino fundamental, onde os índices de criminalidade e violência são muito mais baixos do que nas escolas de ensino médio. Em muitos aspectos, isso é uma extensão da mentalidade de policiamento comunitário, em que a polícia se insere na comunidade a fim de coletar informações e promover uma certa boa vontade que, por sua vez, alimenta formas mais

[169] Hamilton, R. E. "School, Police, and Probation: A Winning Team in Fresno". *School Safety* (primavera de 1996): p. 20-23.

intensivas e invasivas de policiamento. De acordo com Kevin Quinn, presidente da Associação Nacional de SROs, desenvolver relacionamentos a fim de facilitar a coleta de informações de inteligência é um componente central do seu trabalho: "Uma vez que os SROs se estabelecem em determinada comunidade, as crianças se mostram dispostas a se aproximar para relatar coisas, enviar um e-mail, deixar uma mensagem de voz, passar na sua sala".[170] Será que esse tipo de relação não poderia igualmente ser promovido por orientadores mais adequadamente treinados e com mais lealdade ao bem-estar dos alunos do que aos imperativos policiais de aplicação da lei?

Há quem tenha sugerido a necessidade de estabelecer padrões nacionais de treinamento e de melhores práticas.[171] A Força-Tarefa de Obama para o Policiamento do Século XXI possui algumas recomendações heterogêneas quanto a essa questão. Ela recomenda que as agências policiais reformem as políticas e os procedimentos que acabam empurrando os jovens para o sistema de justiça criminal, mas não fala nada sobre retirar os policiais das escolas. Na verdade, ela inclusive expande o papel da polícia, estimulando-a a "desenvolver e monitorar" políticas disciplinares e trabalhar em conjunto com os administradores escolares a fim de "criar uma escala de consequências proporcionais e adequadas em termos de desenvolvimento". Porém, como bem questionam Lisa Thurau e Johanna Wald, "qual é o sentido de chamar policiais sem nenhum treinamento ou ex-

---

170 Quinn, Kevin. "My View: More school resource officers, more safe school". *CNN*, 17 jan. 2013.

171 Assimi, I. India. "Systemic Failure: The School-to-Prison Pipeline and Discrimination Against Poor Minority Students". *Journal of Law and Society* 13 (2011): p. 281-99; Peak, Bethany J. "Militarization of School Police", *op. cit.*

periência na área para ajudar as escolas a desenhar políticas e práticas educacionais?".[172]

Recentemente, alguns distritos escolares começaram a buscar alternativas a abordagens de tolerância zero impostas por policiais, mas ainda relutam em abrir mão totalmente de uma orientação punitiva. Em 2007, o Los Angeles Unified School District adotou uma nova abordagem, chamada Positive Behavioral Intervention and Support [Intervenção e Apoio Comportamentais Positivos], na qual as escolas integram elementos de construção de competências sociais e gestão comportamental em seus planos de aula.[173] Os alunos que não estão indo bem na escola recebem intervenções adicionais específicas, como tutoria e orientação sobre habilidades de autogestão pessoal. Os professores passam a monitorar de perto o comportamento dos alunos, categorizando cada atitude de "boa" ou "má" e aplicando sanções graduais para garantir conformidade. Ainda que essa abordagem tenha reduzido o número de suspensões e ações policiais, ela ainda se apoia em uma forma hierárquica de disciplina semelhante à teoria clássica de controle, na qual os pais e outras pessoas são estimulados a socializar seus filhos por meio da identificação e do controle de comportamentos impróprios. O especialista em disciplina escolar Alfi Kohn passou a se referir a isso pela sigla TKLP (Treating Kids Like Pets [Tratar Crianças como Animais de Estimação]), porque é uma abordagem baseada em controle que se vale de subornos em vez de ameaças.

---

172 Thurau, Lisa. "Cops and Kids: We Need New Thinking". *Crime Report*, 2 abr. 2015.

173 US Department of Education, Office of Special Education Programs. "Positive Behavioral Interventions and Supports". Disponível em: <pbis.org>.

Alternativas

Uma força-tarefa em Nova York descobriu que escolas com sistemas disciplinares menos punitivos conseguiam proporcionar maior senso de segurança aos alunos, menores taxas de prisão e suspensão e menos crimes, mesmo em bairros pobres e de alta criminalidade.[174] O que necessitamos, mas os agentes escolares raramente fornecem, é um conjunto de medidas disciplinares não punitivas elaboradas com a finalidade de manter as crianças na escola e ao mesmo tempo chegar à raiz dos comportamentos inoportunos. As escolas não têm condições de resolver todos os problemas que os alunos trazem, mas elas podem ser parte da solução em vez de funcionar como extensões do sistema de justiça criminal. Para tanto, elas precisam de mais recursos para lidar com o aluno como um todo. Não dá para simplesmente ensinar a passar em provas ou a se concentrar em conhecimentos e competências fundamentais à custa dos corpos e das emoções dos jovens. Há fartas pesquisas mostrando que não há como o aprendizado transcorrer de maneira eficaz quando os jovens estão física ou emocionalmente distraídos. Recorrer a policiais escolares, no entanto, retira da responsabilidade dos professores os aspectos corporais, emocionais e comportamentais do aluno, terceirizando-os à polícia. Isso é um enorme erro.

O que os professores precisam é de treinamento, orientadores educacionais e equipes de apoio com acesso a serviços expressivos que façam sentido para os alunos e suas famílias. Há atualmente nas escolas municipais de Nova York mais agentes

---

[174] New York City School-Justice Partnership Task Force. *Keeping Kids in School and Out of Court: Report and Recommendations*. Albany, NY: New York State Permanent Judicial Commission on Justice for Children, 2013.

da NYPD do que orientadores de todos os tipos – uma política que gera um custo estimado de 750 milhões de dólares por ano.[175] Precisamos investir tanto em serviços escolares quanto pós-escolares que abordem os problemas de casa e da comunidade. Não há como os professores lidarem por conta própria com esses problemas, especialmente com orçamentos cada vez menores e regimes organizados em torno de avaliações de caráter altamente decisivo. Pelo contrário, eles acabam sendo pressionados a afastar crianças de suas salas de aula e, em última instância, empurrá-las para fora da escola e para os braços do sistema de justiça criminal.

Para responder a essas necessidades, a Federação Estadunidense de Professores (AFT) passou recentemente a apoiar a criação de "escolas comunitárias".[176] Essas escolas oferecem uma variedade de serviços abrangentes que abraçam diversos aspectos da vida dos alunos, como cuidados médicos e de saúde mental, orientação pessoal, tutoria, serviço comunitário e programas de justiça social, bem como educação de adultos e orientação para pais. Os serviços são geralmente fornecidos por organizações comunitárias que trabalham em parceria com as escolas, permitindo que os serviços possam ser adaptados às necessidades específicas de cada comunidade. Em Salt Lake City, no Utah, a United Way firmou parcerias com onze escolas comunitárias que atendem a mais de 10 mil alunos, sendo que mais da metade deles vem de famílias de muito baixa renda e mais de um quarto está aprendendo a língua inglesa. O programa aumentou o desempenho acadêmico e reduziu o

---

[175] Urban Youth Collaborative, "The $ 746 Million a Year School-to-Prison Pipeline". *Center for Popular Democracy*, 2011.

[176] American Federation of Teachers. "Community Schools". Disponível em: <http://www.aft.org/position/community-schools>.

absenteísmo crônico, um forte indicador de problemas futuros. Em Baltimore, há 45 escolas comunitárias atendendo um corpo discente esmagadoramente pobre e minoritário. Essas escolas conseguiram melhorar as taxas de frequência e, com programas de justiça restaurativa, reduziram o número de suspensões. Em muitas, as taxas de conclusão escolar e o desempenho nas avaliações também melhoraram consideravelmente. Há alguns policiais uniformizados nas escolas de Baltimore, mas a lei estadual exige que eles andem desarmados e há pressão pública para reduzir ainda mais sua presença.[177]

Além de aumentar as verbas para escolas altamente necessitadas em geral, as autoridades deveriam adotar uma série de reformas comprovadamente mais baratas e eficazes do que a polícia. Aprendizagem social e emocional, monitoramento e reforço comportamental, programas de escolas pacíficas [Peaceable-schools Programs] e sistemas de justiça restaurativa – todas essas abordagens demonstraram eficácia na redução dos problemas de disciplina nas escolas sem precisar recorrer à lógica de controle e punição.

Entre essas alternativas, os programas de justiça restaurativa são os mais bem estabelecidos nesse quesito. Originalmente concebidos para lidar com o problema da criminalidade em comunidades, eles acabaram funcionando excepcionalmente bem nas escolas. Há escolas por todo o país implementando programas que abrem mão de abordagens punitivas para gerenciar o comportamento dos alunos, adotando em seu lugar mecanismos voltados para o enfrentamento das causas subjacentes do mau comportamento; trabalhando assim no sentido de integrar os alunos como membros responsáveis da comu-

---

[177] Brown, Emma. "Some Baltimore youth have fears of police reinforced in their schools", *Washington Post*, 2 mai. 2015.

nidade, ao invés de afastá-los, como tendem a fazer os atuais sistemas disciplinares.

Os procedimentos de justiça restaurativa baseiam-se em uma série de práticas indígenas observadas em diversas partes do mundo onde predominam comunidades tradicionais e fortemente unidas nas quais os problemas precisam ser resolvidos de modo a estimular a estabilidade, coesão e autossustentabilidade do grupo. Esses procedimentos estão sendo implementados de várias formas, incluindo julgamentos pelos pares, círculos de resolução de problemas, serviço comunitário e mediação de conflitos. Para que sejam verdadeiramente eficazes, esses programas precisam da adesão de professores e administradores escolares ao longo do tempo a fim de conquistar a confiança dos alunos. No cerne de todos esses mecanismos reside o desejo de fazer da escola um lugar acolhedor para os jovens, independentemente dos problemas que eles tragam, e de tentar resolver esses problemas cooperativamente de uma forma que funcione no melhor interesse tanto do aluno quanto da comunidade escolar mais ampla.

A Associação Nacional de Educação (NEA), a Federação Estadunidense de Professores (AFT) e a Advancement Project se uniram para promover esses esforços por meio da produção de um guia para professores.[178] *Restorative Practices: Fostering Healthy Relationships and Promoting Positive Discipline in Schools* [Práticas restaurativas: fomentando relações saudáveis e promovendo disciplina positiva nas escolas] apresenta princípios básicos, tais como resolver conflitos de forma que exija que as pessoas assumam responsabilidade por suas ações de uma maneira que faça sentido e trabalhem para mudá-las, construir

---

178 *Ibid.*

relações saudáveis em toda a escola, reduzir comportamentos prejudiciais, reparar danos e restaurar relações positivas.

Esse tipo de programa exige recursos. Os professores precisam ser treinados e para tanto é preciso reservar tempo para além das horas-aula. Além disso, as escolas que sofrem estresse com cortes orçamentários e correm atrás de melhorar as notas para conseguir permanecer abertas terão dificuldade de cultivar uma atmosfera de apoio e cuidado, e naturalmente se mostrarão relutantes em abrir mão de se dedicar exclusivamente à instrução em sentido mais estrito a fim de reservar o tempo necessário para conseguir implementar esses programas de maneira eficaz. Substituir suspensões por serviço comunitário forçado, como faxinar os corredores da escola, não dá conta de alterar esse cenário básico.

Na Aprendizagem social e emocional, alunos e professores trabalham juntos para desenvolver uma série de competências da vida que os ajudará a lidar melhor com conflitos e ser mais eficazes na escola.[179] O programa é estruturado a partir de cinco princípios, que são trabalhados ao longo do processo: autoconsciência, autogestão, consciência social, habilidades de relacionamento e tomada responsável de decisões. O exemplo mais conhecido de implementação dessa abordagem é o Resolving Conflict Creatively Program [Programa de Resolução Criativa de Conflitos] (RCCP), iniciado em 1995. O programa, que está ativo em escolas da cidade de Nova York e em dezenas de outras, vale-se de métodos interativos para ensinar às crianças habilidades de controle de raiva, negociação, mediação, cooperação e compreensão intercultural. Há fartas pesquisas que demonstram como esses programas claramente melhoram tan-

---

[179] Collaborative for Academic, Social and Emotional Learning, "What is Social and Emotional Learning?", [s.d.].

to a disciplina escolar quanto o desempenho educacional. Isso vale tanto para programas intra quanto extracurriculares e para alunos com ou sem deficiência, independentemente da raça.[180] Um estudo da Universidade de Columbia revelou que as crianças que receberam instrução RCCP de seus professores se desenvolveram de maneira mais positiva do que seus colegas que não passaram por esse tipo de programa: elas viam seu mundo social de maneira menos hostil, consideravam a violência uma opção inaceitável e optavam por formas não violentas de resolver conflitos. Além disso, também obtiveram notas mais altas em avaliações padronizadas de leitura e matemática.[181]

O programa de Monitoramento e Reforço Comportamental [Behavioral Monitoring and Reinforcement program] é projetado para ajudar os alunos (principalmente do ensino fundamental II) que correm alto risco de entrar em contato com o sistema de justiça criminal, via uso de drogas ou evasão escolar. Esse programa conta com estratégias de reforço positivo e empoderamento. Os alunos do programa obtiveram notas mais altas e melhores índices de frequência escolar em comparação com os alunos de um grupo de controle. Um questionário de acompanhamento realizado um ano depois revelou que os alunos matriculados no programa registraram índices menores de delinquência, abuso de drogas, suspensão, absenteísmo, atrasos,

---

[180] Payton, John *et al. The Positive Impact of Social and Emotional Learning for Kindergarten to Out Grade Students: Findings from Three Scientific Reviews.* Chicago, IL: Collaborative for Academic, Social, and Emotional Learning, 2008.

[181] Aber, J. Lawrence *et al. Changing Children's Trajectories of Development: Two-Year Evidence for the Effectiveness of a School-Based Approach to Violence Prevention.* Nova York: National Center for Children in Poverty, 2003.

reprovação escolar e desemprego em comparação com os alunos do grupo de controle. Um terceiro estudo de acompanhamento realizado cinco anos depois revelou ainda que esses alunos apareciam menos nos registros do tribunal do condado do que os alunos do grupo de controle.[182]

Esses programas são incompatíveis com a atual ênfase em avaliações de caráter altamente decisivo que medem o sucesso escolar quase que inteiramente com base no desempenho dos alunos nessas avaliações. Programas que lidam com o bem-estar geral dos alunos infelizmente são muitas vezes vistos como distrações em relação ao ensino voltado para a tão importante prova. Qualquer esforço, portanto, para tornar a escola mais segura e menos punitiva precisa romper com esse modo de enxergar a educação e passar a abordar as necessidades dos alunos de maneira mais holística, levando em conta suas necessidades específicas e o contexto mais amplo em que o aprendizado acontece. As pesquisas mostram que, quando os alunos se sentem seguros e apoiados, sua aprendizagem melhora. Policiais armados aplicando sistemas tolerância zero de disciplina solapam esse processo, mesmo quando se trata de agentes bem treinados e bem-intencionados. A natureza da polícia é ser uma força de ordem e controle. Mesmo quando tentam ser mentores positivos, isso sempre vem respaldado pelas capacidades punitivas e coercitivas que os distinguem dos professores e orientadores.

Detectores de metal, polícia no *campus* e códigos disciplinares de tolerância zero erguem uma barreira entre alunos e professores e promovem um clima de desconfiança que na verdade pode até aumentar os comportamentos inoportunos e criminosos, como revelaram os professores de educação Matthew Mayer

---

[182] National Dropout Prevention Center / Network. "Model Program: Bry's Behavioral Monitoring and Reinforcement Program", [s.d.].

e Peter Leone em seu estudo inovador de 1999 sobre crime escolar.[183] Também reduz a probabilidade de os alunos alertarem professores e coordenadores sobre ameaças reais. Na maioria dos massacres escolares cometidos por alunos, havia outros colegas que estavam cientes da existência de planos e ameaças em curso. Muitas vezes, eles infelizmente não chegaram a relatar essas preocupações. De acordo com Mayer e Leone, "criar um ambiente pouco acolhedor, fortemente vigiado e com quase cara de prisão pode acabar fomentando a violência e a desordem que os administradores escolares esperam evitar".[184] Para os autores, as escolas deveriam "concentrar seus esforços: comunicação eficaz em vez de controle é a melhor maneira de reforçar a legitimidade do sistema de leis da escola na mente dos alunos".[185]

Precisamos romper completamente com a ideia de usar policiais nas escolas. Não há nenhum papel positivo que eles possam desempenhar que não poderia ser melhor exercido por não policiais. Pode até haver necessidade de proteger as escolas de intrusos, mas até agora ter policiais armados nas escolas não parece ser a solução. Mesmo que policiais armados sejam necessários, eles não têm nada que ficar operando nas dependências da escola. Se necessário, eles podem se instalar nas imediações ou ainda ser enviados conforme a necessidade. Haverá acontecimentos trágicos nos *campi* das escolas? Sim, e ter mais policiais armados no *campus* não se mostrou eficaz em reduzi-los. Em vez disso, eles têm sido significativamente eficazes em levar os jovens a abandonarem a escola e entrarem no sistema

---

[183] Mayer, Matthew. Leone, Peter. "A Structural Analysis of School Violence and Disruption: Implications for Creating Safer Schools". *Education and Treatment of Children* 22, n. 3 (1999): p. 333-56.

[184] *Ibid.*, p. 349.

[185] *Ibid.*, p. 352.

de justiça criminal às centenas de milhares. Mesmo se a presença de policiais armados no *campus* fosse uma ferramenta eficaz para reduzir alguns incidentes violentos, os custos sociais dessa abordagem não são aceitáveis. Precisamos encontrar maneiras melhores de manter as crianças seguras do que transformar suas escolas em fortalezas armadas e prisões. É hora de retirar a polícia das escolas e rejeitar o enfoque punitivo da gestão escolar. Nossos jovens precisam de compaixão e cuidado, não de coerção e controle.

4. "Ligamos pedindo ajuda e eles mataram meu filho"

Um dos desenvolvimentos mais trágicos do policiamento nos últimos quarenta anos foi a expansão massiva de seu papel na gestão de pessoas com transtornos mentais e outras deficiências psiquiátricas.[186] A polícia sempre teve de lidar com indivíduos mentalmente transtornados cujos comportamentos se configuram como criminosos ou geram considerável aborrecimento público. Com a deterioração massiva dos serviços de atendimento à saúde mental, o escopo e a quantidade dessas interações mudaram. A polícia é muitas vezes o principal órgão envolvido na gestão tanto emergencial quanto continuada de segmentos dessa população. Embora a maioria dessas interações seja conduzida razoavelmente bem, uma quantidade muito grande delas infelizmente resulta em prisão, encarceramento, lesão e até morte. A polícia é particularmente inadequada para cumprir esse papel dadas as suas demais funções; contar com policiais, prisões e salas de emergência para "gerir" pessoas que sofrem com problemas de saúde mental é caro e ineficiente, além de não melhorar a qualidade de vida dessas pessoas.

Os Estados Unidos sofrem com um grave problema de inadequação de seus serviços de atendimento à saúde mental.

---

[186] O título deste capítulo foi retirado de uma reportagem. Ver Michael Pearson, Christina Zdanowicz. Mattingly, David. "'We called for help, and they killed my son', North Carolina man says". *CNN*, 7 jan. 2014.

Embora as drogas psicoativas tenham proporcionado maior independência para muitas pessoas nas últimas décadas, nem todas conseguem ou estão dispostas a manter um tratamento farmacológico, muitas sequer têm acesso a serviços básicos de saúde mental e são escassos os serviços comunitários continuados. Em razão disso, em uma crise, os pacientes e familiares têm pouca escolha a não ser discar 911 – e normalmente é a polícia que acaba respondendo a esse tipo de chamado.

Em seu estudo clássico de 1967, Egon Bittner identificou as escolhas difíceis que os policiais enfrentam ao chegar a uma cena dessas.[187] Idealmente, um policial avalia a situação e decide se é o caso de encaminhar a pessoa a uma sala de emergência psiquiátrica para internação temporária voluntária (ou possivelmente involuntária), se é o caso de prender o indivíduo ou de tentar resolver o problema de maneira informal. A polícia geralmente prefere essa última alternativa, mas muitas vezes se sente pressionada a optar por uma das demais por conta da gravidade do comportamento ou porque tudo indica que continuará inabalado se não for devidamente abordado. Nesses casos, o policial deve conduzir a pessoa sob custódia, às vezes contra a vontade dela. Isso significa usar persuasão verbal se possível, mas se necessário fazer uso da força.

De acordo com um levantamento feito pelo jornal *The Guardian*, todo ano policiais estadunidenses matam centenas de pessoas com transtornos mentais (PTM).[188] O Treatment Advocacy Center revisou a literatura disponível sobre encontros policiais fatais e estima que um em cada quatro homicídios cometidos pela polícia é de uma pessoa com transtorno mental, o que significa

[187] Egon Bittner, "The Police on Skid-Row: A Study of Peacekeeping". *American Sociological Review* 32, n. 5 (1967): p. 699-715.

[188] *Guardian*, "The Counted".

que essas pessoas têm dezesseis vezes mais probabilidade de serem mortas pela polícia do que outras.[189] Os assassinatos de PTMs assumem algumas formas gerais. Em alguns casos, os policiais chegam ao local e se deparam com alguém portando algo que eles consideram ser uma arma, como uma chave de fenda ou utensílio de cozinha. Essa pessoa se recusa a largar o objeto e às vezes ameaça um policial ou outra pessoa, instando a polícia a abrir fogo. Isso pode ser observado em três incidentes gravados em vídeo:

- Em agosto de 2014, Kajieme Powell estava claramente perturbado mentalmente e com uma faca. Os policiais chegaram ao local e gritaram comandos para ele a dezenas de metros de distância. Quando Powell deu alguns passos na direção deles, eles o mataram a tiros.[190]
- Em maio de 2015, a mãe de Jason Harrison discou 911 solicitando ajuda para seu filho, que se recusava a tomar seus medicamentos. Quando a polícia chegou, ela casualmente saiu da casa, seguida por seu filho, que carregava uma chave de fenda. Quando o policial o viu, ele começou a gritar comandos para que ele largasse a ferramenta e em segundos abriu fogo, matando Harrison.[191]
- Em dezembro de 2014, a polícia de Nova York matou um homem que portava uma faca, havia esfaqueado alguém

---

[189] Fuller, Doris. *et al. Overlooked in the Undercounted: The Role of Mental Illness in Fatal Law Enforcement Encounters*. Arlington, VA: Treatment Advocacy Center, 2015.

[190] "Powell Shooting (Cell Phone Camera)", vídeo postado por Sol Rayz no YouTube, 20 ago. 2014. Disponível em: <www.youtube.com/watch?v=j-P54MZVxMU>.

[191] Martin, Naomi. "Video: Dallas cops fatally shoot mentally ill man wielding screwdriver", *Dallas Morning News*, 17 mar. 2015.

em uma escola religiosa judaica e vociferava sobre matar judeus. O vídeo mostra congregantes locais tentando acalmá-lo e implorando à polícia para que não atirasse, mas os policiais desestabilizaram a situação quando chegaram gritando comandos e apontando suas armas.[192]

Em todos esses casos, os policiais se valeram do procedimento padrão de ação diante de um suspeito armado, que é gritar comandos e se preparar para usar a força letal – apesar de a maioria deles ter recebido treinamento sobre como desescalar confrontos envolvendo PTMs.

No Reino Unido e em outros lugares onde os policiais têm menos probabilidade de estar armados, esse tipo de dinâmica é menos comum. A polícia usa meios menos letais para lidar com esse tipo de situação. Três casos refletem isso.

- Em setembro de 2014, Nicholas Salvador, que tinha esquizofrenia paranoide, decapitou um vizinho e saiu esbravejando descontroladamente pelo seu bairro em Londres. Um grupo de policiais locais desarmados identificou o suspeito e o envolveu verbalmente enquanto garantia a segurança das crianças nas proximidades. Eventualmente chegaram policiais armados que usaram armas de eletrochoque para subjugá-lo.[193]

---

[192] Berger, Joseph. "Officer Fatally Shoots Man After Stabbing in Brooklyn Synagogue". *New York Times*, 9 dez. 2014.

[193] Sims, Alexandra. "Nicholas Salvador became 'obsessed' with beheading videos weeks before killing grandmother Palmira Silva". *Independent*, 24 jun. 2015.

- Em agosto de 2014, a polícia disparou uma arma de choque contra um homem que empunhava uma faca na frente do Palácio de Buckingham, em vez de baleá-lo.[194]
- Em 2011, um homem que portava um facão foi capturado após um confronto de sete minutos que chegou a envolver trinta policiais no Sul de Londres. Os policiais usaram latas de lixo, cassetetes e, eventualmente, escudos de choque para contê-lo e, finalmente, dominá-lo e imobilizá-lo.[195]

Em cada um desses casos, os policiais se colocam em risco para tentar resolver a situação sem fazer uso de força letal, mesmo que eles talvez até estivessem juridicamente autorizados para tanto. Parece provável que, se qualquer um desses incidentes, senão todos, tivesse acontecido nos Estados Unidos, eles teriam resultado na morte da pessoa.

Outra forma que essa dinâmica assume é a do "suicídio por policial", em que uma pessoa suicida conta com a disposição de um policial armado para responder a uma ameaça com força letal. Nesses casos trágicos, os indivíduos suicidas se equipam com armas de brinquedo ou outros dispositivos inofensivos na esperança de que isso baste para provocar uma resposta letal por parte da polícia, que muitas vezes faz exatamente isso. De certa forma, esse parece ser um problema inevitável. Há, no entanto, algumas ressalvas importantes a se fazer. Esse cenário todo se baseia na suposição do suicida de que ele será confrontado por um policial armado. A dinâmica poderia ser muito diferente se,

---

194 Cohen, Ben. "This is How UK Police Stop Someone with a Knife". *Daily Banter*, 21 ago. 2014.

195 Daily Mail Reporter. "The moment thirty riot police tackled machete-wielding man with a wheelie bin". *Daily Mail*, 20 mai. 2011.

em vez disso, o agente em questão fosse um trabalhador civil experiente em saúde mental ou mesmo um policial desarmado. Casos de suicídio por policial são extremamente raros no Reino Unido, onde a polícia dificilmente estará armada.[196]

Isso não significa dizer que o policiamento de questões de saúde mental na Grã-Bretanha seja desprovido de problemas. O Serviço Nacional de Saúde (NHS) oferece alternativas substanciais para pessoas em crise ou que sofrem necessidades crônicas de saúde mental. Os policiais são instruídos a conduzir alguém que está sofrendo uma crise de saúde mental para um "espaço seguro", que pode ser um hospital, uma unidade comunitária que forneça esse tipo de acolhimento ou, em último caso, uma delegacia de polícia. A polícia do Reino Unido conta com um sistema de Agentes Mediadores de Saúde Mental (MHLO), através do qual um grupo seleto de policiais recebe extenso treinamento e fica responsável por lidar com situações difíceis e facilitar os processos burocráticos que envolvem cooperação entre as prestadoras de atendimento médico e a polícia. Além disso, os expedientes de despacho da polícia contam com profissionais de enfermagem especializados em saúde mental responsáveis por passar aos policiais os históricos dos pacientes e lhes transmitir orientações em tempo real. Eles também estão ampliando o número de equipes de triagem de rua nas quais há sempre uma enfermeira acompanhando o policial respondente. A atitude geral é pautada pelo cuidado, e não pelo imperativo de neutralização de ameaças. Na prática, contudo, os problemas persistem. Depois de uma série de mortes e outros incidentes mal conduzidos amplamente publicizados, uma comissão nacional concluiu em 2013 que o treinamento era inadequado, que os MHLOs não contavam com o devido apoio dos serviços

---

[196] Allison, Rebecca. "UK's first 'suicide by policial' Rules". *Guardian*, 9 mai. 2003.

policiais, que os serviços de saúde nas delegacias não eram apropriados, que se usava força demais para conter PTMs e que nem sempre havia uma boa relação de trabalho entre a polícia, os hospitais e os agentes comunitários de saúde mental.[197]

Estudos sugerem que algo entre 5% e 20% de todos os incidentes policiais dos EUA envolvem uma PTM e que esses incidentes demoram mais para serem resolvidos e têm maior probabilidade de acabar em prisão.[198] Além disso, o número de PTMs encarceradas cresceu drasticamente. A Aliança Nacional de Transtornos Mentais (NAMI) revelou que dos 2 milhões de pessoas que deram entrada em prisões nos Estados Unidos por ano,15% dos homens e 30% das mulheres sofrem algum transtorno mental grave.[199] As maiores instalações psiquiátricas de internação nos Estados Unidos são a Cadeia do Condado de Los Angeles, a Cadeia de Rikers Island, em Nova York, e a Cadeia do Condado de Cook, em Chicago; há dez vezes mais PTMs presentes nas cadeias e prisões do que em hospitais estaduais.[200]

---

197 Independent Commission on Mental Health and Policing, "Report", maio de 2013, <http://news.bbc.co.uk/2/shared/bsp/hi/pdfs/10_05_13_report.pdf>.

198 Fuller *et al.*, *Overlooked in the Undercounted, op. cit.*; Deane, Martha Williams *et al. Emerging Partnerships Between Mental Health and Law Enforcement*. Arlington, VA: American Psychiatric Association, 1999; Reuland, Melissa. Schwarzfeld, Matthew. Draper, Laura. *Law Enforcement Responses to People with Mental Illnesses: A Guide to Research-Informed Policy and Practice*. Nova York: Council of State Governments Justice Center, 2009.

199 National Association on Mental Illness (NAMI), "Jailing People with Mental Illness", [s.d.].

200 Fuller Torrey, E. *et al.* "The Treatment of Persons with Mental Illness in Prisons and Jails: A State Survey". Arlington, VA: Treatment Advocacy Center, 2014.

A segunda maior causa de morte em cadeias e prisões é suicídio; as prisões, que geralmente recebem pessoas vindas diretamente de custódia policial, contam com processos muito limitados de triagem e oferecem cuidados precários de saúde mental.[201] A NAMI estima que 83% das PTMs presas não têm acesso aos tratamentos de que precisam.[202] As pessoas geralmente recebem medicamentos enquanto presas e, quando soltas, saem na melhor das hipóteses com um frasco de comprimidos e um encaminhamento médico, produzindo uma porta giratória de detenções e encarceramento de curto prazo sem melhora real na saúde mental dos indivíduos, que muitas vezes está na raiz dos comportamentos que os levam a ser presos.

O que estamos testemunhando é essencialmente a criminalização dos transtornos mentais, com a polícia na linha de frente desse processo. Isso vale especialmente para as pessoas que não têm onde morar e/ou não têm acesso a serviços de qualidade de atendimento à saúde mental. Ambos esses grupos de pessoas cresceram consideravelmente nas últimas décadas. Embora a Affordable Care Act[203] ainda prometa algumas melhorias, em 2011 mais de 60% das pessoas com problemas de saúde mental já relatavam não ter acesso a serviços de saúde mental.[204] Mesmo quando serviços de saúde mental estão disponíveis, geralmente

---

[201] Kaste, Martin. "The 'Shock of Confinement': The Grim Reality of Suicide in Jail". *NPR*, 27 jul. 2015.

[202] NAMI, "Jailing People", *op. cit.*

[203] N.T.: Patient Protection and Affordable Care Act é a Lei Federal de Proteção e Cuidado ao Paciente, apelidada de "Obamacare", sancionada pelo presidente dos EUA em março de 2010.

[204] Substance Abuse and Mental Health Services Administration. *Results from the 2011 National Survey on Drug Use and Health: Mental Health Findings*. Rockville, MD: Substance Abuse and Mental Health Administration, 2012.

são inadequados. A falta de moradia e renda estáveis agrava os problemas de saúde mental, dificulta o tratamento e contribui para a demonstração pública de comportamentos relacionados à deficiência – tudo isso aumenta a probabilidade de que a polícia seja convocada a intervir.

Reduzir o oferecimento de serviços sociais e substituí-los por mecanismos punitivos de controle social é algo que, além de funcionar mal, sai mais caro. Vários estudos demonstram que o custo de fornecer moradia e serviços de saúde mental às pessoas é, na verdade, menor do que fazê-las circular por salas de emergência, abrigos e prisões.[205] O impulso de criminalizar tem mais a ver com ideologia do que efetividade: as pessoas com transtornos mentais não são vistas como vítimas da reestruturação neoliberal dos serviços públicos de saúde, mas como uma perigosa fonte de desordem a ser controlada por meio de policiamento intensivo e agressivo. Qualquer tentativa de reduzir os efeitos negativos que o policiamento produz sobre essa população precisa enfrentar diretamente essa perspectiva ideológica de policiamento.

---

[205] Culhane, Dennis. Metraux, Stephen. Hadley, Trevor. "Public Service Reductions Associated with Placement of Homeless Persons with Severe Mental Illness in Supportive Housing". *Housing Policy Debates* 13, n. 1 (2002): p. 107-163; Rosenheck, Robert *et al.* "Cost-effectiveness of Supported Housing for Homeless Persons With Mental Illness". *Archives of General Psychiatry* 60, n. 9 (2003): p. 940-951; Chalmers McLaughlin, Thomas. "Using Common Themes: Cost-Effectiveness of Permanent Supported Housing for People With Mental illness". *Research on Social Work Practice* 21, n. 4 (2011): p. 404-411; Cloud, David. Davis, Chelsea. *Treatment Alternatives to Encarceration for People with Mental Health Needs in the Criminal Justice System: The Cost-Savings Implications.* Nova York: Vera Institute of Justice, 2013.

Reformas

Os esforços para aumentar e aprimorar o treinamento dos policiais experimentam uma série de coisas. Em primeiro lugar, o treinamento elenca os sinais que ajudam a identificar pensamentos e ações suicidas graves, e fornece estratégias para estabilizar as pessoas para que elas possam ser conduzidas sob custódia. Em segundo lugar, ele fornece informações sobre os serviços disponíveis, tais como clínicas comunitárias ou ambulatoriais e formas de acessar o atendimento emergencial, incluindo internação temporária em um pronto-socorro. Os policiais também são instruídos sobre a natureza dos diferentes transtornos mentais e aprendem estratégias para lidar com uma crise sem o uso tradicional da força.

Essa abordagem tem severas desvantagens. Primeiro, não é razoável esperar que um policial de patrulhamento seja capaz de fazer uma avaliação clínica séria de pacientes em campo. Por mais que a experiência possa até ajudar alguns policiais a identificar certos comportamentos mais comuns, é simplesmente improvável que se consiga fazer uma avaliação devidamente apurada, e isso pode ter consequências significativas sobre como o policial aborda a interação. Embora algumas pessoas possam responder bem a uma linguagem que impõe limites, outras podem se sentir ameaçadas e desenvolver agressividade, especialmente quando executada por profissional inexperiente.

Em segundo lugar, na maioria dos locais há poucos serviços disponíveis, especialmente para pessoas que não se encontram em estado severo de crise. Uma enorme parcela das interações policiais dessa natureza são com PTMs que eles encontram com certa regularidade, geralmente em locais públicos, e que configuram mais um incômodo do que uma ameaça real à segurança pública. As salas de emergência não são os espaços mais adequados para esses casos, e geralmente nem aceitam pessoas nessas condições. Informar os policiais sobre os serviços disponíveis – ou a falta de serviços disponíveis – geralmente apenas comunica que eles estão por conta própria e devem na verdade recorrer a resoluções informais ou prisões.

Finalmente, como mencionado no capítulo 1, o treinamento policial padrão incute uma mentalidade de guerreiro nos policiais. Eles são treinados para ver em qualquer encontro o que teria de potencialmente ameaçador e usar sua presença, linguagem corporal e comandos verbais para se impor e reagir de forma rápida e agressiva a qualquer ameaça de violência ou ao identificar a presença de uma arma. Isso contraria diretamente as melhores práticas para se lidar com a maioria das PTMs. Estudos mostram que as abordagens policiais padrão tendem na verdade a aumentar a tensão e desestabilizar esse tipo de situação. Gritar comandos com armas em punho pode acabar fazendo com que uma pessoa com transtorno mental fuja ou se torne mais agressiva. Pior, alguém que esteja experimentando delírios ou sofrendo um episódio psicótico talvez sequer consiga ouvir, entender ou cumprir ordens da polícia. Isso pode ter consequências trágicas.

Mais recentemente, alguns departamentos adotaram treinamentos que enfatizam comunicação, contenção e coordenação com os provedores de serviços apropriados como uma alternativa à abordagem de comando e controle. Embora esse novo treinamento tenha algumas vantagens no sentido de descalar situações, ele ainda pode produzir resultados trágicos. Policiais em Nova York usavam essa mesma política quando abordaram um judeu ortodoxo em seu apartamento após receber uma chamada. O homem tinha um pequeno martelo decorativo usado em cerimônias religiosas. Quando tentou sair de seu apartamento de porão portando o martelo, os policiais tentaram cercá-lo, conforme dita o treinamento de contenção. No entanto, quando o homem tentou se esquivar da contenção, eles dispararam e o mataram.[206] Mais recentemente, a polícia de São Francisco usou táticas semelhantes para tentar prender um homem que portava uma faca e havia esfaqueado alguém nas proximidades. Os policiais encurralaram e cercaram o agressor, exigindo que ele largasse a faca, e dispararam duas balas de borracha nele, mas ele continuou segurando a faca e tentando sair. Os policiais então deram mais quinze tiros nele, matando-o.[207] Táticas de contenção e uso de armas menos letais ainda podem produzir abordagens mortais.

Não é razoável esperar que policiais que passam a maior parte de seu tempo usando métodos agressivos para impor autoridade possam simplesmente desligar essa chave em uma situação envolvendo alguém com algum transtorno mental e que parece configurar uma ameaça para o policial ou outras pessoas. É por isso que tantos encontros com PTMs segurando armas acabam descambando para conflitos mais intensos, mesmo quando os policiais envolvidos passaram por treinamento específico para questões de saúde mental.

Equipes de intervenção para situações de crise

O Modelo Memphis apoia-se em um pequeno contingente de policiais especializados que podem ser mobilizados em caso

---

[206] Newman, Andy. "Disturbed Man Wielding a Hammer Is Killed by Police in Brooklyn". *New York Times*, 31 ago. 1999.

[207] Ho, Vivian. Lyons, Jenna. Williams, Kale. "Killing by SF police sets off public debate", *SFGate*, 4 dez. 2015.

de chamados envolvendo uma pessoa que esteja passando por uma crise de saúde mental.[208] Esses policiais se tornam mais informados e experientes, e têm condições de avaliar a situação com mais precisão e tomar providências mais clinicamente adequadas a fim de reduzir a chance de que a abordagem descambe para um conflito mais intenso. Esse modelo tem mostrado sinais de sucesso nas cidades que o adotaram, mas apenas quando há serviços de saúde mental significativos disponíveis com os quais a polícia pode contar. O problema é que esses serviços geralmente não existem; além disso, não deixa de ser um modelo centrado na polícia e caracterizado por uma forte tendência a resolver as situações por meio de prisões e outras formas de uso da força.

Alguns lugares tentaram mitigar essa tendência com a criação de equipes de resposta a situações de crise, integradas por profissionais de saúde mental devidamente treinados. Essa abordagem é comum em lugares como Canadá, Grã-Bretanha, Europa e Austrália. Agentes policiais especialmente treinados trabalham em conjunto com profissionais de saúde mental para responder a chamados que envolvem PTMs. Em muitos casos, são os profissionais de saúde mental civis que tomam a frente, e os policiais ficam de apoio para ajudar apenas se isso for absolutamente necessário. Essas equipes têm mostrado bons resultados tanto na redução de prisões e do uso da força quanto na redução das internações, visto que elas têm condições de fazer uma avaliação mais completa e tomar as devidas providências para estabilizar a pessoa e encaminhá-la aos serviços ambulatoriais adequados.

---

208 CIT International. "Memphis Model", [s.d.].

Equipes de extensão social

Em alguns lugares, as autoridades locais enfrentam problemas crônicos envolvendo pessoas com problemas de saúde mental em espaços públicos. Algumas estão em situação de rua; outras vivem em moradias precárias ou estão desempregadas, desocupadas, e passam grande parte de seu tempo nas ruas. Essa população pode às vezes sofrer crises agudas de saúde mental, mas é muito mais provável que atraiam atenção da polícia como fontes de distúrbio, o que pode ocorrer na forma de violações de "qualidade de vida", como beber e urinar em público, conduta desordeira ou dormir em parques, metrôs ou calçadas. Em algumas jurisdições, as autoridades tentaram abordar esse problema com o desenvolvimento de equipes de extensão da polícia. Algumas acabam tendo enfoque maior em pessoas em situação de rua, ao passo que outras lidam mais especificamente com pessoas que enfrentam problemas de saúde mental, mas as funções se sobrepõem.

Mas por que é que policiais armados deveriam supervisionar esse tipo de trabalho social de extensão para pessoas em situação de rua que enfrentam problemas crônicos de saúde mental? Usar policiais armados é caro e traz poucos benefícios. Profissionais treinados de saúde mental e assistência social são perfeitamente capazes de assumir essa tarefa e, ao contrário do que ocorre com equipes baseadas na polícia, têm mais probabilidade de conseguir construir relações de longo prazo e conquistar confiança, um componente essencial desse tipo de trabalho de extensão com indivíduos altamente isolados que enfrentam problemas complexos de saúde mental e muitas vezes de abuso de substâncias. Em vez de fazer com que essas pessoas sejam conduzidas aos cuidados adequados, a ameaça implícita de resposta coerciva que a polícia representa contribui para que elas aprofundem ainda mais seu isolamento. Além do mais, equipes civis são mais baratas.

Programas de reeducação

Há também esforços de desviar PTMs do encarceramento. Modelos baseados na polícia, como o programa de Reeducação Assistida por Agentes Policiais (LEAD)[209] de Seattle, permitem que policiais identifiquem pessoas cronicamente envolvidas em pequenos atos de criminalidade e distúrbio público e as encaminhe para programas que visam resolver seus problemas subjacentes, sejam eles de saúde mental, de abuso de substâncias ou de pobreza, que as levam a se envolverem em mercados clandestinos como o do trabalho sexual e do comércio de drogas.[210] Esses programas reduziram as taxas de detenção e encarceramento; eles oferecem alguns serviços novos para pessoas necessitadas e algum alívio para as comunidades. Mas por que a polícia precisa ser a guardiã desses programas? Enquadrar isso como uma questão de policiamento vincula o acesso a serviços necessários ao grau de motivação do policial em resolver um problema de ordem pública. Uma pessoa falando sozinha trajando roupas desgrenhadas e fedorentas em um bairro comercial de alto nível tem mais probabilidade de receber atenção constante da polícia do que um adolescente suicida em situação de rua enfiado debaixo de uma ponte. Ambos precisam de serviços, mas é muito menos provável que a polícia encontre o adolescente, e ainda menos probabilidade de que essa aborda-

[209] N.E.: no original Law Enforcement Assisted Diversion.

[210] Knafo, Saki. "Change of Habit: How Seattle Cops Fought an Addiction to Locking Up Drug Users". *Huffington Post*, 28 ago. 2014.

gem se dê na chave de uma questão de saúde mental. Os trabalhadores comunitários de saúde mental tendem a identificar o adolescente suicida como estando em uma situação de risco mais grave e a tomar medidas para estabilizá-lo.

Outro desenvolvimento importante foi o surgimento de uma ampla gama de juizados especiais de saúde mental. O objetivo desses tribunais especializados é evitar que as PTMs simplesmente caiam na prisão, encaminhando-as aos serviços adequados, com supervisão e a ameaça de possível encarceramento pelo não cumprimento dos objetivos do programa e diretivas judiciais.[211] Os juízes tendem a assumir um papel ativo em monitorar o andamento e recompensar o progresso dessas pessoas; para algumas, isso representa um raro e importante caminho para a estabilidade. Esses juizados não são muito mais baratos de operar do que os tribunais criminais normais de pequenas contravenções, mas eles reduzem o número de pessoas sentenciadas à prisão, o que é extremamente caro: por causa da alta rotatividade, os centros de detenção provisória são muito mais caros do que as penitenciárias, com custos por leito chegando a 200 mil dólares por ano ou mais.[212]

Esses juizados, no entanto, dependem da constante ameaça de sanções punitivas. Quem deixar de cumprir os planos de gerenciamento de casos fica sujeito a ser enviado à prisão, uma vez que a admissão de culpa é geralmente uma das condições para receber tratamento. Além disso, só é possível acessar os

---

[211] Almquist, Lauren. Dodd, Elizabeth. *Mental Health Courts: A Guide to Research-Informed Policy and Practice*. Nova York: Council of State Governments Justice Center, 2012.

[212] Henrichson, Christian. Rinaldi, Joshua. Delaney, Ruth. *The Price of Jails: Measuring the Taxpayer Cost of Local Incarceration*. Nova York: Vera Institute of Justice, 2015.

serviços fornecidos por esse juizado uma vez preso, o que significa que muitas pessoas que precisam desses serviços continuam sem poder obtê-los. Assim como no caso do programa LEAD, o foco é minimizar os inconvenientes e economizar dinheiro, e não desenvolver um sistema racional para garantir o fornecimento dos cuidados de saúde mental necessários.

Alternativas

Não dá para eliminar totalmente as interações entre a polícia e as PTMs. De fato, é necessário mais treinamento de todos os policiais e até mesmo a participação de policiais em alguns cenários de resposta a situações de crise de saúde mental. A situação que temos hoje, contudo, representa uma criminalização grosseira dos transtornos mentais. Esse sistema não exige que policiais individuais ajam de maneira preconceituosa contra PTMs ou façam uso indevido de sua autoridade com regularidade – algo que os estudos mostram que normalmente não ocorre.[213] Exige apenas que tenhamos um sistema de saúde mental fundamentalmente falho que não forneça os cuidados adequados às pessoas – que é o que temos. Isso significa que a responsabilidade de lidar com pessoas sofrendo crises dessa natureza invariavelmente recai sobre a polícia, quer ela queira quer não. Sim, equipes de intervenção para situações de crise, juizados especializados e treinamento aprimorado podem reduzir o impacto do sistema de justiça criminal sobre as pessoas que sofrem de problemas de saúde mental e o impacto dessas pessoas no sistema de justiça criminal, mas nada disso substitui um sistema racional e operacional de saúde mental.

---

[213] Teplin, Linda. "Keeping the Peace: Police Discretion and Mentally Ill Persons". *National Institute of Justice Journal* (jul. 2000): p. 8-15.

Agentes e autoridades policiais atentos estão mais do que cientes disso. Muitos veem as interações com PTMs como um dos aspectos menos desejáveis e mais tensos do trabalho policial. Muitos estão profundamente frustrados com o ciclo de visitas ao pronto-socorro, prisões e carceragens policiais, que nunca dão conta de resolver o problema. Muitas vezes, a polícia se vê forçada a prender alguém porque não existe nenhum hospital, clínica ou outro programa qualquer disponível – ou existe, mas não tem condições ou disposição de admitir a pessoa. Algumas autoridades policiais também estão começando a vir a público, como é o caso do chefe de polícia Michael Biasotti, de Nova Windsor, em Nova York. Como presidente da Associação de Chefes de Polícia do Estado de Nova York, ele apoiou medidas para aumentar o financiamento para serviços de saúde mental, apontando a irracionalidade de abrigar 350 mil PTMs em prisões e cadeias. Ele observa que um verdadeiro programa de reeducação

> seria expandir os serviços para pessoas com transtornos mentais em estado grave, para que você receba tratamento antes que a polícia chegue à sua porta, antes que você tenha de se apresentar diante de um juiz e antes de você se ver preso [...] Aumentar os serviços ofertados significa menos envolvimento com o sistema de justiça criminal e melhor qualidade de vida para as pessoas que sofrem com problemas de saúde mental e suas famílias.[214]

Mike Koval, chefe da força policial de Madison, em Wisconsin, passou anos defendendo serviços comunitários de saúde mental no rescaldo de uma série de mortes de PTMs nas mãos da

[214] Biasotti, Michael. "Policing the Mentally Ill". *Law Enforcement Today*, 20 nov. 2014. Disponível em: <http://www.lawenforcementtoday.com/2014/11/20/policing- the-mentally-ill/>.

polícia. Ele percebe que, mesmo com treinamento aprimorado e resposta especializada, ainda há limites para o que a polícia pode fazer: "Os desafios singulares apresentados nesses tipos de chamados vão produzir mais desfechos trágicos, a menos que haja ou até que haja um compromisso de fornecer intervenções mais proativas, preventivas e colaborativas *antes* que os problemas de saúde mental de um indivíduo tenham atingindo níveis críticos".[215] Ele até obteve permissão da cidade de Madison para dar início a um processo judicial contra o estado pelo fechamento de uma clínica de saúde mental, argumentando que a ausência desses serviços subtrai recursos financeiros e policiais consideráveis do patrulhamento, já que os policiais agora precisam transportar pessoas por distâncias maiores.

De acordo com o Instituto de Saúde Mental da Flórida, pessoas que sofrem problemas crônicos de saúde mental são uma das principais fontes de despesas para o sistema de justiça criminal. O estudo conduzido pelo instituto identificou 97 "infratores crônicos" que, ao longo de cinco anos, foram responsáveis por 2.200 prisões, 27 mil dias de prisão e 13 mil dias em unidades de crise, hospitais estaduais e salas de emergência. O custo para o contribuinte, somente para essas pessoas, chegou a quase 13 milhões de dólares, ou 275 mil dólares por ano por pessoa com problemas de saúde mental. Nas prisões do condado de Miami-Dade, cerca de 1.400 presos tomam drogas psiquiátricas, fazendo do sistema penitenciário o maior depósito de PTMs de todo o estado da Flórida. Os cuidados com saúde mental lá custam

---

215 Koval, Michael. "Chief Koval's Blog: Madison Police Department Announces a new Mental Health Officer pilot program". *Cityofmadison.com*, 26 jan. 2015. Disponível em: <http://www.cityofmadison.com/police/chief/blog/?Id=6324>.

aos contribuintes 80 milhões de dólares por ano.[216] O Vera Institute of Justice calculou que encarcerar PTMs é de duas a três vezes mais caro do que tratamentos comunitários.[217]

Em vez de simplesmente despejar quantias cada vez maiores de dinheiro para unidades policiais especializadas e serviços aprimorados de saúde mental em cadeias e prisões, o que precisamos é repensar fundamentalmente nossos sistemas de saúde mental. Nas últimas décadas, foram cortados bilhões de dólares dos serviços públicos de saúde mental, à medida que os estados fecharam hospitais caros e mal administrados, mas deixaram de financiar unidades de atendimento comunitário. Em vez de depender de tratamento forçado, o certo seria oferecer acesso fácil a serviços comunitários variados e culturalmente apropriados, conforme necessário. Mesmo pessoas com deficiências graves podem viver de forma independente e com impacto limitado à comunidade se puderem contar com cuidados e apoio de longo prazo em uma situação estável de vida. Alguns lugares tentam se mover nessa direção. Autoridades de Miami trabalham para transformar um hospital fechado em um centro de reabilitação para pessoas que sofrem transtornos mentais graves. A instalação deverá fornecer espaços seguros para recepção e acolhimento, instalações de tratamento e acesso a moradia temporária.[218] Embora esse seja um passo na direção certa, ele ainda não fornece moradia estável de longo prazo com serviços clinicamente adequados de apoio. Parte das ins-

---

216 Ovale, David. "In Miami-Dade, hope, help for offenders with mental illness". *Miami Herald*, 29 set. 2014.

217 Cloud, David. Davis, Chelsea. *Treatment Alternatives to Incarceration, op. cit.*

218 Ovale, David. "In Miami-Dade, hope, help for offenders with mental illness", *op. cit.*

talações também será usada para abrigar um juizado especial de saúde mental – recursos que seriam mais bem gastos em moradia e serviços médicos.

É preciso dedicar uma atenção especial a serviços voltados para pessoas com transtornos graves, como esquizofrenia, que, se não devidamente tratada, pode levar a comportamentos antissociais preocupantes e até mesmo potencialmente perigosos. Distribuir medicamentos e enviar as pessoas a abrigos ou quartos de hotel não é adequado. Sem estabilidade e amparo, o mais provável é que os pacientes simplesmente interrompam seus medicamentos. Um ambiente de moradia que ofereça segurança e apoio tem mais chances de produzir estabilidade do que encarceramento ou tratamento farmacológico forçado. Para as pessoas que atualmente se encontram em situação de rua e sem seus remédios, precisamos de equipes comunitárias civis e acesso a espaços seguros de recepção e acolhimento.

Finalmente, quando as pessoas de fato experimentarem uma grave crise de saúde mental, devemos sempre tentar abordar a situação da maneira menos confrontadora possível. Socorristas civis treinados devem ser a preferência padrão nesses casos. Eles representam a menor ameaça às PTMs e são os menos propensos a provocar uma intensificação da interação. Sim, essas interações podem ser perigosas, mas pessoas treinadas e experientes em lidar com PTMs conhecem esses riscos e dispõem de técnicas para lidar com eles. Mesmo em hospitais estaduais de saúde mental que contêm pessoas com históricos de violência, a equipe geralmente consegue lidar com os pacientes com um mínimo de violência. Usa-se da força e por vezes em excesso, mas uma equipe bem treinada tem muito menos probabilidade de provocar uma morte do que um policial armado.

5. Criminalizando a população em situação de rua

Apesar de não ser crime não ter casa, as pessoas em situação de rua tendem a ter amplo contato com a polícia, especialmente homens adultos e pessoas com transtornos mentais. A polícia é regularmente convocada para fornecer serviços sociais, manter a ordem e fazer cumprir a lei diante dessa população, resultando em prisões, encaminhamentos e ordens para "circular" – coisas que praticamente não ajudam em nada.

O policiamento dos pobres e das pessoas em situação de rua não é nenhuma novidade. Embora o problema contemporâneo de falta de moradia tenha surgido na década de 1980, as primeiras ondas de carência em massa de habitação no século XIX e no início do século XX também representaram desafios consideráveis para a polícia. À medida que ondas de imigrantes desembarcavam no país no fim do século XIX, as cidades estadunidenses ficavam por vezes sobrecarregadas de pessoas que não conseguiam encontrar trabalho e arcar com os custos de uma moradia. Esse problema era menor em tempos de *boom* econômico, mas durante situações de crise financeira muitos ficaram desempregados e sem casa para morar. Salvo algumas poucas instituições privadas de caridade, não havia nenhuma rede de segurança social, o que fez com que muitos ficassem em circunstâncias desesperadoras.

Esperava-se que a polícia prestasse alguns cuidados a essas pessoas, mas principalmente que reduzisse seu impacto sobre o restante da população. Em cidades como Nova York, Chicago, Washington e Boston, os porões das delegacias de polícia foram transformados em abrigos noturnos. Embora muitas vezes fossem pouco mais do que pisos imundos e um fogão fraco, eles forneciam proteção contra o frio e as intempéries. No entanto, a decisão de colocar pessoas em delegacias de polícia, e não em outros prédios do governo, já indicava o papel da polícia como mantenedora geral da ordem pública e a percepção de que essa população representava uma força social potencialmente perigosa.

Hoje a maioria das cidades oferece algum grau de abrigos emergenciais, especialmente para famílias, mas o número de leitos disponíveis quase sempre deixa a desejar. Alguns abrigos realizam sorteios noturnos para definir a distribuição das vagas disponíveis; e os perdedores são forçados a se virar como der. Os que acabam dormindo em praças e outros espaços públicos correm o risco constante de sofrer assédio policial, uma vez que os moradores e comerciantes locais se queixam da deterioração da sua "qualidade de vida". A polícia rotineiramente desmonta acampamentos, forçando as pessoas a buscarem condições cada vez mais remotas e isoladas, deixando-as mais vulneráveis a roubos, agressões e intempéries.

Mesmo aqueles que têm onde ficar à noite muitas vezes são postos para circular durante o dia, com pouco a fazer além de correr atrás de serviços sociais e se virar para encontrar algum trabalho. Muitos sofrem de transtornos mentais ou problemas de abuso de substâncias, ou uma combinação dos dois, o que faz com que sua presença pública em praças, metrôs e calçadas pareça mais ameaçadora. Alguns acabam se envolvendo com atividades em mercados clandestinos; outros não têm interesse ou simplesmente não conseguem seguir os padrões de conduta e decoro da classe média. O resultado é que a polícia é frequentemente convocada para regular o comportamento dessas pessoas. Em alguns casos, basta um aviso severo ou uma ordem para sair dali. Em outros, o policial pode emitir uma multa por jogar lixo na rua, urinar em público ou alguma outra infração menor. Essas multas são raramente pagas e geralmente acabam provocando detenções adicionais e uma série de passagens por tribunais e prisões à medida que se acumula uma lista de pequenas contravenções e multas vencidas. Essas multas não fazem nada para melhorar a situação da pessoa e geralmente têm como objetivo simplesmente expulsá-la de certos espaços, mais do que efetivamente mudar seu comportamento. O encarceramento frequente interrompe seu acesso aos serviços sociais e prejudica sua empregabilidade, fechando possíveis caminhos para superar a situação de rua.

Quando essa estratégia se mostra malsucedida, as cidades costumam recorrer a estratégias mais intensivas e desenvolver novas leis para fornecer aos policiais "as ferramentas de que precisam" para lidar com as "populações problemáticas". A National Law Center on Homelessness and Poverty vem documentando o surgimento de novas leis que criminalizam comportamentos associados à situação de rua.[219] A pesquisa conduzida em 187 cidades mostrou que 33% delas proíbem acampamentos públicos em todo o território metropolitano, 57% proíbem acampamentos públicos em locais específicos, 18% proíbem totalmente dormir em público e 27% proíbem dormir em locais específicos. Um quarto dos municípios avaliados tem restrições de mendicância

219 National Law Center on Homelessness and Poverty. *No Safe Place: The Criminalization of Homelessness in U.S. Cities*. Washington, D.C.: National Law Center on Homelessness and Poverty, 2014.

em toda a extensão da cidade, 33% têm proibição de vadiagem em toda a cidade, 53% proíbem sentar ou se deitar em determinadas zonas, 43% proíbem dormir em carros e 9% têm leis que proíbem o compartilhamento de comida gratuita. A quantidade de leis desse tipo está aumentando cada vez mais. Entre 2011 e 2014, as proibições de acampar em público saltaram 60%, as proibições de dormir em locais específicos aumentaram 34%, as proibições de mendicância em toda a cidade subiram 25%, as leis contra vadiagem e vagabundagem aumentaram 35%, as leis contra se sentar e deitar subiram 43% e as proibições de dormir em veículos saltaram 119%. Trata-se de problema recorrente em todo o país.

Seattle levou a criminalização das pessoas em situação de rua ao extremo. Depois de experimentar uma série de novas leis, optou por adotar uma nova abordagem de "violação civil". Sempre que uma pessoa em situação de rua fosse identificada cometendo qualquer uma das várias pequenas contravenções que muitas vezes são decorrentes da condição de não ter um teto, em vez de ser presa ela era banida de determinada região, como um parque, uma rua de motéis baratos ou mesmo um bairro inteiro. Em alguns casos, a proibição durava um dia; em outros, mais. Para quem fosse flagrado violando a proibição, o resultado era a prisão e uma proibição mais longa e geralmente mais ampla. Depois de alguns anos, havia pessoas banidas de todos os parques municipais e de grande parte da cidade. Katherine Beckett e Steve Herbert argumentam que isso representa um retorno da desacreditada prática medieval de banimento como estratégia para administrar populações pobres e indesejadas.[220]

Uma vez que essas são ordens cíveis e não penais, a polícia tem liberdade quase total de ação para emitir e fazer cumprir

---

[220] Beckett, Katherine. Herbert, Steve. *Banished: The New Social Control in Urban America*. Oxford, UK: Oxford University Press, 2009.

essas proibições. Beckett e Herbert documentam dezenas de casos em que a polícia agiu de maneira discriminatória, mais com base na percepção de *status* social do que em condutas específicas. Na maior parte das vezes não há audiência formal, as pessoas não têm direito a um advogado e o ônus da prova é muito baixo. Os policiais geralmente se valem dessas ordens porque não dispõem de outros mecanismos de fiscalização: trata-se de deslocar o problema de seu perímetro de responsabilidade ao de outras autoridades, isolando e piorando ainda mais as condições dessas pessoas.

Tanto as cidades grandes quanto as pequenas registram aumentos da população em situação de rua. Em Nova York, Los Angeles e Seattle o número de pessoas dormindo nas ruas e em abrigos saltou consideravelmente nos últimos anos. Por conta disso, essas e outras cidades estão experimentando um aumento nos índices de desordem pública. Mesmo as pessoas mais bem comportadas acabam transmitindo uma imagem desagradável quando são postas em situação de rua. Seus alimentos, colchões e pertences passam uma ideia de decadência. Urinar e dormir em público são práticas ao mesmo tempo inevitáveis e criminalizadas, o que gera uma dinâmica terrível. Também é verdade que nem todas as pessoas em situação de rua são bem-comportadas. Problemas de saúde mental e abuso de drogas contribuem para comportamentos desordeiros e ilegais que perturbam as comunidades de maneiras que podem tornar os espaços públicos inóspitos e, em casos raros, perigosos.

Alguns esforços para remover pessoas em situação de rua por meio de criminalização são claramente vinculados a iniciativas de desenvolvimento econômico. A Safe Cities Initiative [Iniciativa Cidades Seguras] (SCI) de Los Angeles foi uma tentativa descarada de expulsar pessoas em situação de rua da região histórica do Skid Row a fim de abrir caminho para a gentrificação.[221] A ironia é que o próprio bairro tinha sido originalmente criado como uma espécie de gueto de serviços sociais para a população mais empobrecida, a fim de mantê-la longe de outros bairros residenciais; mas, à medida que o centro de Los Angeles foi ficando mais desenvolvido e interessante, o Skid Row passou a ser uma área valiosa para o desenvolvimento imobiliário.

O principal objetivo declarado da SCI era reduzir a criminalidade em um perímetro de cinquenta quarteirões através de uma fiscalização intensiva e ostensiva, conforme o modelo das janelas quebradas. Cinquenta policiais adicionais foram designados para a região, com uma série de unidades especializadas. Foram removidas barracas de moradores de rua, milhares de pessoas foram presas e emitiram-se ainda mais intimações. Além disso, os policiais foram utilizados explicitamente para conduzir as pessoas aos serviços sociais por meio de uma série de programas formais de reeducação e práticas informais de rua. Forrest Stuart descreve como a polícia rotineiramente tratava as pessoas arroladas em programas de maneira mais leniente do que aquelas que ela considerava "resistentes ao serviço". Em geral, entretanto, esses programas eram baseados em uma série de abordagens de autoajuda e programas de "doze passos"[222] que

---

221 Vitale, Alex. "The Safer Cities Initiative and the Removal of the homeless: Reducing crime or promoting gentrification in Los Angeles' Skid Row". *Criminology and Public Policy* 9, n. 4 (2010): p. 867-873; Stuart, Forrest. *Down and Out and Under Arrest: Policing and Everyday Life in Skid Row* Chicago: Chicago University Press, 2016.

222 N.E.: o programa de Doze Passos (*twelve-step program*) foi criado nos Estados Unidos em 1935 inicialmente para o tratamento do alcoolismo e mais tarde estendido para praticamente todos os tipos de dependência química e compulsões.

raramente funcionavam, em parte porque não havia moradia permanente, empregos dignos ou serviços de saúde sustentáveis disponíveis. Essa dinâmica contribuiu para um fenômeno de porta giratória e muita culpabilização das vítimas pelo que na verdade é uma rede de proteção social fracassada.

No fim das contas, os proponentes alegam que a SCI reduziu em cerca de cinquenta por ano as ocorrências de roubo na área delimitada, a um custo de mais de 6 milhões de dólares por ano em policiamento e outros 118 milhões de dólares em despesas judiciais e carcerárias. Em contraste, os gastos dos governos municipais, estaduais e federais com serviços para os desabrigados para todo o condado de Los Angeles, juntos, somaram apenas cerca de 600 milhões de dólares por ano. Sim, o policiamento intensivo e invasivo de fato desloca as pessoas em situação de rua e talvez até alguns crimes, mas não faz nada para reduzir essa população em geral.

Em alguns casos, a remoção agressiva de moradores de rua pode ter consequências fatais. Em março de 2014, a polícia de Albuquerque matou James Boyd enquanto tentava removê-lo de sua barraca irregular armada em um terreno aberto nas proximidades de um bairro suburbano.[223] Respondendo a uma reclamação de um morador preocupado com os surtos esquizofrênicos de Boyd, a polícia o encontrou portando uma faca e os ameaçando. Depois de um impasse de cinco horas que contou com negociações extensas envolvendo uma equipe de intervenção treinada para lidar com situações de crise, Boyd foi baleado repetidas vezes enquanto parecia estar recolhendo suas coisas para ser escoltado pelos policiais, de acordo com imagens do incidente registradas pela câmera corporal de um dos policiais. Os

---

[223] Rojas, Rick. Kolb, Joseph. "Albuquerque Officers Are Charged with Murder in Death of Homeless Man". *New York Times*, 12 jan. 2015.

dois policiais que atiraram nele foram levados a julgamento, mas o júri não conseguiu chegar a uma decisão e o procurador não levou adiante o pedido para se estabelecer um novo julgamento. Boyd tinha um longo histórico de envolvimento com o sistema de justiça criminal e tratamento de transtornos mentais graves.

Na primavera de 2015, o departamento de polícia de Los Angeles matou duas pessoas em situação de rua. O primeiro foi Charly Leundeu Keunang, baleado nas costas durante um conflito com policiais que queriam interrogá-lo a respeito de um assalto.[224] Keunang sofria problemas de saúde mental, tinha passado pela prisão, estava tomando metanfetaminas e aguardava deportação para Camarões. Um vídeo de celular mostra os policiais perseguindo Keunang em um acampamento improvisado na região do Skid Row de Los Angeles e berrando ordens para ele, que não obedecia. A certa altura, um deles grita algo sobre a arma de seu parceiro e em seguida dispara. As imagens do incidente registradas pela câmera corporal não foram disponibilizadas ao público, mas fontes que tiveram acesso à gravação, bem como civis que presenciaram a cena, negam que Keunang tivesse pego ou estivesse tentando tomar a arma do policial.

A segunda vítima foi Brendon Glenn, um morador de rua que ficava na região de Venice Beach havia anos e era bem conhecido e querido por muitos dos residentes, apesar de seus problemas de alcoolismo.[225] A polícia respondeu a um chamado de pertur-

---

[224] Mather, Kate. Rubin, Joel. Holland, Gale. "Video of LAPD killing turns harsh light on skid row". *Los Angeles Times*, 2 mar. 2015; Mather, Kate. Queally, James. Holland, Gale. "L.A. Police Commission clears officers in skid row shooting but faults officer in Burbank killing". *Los Angeles Times*, 2 fev. 2016.

[225] Mather, Kate. "LAPD killing of unarmed homeless man in Venice was unjustified, Police Commission says", *Los Angeles Times*, 12 abr. 2016.

bação e inicialmente dialogou com Glenn, sem que isso tenha provocado nenhum incidente. No entanto, mais tarde, eles o encontraram em conflito com um segurança e, no meio da confusão, atiraram nele. Um vídeo de uma câmera de segurança nas proximidades mostra que Glenn estava desarmado e não parecia apresentar ameaça alguma aos policiais ou ao público, o que levou as autoridades policiais a levantarem sérios questionamentos a respeito do ocorrido. O acontecimento deflagrou uma série de protestos e foi pauta de diversas reuniões comunitárias.

Todos os três homens mencionados representavam ameaças regulares à ordem pública e, em alguns casos, à segurança pública. O uso da polícia para lidar com essas ameaças, no entanto, foi em larga medida ineficaz e, em última análise, se provou fatal. Esses indivíduos eram imunes às ameaças de prisão e encarceramento – coisa que todos haviam experimentado no passado. O sistema de justiça criminal, com sua ênfase em punição, não dava conta de resolver os problemas subjacentes e entrelaçados de falta de moradia, saúde mental e abuso de substâncias, que impulsionavam os comportamentos problemáticos dessas pessoas, deixando nas mãos da polícia a tarefa ingrata de "gerenciá-los" em um esforço malfadado para reduzir seu impacto no resto da sociedade.

O impulso para criminalizar as pessoas em situação de rua continua forte. Embora muitos sintam alguma compaixão por aqueles que estão à margem da sociedade, há também um elevado grau de frustração com o declínio das condições de algumas áreas urbanas. Essas preocupações com a "qualidade de vida" contribuem para o sentimento mais amplo de insegurança experimentado pelas pessoas que veem seus padrões de vida caindo. Algumas têm um profundo temor de ver seu *status* social e econômico ficar prejudicado por conta de um crescimento dos comportamentos desordeiros. Ao mesmo tempo, muitos que gozam de uma situação financeira um pouco melhor também sentem o peso dos custos cada vez mais elevados de moradia. Pessoas que moram em cidades como Nova York ou São Francisco chegam a desembolsar metade de sua renda com custos de moradia, e em alguns casos até mais. Isso produz uma sensação de autorização social e insegurança financeira que pode levar até mesmo pessoas progressistas a cobrar que os governos municipais sejam "mais duros" com a população em situação de rua em seus bairros. Eu mesmo tive a oportunidade de constatar em minhas pesquisas como ativistas sociais com uma longa trajetória de ativismo progressista chegaram a defender a remoção de acampamentos de moradores de rua por parte da polícia em Nova York e São Francisco.[226]

Além disso, os comércios sentem uma enorme pressão para afastar pedintes e pessoas em situação de rua circulando nas proximidades. Foi principalmente para lidar com esse problema que foram criados os "distritos de melhoria de negócios", que a partir da arrecadação de dinheiro dos comércios locais passaram a investir em serviços de saneamento e segurança, e, em alguns casos, até na criação de centros de serviços para pessoas em situação de rua. Nos piores casos, eles também tiveram envolvimento no uso da força para ilegalmente remover moradores de rua, pedintes e pessoas com problemas de saúde mental.[227]

Os fenômenos de desordem ligados à existência em massa de pessoas em situação de rua desempenharam um papel na as-

---

[226] Vitale, Alex. *City of Disorder*, *op. cit.* Vitale, Alex. "Enforcing Civility: Homelessness, 'Quality of Life,' and the Crisis of Urban Liberalism". Ph.D. dissertação, City University Graduate School, 2001.

[227] Firestone, David. "3 Tell Council They Beat Homeless to Clear Out Business District". *New York Times*, 11 mai. 1995.

censão de políticas urbanas mais conservadoras, à medida que pessoas progressistas bem-intencionadas – que defendem certa tolerância social frente à desordem enquanto soluções de longo prazo são tentadas, mas nunca realizadas – dão lugar a neoconservadores que questionam o capacidade do governo em resolver problemas econômicos, recorrendo, em vez disso, ao policiamento agressivo para simplesmente retirar a população em situação de rua do campo de visão do público. No centro dessa dinâmica reside a teoria profundamente conservadora das "janelas quebradas". No geral, o policiamento de janelas quebradas simplesmente cria um fenômeno de porta giratória no qual pessoas em situação de rua são presas, jogadas no sistema carcerário e judiciário, para depois serem devolvidas à comunidade nas mesmas condições em que se encontravam quando dela foram retiradas. Esse processo raramente contribui para estabilizar o quadro de qualquer uma dessas pessoas. Esses órgãos quase nunca disponibilizam acesso à moradia permanente ou mesmo a serviços de longo prazo de saúde mental ou de tratamento para abuso de substâncias. Como resultado, é muito comum que a mesma pessoa volte a ser presa. Um estudo recente conduzido na cidade de Nova York revelou que das oitocentas pessoas que mais passaram tempo circulando pelo sistema carcerário, mais da metade estava em situação de rua. As principais imputações nesses casos eram de pequenos furtos, posse de drogas e invasão de propriedade.[228] Prender repetidamente pessoas em situação de rua por esses crimes praticamente não contribui em nada para alterar seu comportamento futu-

[228] MacDonald, Ross *et al.* "The Rikers Island Hot Spotters: Defining the Needs of the Most Frequently Incarcerated". *American Journal of Public Health* 105, n. 11 (2015): p. 2262-2268.

ro ou reduzir seu impacto sobre as comunidades. E certamente não ajuda a superar sua condição de falta de moradia.

O custo desse processo é exorbitante. A cidade de Nova York gastou 129 milhões de dólares em cinco anos para prender aquelas oitocentas pessoas. Isso representa mais de 30 mil dólares por pessoa por ano.[229] Fornecer habitação solidária custa menos aos cofres públicos. E esse valor nem inclui as despesas com visitas às salas de emergência, estadias em abrigos, iniciativas de apoio comunitário, etc. Em 2013, a Divisão de Habitação e Desenvolvimento Comunitário de Utah informou que os gastos com tratamento em salas de emergência e tempo de prisão foi em média superior a 16 mil dólares por ano por pessoa em situação de rua, sendo que o custo de fornecer um apartamento totalmente subsidiado era de apenas 11 mil dólares.[230] Um estudo da Universidade do Novo México revelou que fornecer moradia às pessoas reduzia as despesas carcerárias em 64%.[231]

Pesquisadores da Flórida Central demonstraram que fornecer moradia e serviços de apoio permanentes à população cronicamente em situação de rua geraria uma economia de 149 milhões de dólares de dinheiro dos contribuintes locais em gastos com prisões e atendimento de saúde.[232] Um estudo de caso

---

229 *Ibid.*, p. 2262.

230 Wrathall, Jonathan *et al. Comprehensive Report on Homelessness: State of Utah 2013.* Salt Lake City, UT: Utah Housing and Community Development Division, 2013.

231 Guerin, Paul. Tonigan, Alexandra. *City of Albuquerque Heading Home Initiative Cost Study Report Phase 1.* Albuquerque, NM: University of New Mexico Institute for Social Research, 2013.

232 Shinn, Gregory. *The Cost of Long-Term Homelessness in Central Florida: The Current Crisis and the Economic Impact of Providing Sustainable Housing Solutions.* Orlando, FL: Central Florida Commission on Homelessness, 2014.

aprofundado conduzido por pesquisadores da Universidade do Sul da Califórnia revelou que o custo total por pessoa de serviços públicos por um período de dois anos vivendo nas ruas foi de 187.288 dólares, em comparação com 107.032 dólares em habitação permanente com serviços de apoio pelo mesmo período – uma economia de 80.256 dólares, ou quase 43%.[233] As despesas com a justiça criminal cairiam de uma média de mais de 23 mil dólares para zero.

Muitas das leis utilizadas para criminalizar a população em situação de rua contrariam a lei existente. Muitos decretos antimendicância foram considerados inconstitucionais por violarem o direito à liberdade de expressão (no sentido de que estão solicitando dinheiro), presente logo na Primeira Emenda.[234] Os tribunais rejeitaram alguns casos por serem inconstitucionalmente vagos, deixando aos policiais uma margem muito grande de autonomia para criminalizar comportamentos, tanto inócuos quanto desordeiros. As prefeituras frequentemente se deparam com problemas jurídicos quando removem barracas e, no processo, destroem os bens das pessoas. Os tribunais deixaram claro que qualquer bem apreendido deve ser tratado com cuidado e devidamente armazenado para que depois possa ser reavido.[235]

---

[233] Cousineau, Michael. Lander, Heather. Lowery, Mollie. *Homeless Cost Study*. Los Angeles, CA: United Way of Greater Los Angeles, 2009.

[234] Liese, Andrew. "We Can Do Better: Anti-Homeless Ordinances as Violations of State Substantive Due Process Law". *Vanderbilt Law Review* 59, n. 4 (2006): p. 1413-1455; Ellickson, Robert C. "Controlling Chronic Misconduct in City Spaces: Of Panhandlers, Skid Rows, and Public Space Zoning". *Yale Law Journal* 105, n. 5 (1996): p. 1165-248; Foscarinis, Maria. "Downward Spiral: Homelessness and Its Criminalization". *Yale Law and Policy Review* 14, n. 1 (1996): p. 1-63.

[235] Johnson, Kirk. "Property of a Homeless Man is Private, Hartford Court Says: Justices break new ground on the rights of the homeless".

Em 2015 o Departamento de Justiça emitiu um parecer jurídico no qual afirmava que muitos dos estatutos contra dormir e acampar na rua implementados em todo o país podem ser ilegais caso as pessoas não tenham alternativa viável a não ser passar a noite nesses locais restritos.[236] Proibições de dormir são particularmente problemáticas quando uma cidade não fornece abrigos de emergência adequados para quem os procura. Quem fica de fora não deve ser criminalizado por dormir em público.

A criminalização de pessoas em situação de rua também viola o Pacto Internacional contra a Tortura e o Pacto Internacional sobre Direitos Civis e Políticos,[237] que afirma que todas as pessoas têm direito à moradia, que os governos têm a obrigação de colocar o bem-estar das pessoas acima das preocupações com a desordem e estética, e que a falta de moradia cobra um preço tremendo daqueles que estão sujeitos a ela. As práticas de criminalização exacerbam esse custo sem de fato abrigar mais pessoas.

A lei internacional dos direitos humanos também confere às pessoas o direito à liberdade de movimento. Estatutos que tentam restringir o acesso da população em situação de rua a certas regiões por meio de leis de vadiagem e dispositivos de liberdade condicional que restringem o acesso a certas áreas podem muito bem violar esse direito. Leis que possuem propósito e efeito dis-

---

New York Times, 19 mar. 1991; Egelko, Bob. "Homeless have right to reclaim property". *San Francisco Chronicle*, 9 ago. 2014; Holland, Gale. "Seize a homeless person's property? Not so fast, a federal judge tells L.A.". *Los Angeles Times*, 13 abr. 2016.

[236] US Department of Justice. "Justice Department Files Brief to Address the Criminalization of Homelessness", 6 ago. 2015.

[237] United States Interagency Council on Homelessness. *Searching Out Solutions: Constructive Alternatives to the Criminalization of Homelessness*. Washington, D.C.: United States Interagency Council on Homelessness, 2012.

criminatório em termos de raça e propriedade podem também contrariar acordos internacionais, bem como a própria Declaração Internacional de Direitos Humanos. O direito internacional também confere alguns direitos a ocupações uma vez que torna ilegal a remoção de acampamentos de moradores de rua caso nenhuma alternativa de moradia seja oferecida.

Em 2014, o Comitê de Direitos Humanos da ONU levantou questionamentos importantes a respeito da adesão dos Estados Unidos ao Pacto Internacional sobre Direitos Civis e Políticos.

> O Comitê manifesta sua preocupação diante dos relatos de criminalização de pessoas em situação de rua no que diz respeito a atividades cotidianas como comer, dormir, sentar em áreas específicas etc. O Comitê assinala que tal criminalização suscita preocupações quanto a práticas de discriminação e tratamento cruel, desumano e degradante.[238]

Esse é um relatório oficial a respeito de um tratado que os Estados Unidos assinaram e ao qual os tribunais devem aderir. Também apresenta um arcabouço que permite julgar a criminalização de pessoas em situação de rua como cruel, desumana e degradante, e que traça paralelos com nossa proibição constitucional a punições cruéis e desumanas, bem como com as restrições internacionais à tortura.

Mesmo que a criminalização funcionasse, estivesse dentro da lei e fosse economicamente viável em termos de seus custos, ela ainda assim seria antiética. Vivemos em um ambiente econômico e social no qual o mercado se mostra incapaz de oferecer moradia às pessoas situadas na base da ordem econômica,

---

[238] Egelko, Bob. "U.N. panel denounces laws targeting homeless". *San Francisco Chronicle*, 2 mai. 2014.

e no qual o governo não está disposto a compensar essa diferença. Diante dessa realidade, como é possível justificar tratar a falta de moradia como uma questão de justiça criminal? A lei parece valer de maneira universal, mas isso não leva em conta o fato de que os pobres estão sempre sob maior pressão para transgredi-la e sob maior risco de serem submetidos a ações judiciais. Como apontou Anatole France, em 1894, "em sua majestosa igualdade, a lei proíbe tanto os ricos quanto os pobres de dormir debaixo das pontes, mendigar nas ruas e roubar pães".[239]

Há uma questão de justiça substantiva aqui. Mesmo que a lei seja aplicada de maneira equitativa, sem preconceito ou malícia, ela ainda produzirá o encarceramento de um grande número de pessoas pobres, em situação de rua e que sofrem problemas de saúde mental, em vez de criminosos linha-dura. Em última análise, a criminalização de pessoas em situação de rua deve ser entendida como uma forma de gerir a crescente desigualdade por meio de mecanismos cada vez mais punitivos de controle estatal. O policiamento agressivo da população em situação de rua pode parecer ter o objetivo de melhorar a qualidade de vida dos moradores de classe média, mas, mesmo quando isso ocorre, é ao custo de piorar as condições de vida das pessoas que não têm onde morar. Esse processo também acaba isentando os governantes eleitos da responsabilidade de levar a cabo uma política urbana transformadora que se concentre nas necessidades dos pobres em termos de mudanças

---

[239] N.T.: "*ils y doivent travailler devant la majestueuse égalité des lois, qui interdit au riche comme au pauvre de coucher sous les ponts, de mendier dans les rues et de voler du pain.*" France, Anatole. *Le Lys Rouge*. Paris: Calmann-Lévy, 1894, p. 118. Edição brasileira: *O lírio vermelho*. Trad. Marques Rebelo. Rio de Janeiro: Editora Pongetti, 1964.

estruturais nos mercados de habitação e trabalho, bem como do oferecimento de serviços sociais essenciais, como saúde.

Reformas

Várias forças policiais criaram equipes de extensão social especializadas, treinadas para lidar com essa população altamente carente. Elas normalmente passam por treinamento em técnicas de resolução pacífica de conflitos, desenvolvimento de confiança e formas de abordar questões de saúde mental e de abuso de substâncias, além de serem informadas a respeito dos serviços disponíveis e dos devidos procedimentos de encaminhamento. Os policiais trabalham em equipes, geralmente em conjunto com assistentes sociais civis, a fim de contatar e construir relações com pessoas em situação de rua na esperança de conseguir inseri-las em determinados programas e tirá-las das ruas. Uma das limitações fundamentais desses programas é que eles raramente oferecem serviços substanciais e que quase nunca há moradia estável imediatamente disponível. Isso significa que essas equipes, mesmo quando incluem assistentes sociais, trabalhadores voluntários ou profissionais clínicos, não deixam de ter um aspecto punitivo. Quando um policial uniformizado portando seu distintivo, uma arma de fogo e um par de algemas lhe pede para não armar sua barraca aqui, trata-se de uma ameaça implícita de prisão futura – e de fato é isso que na maior parte das vezes eventualmente acaba ocorrendo, além da destruição de propriedade e remoção. Assistentes sociais profissionais relatam de maneira praticamente unânime que estabilização de longo prazo requer confiança e serviços apropriados. Sem isso, os resultados são frustrantes para todos os envolvidos e muitas vezes acabam levando a um retorno dos apelos para que haja um endurecimento das políticas e um aumento das prisões.

Juizados para pessoas em situação de rua

Nos últimos vinte anos, assistimos a um enorme crescimento no número de juizados especializados. Organizações como o Center for Court Innovation criaram juizados para jovens, juizados de drogas, juizados de saúde mental, juizados para veteranos e juizados para pessoas em situação de rua. No melhor dos casos, esses juizados têm a intenção de conectar as pessoas aos serviços adequados, em vez de fazê-las rodar por tribunais criminais e prisões. Na medida em que conseguem cumprir esses objetivos, eles têm algum valor.

O juizado para pessoas em situação de rua do condado de Maricopa, no Arizona, "combina punição com tratamento e serviços em rigorosos programas de reabilitação supervisionados que normalmente excedem as sentenças de réus condenados por motivos semelhantes no processo judiciário normal".[240] Essa abordagem deixa claro que ainda se trata de um processo punitivo baseado no pressuposto da culpabilidade e irresponsabilidade individuais. Esse juizado em particular é apenas "para pessoas que demonstrem compromisso em superar sua situação de rua", apesar da falta generalizada de moradia a preço acessível para a população de baixa renda. No entanto, os serviços exigidos pelo juizado quase nunca incluem habitação estável, muito menos permanente, com os devidos serviços de apoio. Em vez disso, eles mantêm as pessoas envolvidas em uma

240 Judicial Branch of Arizona Maricopa County, "Homeless Court", [s.d.].

série de atividades de assistência social e compromissos perante o juiz que raramente contribuem para resolver seus problemas subjacentes. E, mesmo quando isso de fato acontece, não muda nada no que diz respeito a ampliar a oferta de moradia disponível para as pessoas de baixíssima renda ou em condição de miséria. Em essência, o que ocorre é uma reorganização de quem terá direito a ficar com uma unidade habitacional específica, em vez de enfrentar a falta estrutural de moradia popular.

A crescente popularidade desses juizados e programas de reeducação levanta outra importante preocupação: cada vez mais, a *única* maneira de conseguir acessar serviços tão necessitados é por meio do sistema de justiça criminal. Esses programas querem mostrar êxito, e seu sucesso depende da disponibilidade de serviços adequados. Uma vez que tais programas raramente criam serviços novos significativos, eles, em vez disso, procuram obter concessões de programas já existentes, efetivamente retirando vagas daqueles que poderiam obtê-las por meio de assistentes sociais ou outros órgãos de serviço social. Em alguns casos, por exemplo, os juizados chegam a reservar um certo número de leitos em abrigos emergenciais para garantir que haja vagas para aqueles que comparecem perante o juiz e precisam delas. Isso significa, contudo, que esses leitos não estão mais disponíveis para qualquer outra pessoa que precise deles. Alguém que ficar de fora de um sorteio por um leito em um abrigo voluntário pode mais tarde acabar sendo preso por dormir na praça e, em seguida, vir a obter esse mesmo leito tendo passado pelo juizado. Isso confere mais recursos e poder à polícia e aos juizados no que diz respeito a determinar quem merece auxílio, em vez de se valer de assistentes sociais especializados e devidamente treinados.

Alternativas

Hoje há fartas evidências de que a solução definitiva para essa população em situação de rua envolve elevar os salários dos empregos de baixa remuneração e criar moradia mais acessível, com serviços de apoio para quem precisa. Abrigos emergenciais, moradias temporárias, ensino de habilidades de vida e programas de poupança forçada não contribuem em nada para reduzir a quantidade total de pessoas em situação de rua. O mercado imobiliário por si só não dá conta de dar teto ao número cada vez maior de pessoas que são deixadas à margem da economia formal. Nessa situação, o Estado não tem alternativa a não ser intervir diretamente.

Subsídios de renda

Mais do que qualquer outra coisa, o problema da falta de moradia diz respeito a um descompasso entre renda e os custos de moradia. Ao longo dos últimos quarenta anos, os salários foram ficando cada vez mais polarizados, um processo que só piorou desde o colapso financeiro de 2008. Esse processo jogou mais pessoas na pobreza e, o que é mais perverso, também elevou significativamente os custos de moradia em muitas partes do país. Há mais de 10 milhões de famílias de locatários de extrema baixa renda nos Estados Unidos, mas apenas 3,2 milhões de casas disponíveis para locação a preços acessíveis para elas. Em razão disso, 75% dessas famílias comprometem mais da metade de sua renda com moradia.[241] Ao longo das últimas duas décadas, o aumento no preço dos aluguéis ultrapassou a taxa geral de inflação

[241] National Low Income Housing Coalition. "Rental Inflation Drives Homelessness and Housing Instability for the Poor", 1 mai. 2015.

e os preços dos imóveis. Isso vale especialmente para a ponta inferior do mercado, onde a oferta está encolhendo.

Além disso, os subsídios de renda oferecidos pelo governo na forma de pagamentos de previdência social e isenções de imposto de renda também não acompanharam o aumento nos custos de moradia. Em muitas partes do país, os benefícios sociais estão bem abaixo dos custos de moradia, mesmo considerando os segmentos mais baratos do mercado. Um aumento significativo no valor desses benefícios, ou a emissão de vouchers equivalentes, seria uma forma de permitir que as pessoas pudessem acessar os imóveis mais baratos disponíveis para aluguel. Esse afluxo de locatários, entretanto, provocaria um aumento ainda maior nos preços se não for aumentada a oferta habitacional. Os governos devem portanto aumentar drasticamente o valor dos repasses a fim de estimular a construção de novas moradias populares ou então construir diretamente essas habitações.

Moradia em primeiro lugar

Uma das lições que os últimos vinte anos nos ensinou é que a melhor maneira de tirar as pessoas da rua e dos abrigos é disponibilizando moradia permanente imediata a custos muito baixos, ou mesmo sem custo, e fornecer uma variedade de serviços opcionais de apoio para ajudá-los a permanecer lá. Essa abordagem é conhecida como "habitação em primeiro lugar" e está ganhando cada vez mais proeminência. Antigamente os programas para a população em situação de rua concentravam-se em fornecer abrigos emergenciais e provisórios, na crença de que, se você estabilizasse alguém e conseguisse um emprego ou os benefícios necessários, essa pessoa teria então condições de acessar o mercado imobiliário e obter uma moradia estável de longo prazo.

Não é isso que se verifica. Essa incompatibilidade entre trabalho de baixa remuneração ou benefícios governamentais e moradias cada vez mais caras torna esse processo insustentável. Os governos terão de intervir nos mercados habitacionais, construindo um grande número de unidades altamente subsidiadas.

O governo federal poderia ajudar retomando em maior escala o programa de subsídios da Seção 8,[242] cujos recursos poderiam ser combinados para fornecer financiamento. Contudo, os governos municipais e estaduais precisam *querer* construir essas unidades habitacionais, e atualmente esse simplesmente não é o caso de muitos deles. Até o prefeito progressista de Nova York, Bill de Blasio, insiste em usar os bônus de zoneamento e outros incentivos para fazer com que os incorporadores incluam unidades mais acessíveis em novos projetos de construção. Essas unidades nunca são acessíveis para aqueles que atualmente vivem em abrigos e nas ruas, no entanto, esse tipo de habitação não vem acompanhado do serviço de apoio necessário para ajudar as pessoas a manter uma moradia estável.

O estado da Virgínia tem sido um grande proponente de uma abordagem de moradia em primeiro lugar, incluindo realojamento rápido e habitação permanente e de apoio. Entre 2010 e meados de 2016, o estado experimentou uma queda de 31% no número geral da população em situação de rua, incluindo uma redução de 37,6% no número de famílias em situação de rua. Em 2015, a Virgínia tornou-se o primeiro estado a zerar o número de vetera-

[242] N.T.: a Seção 8 da Lei de Habitação estadunidense, aprovada em 1937, autoriza o repasse de subsídios de aluguel diretamente aos proprietários imobiliários em nome dos locatários de baixa renda. Por ser um trecho que foi repetidamente submetido a emendas, ele é frequentemente chamado simplesmente de "Seção 8" no debate público.

nos em situação de rua.[243] O estado de Utah também foi um dos primeiros a adotar a abordagem da habitação em primeiro lugar. No geral, as autoridades estão muito satisfeitas com os resultados: houve uma significativa redução do número total de pessoas em situação de rua, inclusive dos casos crônicos, que tendem a ter mais interação com a polícia, tribunais, salas de emergência e prisões. Por mais que a alegação do estado de ter conquistado uma redução de 91% na taxa de pessoas cronicamente em situação de rua pareça exagerada, os resultados não deixam de ser impressionantes.[244] De acordo com o diretor da Força-Tarefa para Pessoas em Situação de Rua [Homeless Task Force] de Utah, Lloyd Pendleton, "para as pessoas cronicamente em situação de rua, que representam cerca de 10% da população em situação de rua, [...] quando esses indivíduos têm um lugar próprio onde podem ficar seguros, o consumo de álcool e drogas diminui. Além disso, descobrimos que, com um trabalho efetivo de gerenciamento de casos, é possível criar uma comunidade positiva e apoiadora."[245]

Processo de remediação da comunidade

Infelizmente, os abrigos e outros programas para pessoas em situação de rua frequentemente vêm com restrições significativas atreladas, tais como exigir que as pessoas estejam limpas, sóbrias e não pareçam ameaçadoras. São exigências que parecem

243 Virginia Housing Alliance. "Governor McAuliffe Announces 10.5 percent Decrease in Overall Homelessness in Virginia", 21 jul. 2016.

244 La Ganga, Maria. "Utah says it won 'war on homelessness,' but shelters tell a different story", *Guardian*, 27 abr. 2016.

245 Sun, Kitsap. "Opinion: Further questions about housing first", 14 jul. 2016.

razoáveis, mas a verdade é que muitas pessoas acabam ficando de fora por conta delas. Em alguns casos, as restrições também excedem a praticidade, caindo na moralização. Algumas instituições sociais de base religiosa, e até mesmo certas organizações seculares sem fins lucrativos, continuam calcadas em um modelo de responsabilização pessoal que culpa as pessoas em situação de rua, direta ou indiretamente, por sua condição e exige que elas demonstrem disposição de cumprir certos códigos morais como precondição para poderem receber os serviços oferecidos. Esses códigos podem ser especialmente restritivos e até discriminatórios em relação a pessoas LGBTQIA+.

Mesmo se começássemos imediatamente a adotar um modelo de moradia em primeiro lugar, ainda haveria pessoas aguardando um lugar para morar por algum tempo – até mesmo quando há um modelo de habitação plena em vigor, sempre haverá pessoas escorregando pelas fendas. Por isso precisamos oferecer às pessoas um lugar que as ajude a estabilizar sua situação e reduzir seu impacto sobre as comunidades em seu entorno. A melhor maneira de fazer isso é por meio de um sistema de centros de recepção e acolhimento com abrigos emergenciais focado em tirar as pessoas da rua sem depender da polícia, do sistema de justiça criminal ou de outros mecanismos punitivos – inclusive pessoas com problemas de saúde mental e abuso de substâncias, entre outros problemas comportamentais. Esses centros podem contar com assistentes sociais especializados, serviços de saúde mental, aconselhamento psicológico e amenidades práticas como caixas de correio, check-ups médicos, roupas e alimentação. Esses lugares existem e costumam ser muito bem-sucedidos, além de relativamente baratos. Porém, na maior parte das vezes, o apoio governamental é inadequado ou simplesmente inexiste.

A cidade de Cambridge, em Massachusetts, tinha uma unidade comunitária de atendimento chamada Bread and Jams que oferecia todas essas coisas, bem como ajuda para encontrar moradia e emprego, com orientações sobre benefícios sociais, serviços de saúde e políticas públicas. Infelizmente, ela fechou as portas na primavera de 2014 devido à falta de financiamento, apesar de seu papel na estabilização de pessoas em situação de rua, melhorando a qualidade de vida delas e reduzindo o impacto do problema da falta de moradia na comunidade circundante.[246]

Idealmente, esses espaços também devem atender às necessidades das comunidades locais. O que muitas vezes infelizmente ocorre é que abrigos e outros serviços acabam sendo instalados sem cuidado nos bairros, sem nenhuma preocupação em tentar trabalhar em conjunto com os moradores no desenvolvimento de planos para reduzir seu impacto. Por exemplo, em alguns casos, as comunidades reclamam que o abrigo dispensa todo mundo cedinho de manhã, obrigando-os a ficar perambulando pelas ruas. O Mission Neighborhood Resource Center em São Francisco procura abordar esse tipo de preocupação.[247] Eles oferecem um centro de recepção e acolhimento sem restrições e atuam como uma porta de entrada para atendimento de saúde, serviços sociais e abrigos. Também fazem um trabalho de desenvolvimento de liderança para ajudar a treinar as pessoas em situação de rua para melhor reivindicar serviços mais dignos e moradia permanente. Além disso, trabalham com a comunidade para identificar serviços que reduzam o impacto das pessoas em situação de rua, como acesso a chuveiros e a uma

---

[246] Rashid, Hasson. "Restoring Bread and Jams for the Homeless". *Alliance of Cambridge Tenants*, 21 jun. 2014.

[247] San Francisco Homeless Resource. "Mission Neighborhood Research Center", [s.d.]. Disponível em: <http://sfhomeless.wikia.com/>.

equipe de assistência social que atenda chamadas sobre pessoas em perigo nas ruas, sem a necessidade de envolver a polícia.

Devemos ir além da falsa escolha entre viver em meio a uma desordem generalizada ou ter de depender da polícia para garantir a civilidade. Em julho de 2015, um sindicato policial da cidade de Nova York convocou seus integrantes e apoiadores a fotografarem moradores de rua gerando transtornos públicos, como forma de pressionar a prefeitura a dar carta branca à polícia para controlar o comportamento dessa população por meio de novas medidas de criminalização.[248] O sindicato dava a entender que o recém-empossado prefeito Bill De Blasio os estava deixando "de mãos atadas" e, assim, contribuindo para um declínio na civilidade pública. Para esse sindicato, a única resposta adequada era um aumento do policiamento invasivo e agressivo. Essa não pode ser a resposta. Sabemos como resolver o problema de falta de moradia para a maioria da população de rua e sabemos a maneira de reduzir o impacto das pessoas em situação de rua nas comunidades sem depender da polícia. Só falta vontade política para fazê-lo. Enquanto continuarmos recorrendo à polícia como principal encarregado de lidar com a população em situação de rua, não há como os resultados serem positivos. A polícia só é capaz de forçar as pessoas a circular, empurrá-las às sombras ou jogá-las no sistema de justiça criminal, mas não contribui em nada para reduzir o número de pessoas em situação de rua; as ações policiais servem apenas para aprofundar o isolamento dessa população e afundá-la ainda mais na miséria. E isso a um custo enorme.

---

[248] Vitale, Alex. "Why are New York cops shaming homeless people?". *Al Jazeera America*, 16 ago. 2015.

6. Os fracassos no policiamento do trabalho sexual

O que significa criminalizar o trabalho sexual?

Quando permitimos que a polícia regule nossa vida sexual, infligimos um dano tremendo a algumas das pessoas mais vulneráveis em nossa sociedade. Jovens, mulheres pobres e pessoas trans que dependem da indústria do sexo para sobreviver e até mesmo prosperar são forçadas pela polícia a viver às sombras, deixando-os vulneráveis a abusos, exploração e riscos de saúde.

É comum que moradores e comerciantes expressem suas preocupações a respeito do trabalho sexual em termos de ofensas à ordem moral. Eles costumam demonstrar receio em expor crianças a comportamentos sexuais explícitos e aos detritos de preservativos e parafernálias de drogas que muitas vezes acompanham o ofício. Problemas secundários incluem o assédio de mulheres confundidas com profissionais do sexo, o oferecimento desse tipo de serviço a homens que não estão interessados nele e a desordem ou até mesmo a violência que às vezes decorre das interações entre clientes, prostitutas e cafetões. Todos esses elementos têm o potencial de minar a qualidade de vida e rebaixar o valor dos imóveis da região, o que significa que são as reclamações dos proprietários que tendem a incitar o policiamento. Em um nível mais amplo, as autoridades municipais demonstram preocupações sobre a disseminação de doenças sexualmente transmissíveis e o nexo entre drogas e crime organizado na indústria do sexo, bem como a presença de menores de idade e os abusos que eles e participantes adultos podem sofrer de cafetões e clientes.

Recentemente, uma série de organizações não governamentais (ONGs) vêm trabalhando arduamente para aumentar a conscientização a respeito do papel da coerção e do tráfico internacional na composição da mão de obra de profissionais do sexo, especialmente jovens. Muitos desses grupos, bem como algumas lideranças religiosas, políticas e comunitárias, colocam-se contra a prostituição em termos principalmente morais. Outros argumentam que ninguém optaria pela prostituição por livre e espontânea vontade e equiparam trabalho sexual com coerção. Esses grupos tendem a adotar uma abordagem proibicionista, defendendo a proibição de todo trabalho sexual, com a ação punitiva do Estado no centro de tais esforços. Muitas feministas liberais abraçaram essa postura proibicionista por preocupação com o bem-estar das mulheres que, no entendimento delas, acabam caindo no trabalho sexual por conta de abuso sexual na infância, ao passo que outras feministas apontam as maneiras pelas quais essa postura reproduz atitudes e relações de poder patriarcais.

Entre os policiais há também uma forte tendência a enxergar a prostituição em termos altamente morais. Isso pode levar a uma minimização da humanidade das profissionais do sexo, por conta de seu envolvimento aparentemente intratável com comportamentos que os policiais consideram pessoalmente ofensivos, ou à desconsideração de sua agência em uma espécie de mentalidade de resgate, na qual as profissionais do sexo são vistas como vítimas a serem resgatadas. Quando nenhuma dessas abordagens produz uma melhoria da situação, muitas vezes surge uma espécie de desinteresse anômico no qual a prostituição aparece como apenas mais um entre outros problemas cotidianos a serem administrados com o mínimo possível de investimento de energia emocional ou de consideração pelo resultado produzido. São feitas prisões, dispersam-se as pessoas ociosas e enviam-se viaturas para atender a eventuais chamados de rádio. Dá para dizer que qualquer uma dessas coisas torna as comunidades mais seguras ou melhora a vida dos profissionais do sexo? A resposta definitivamente é não. A criminalização do trabalho sexual é notoriamente ineficaz e prejudica as trabalhadoras do sexo e a sociedade em geral. A abordagem proibicionista pressupõe que a aplicação estrita da lei, seja ela dirigida ao provedor ou ao cliente, dará conta de conter a prostituição. As evidências, contudo, revelam que mesmo os esforços mais intensivos de policiamento são incapazes de produzir esse efeito.

Até a década de 1910, a existência de zonas explícitas de prostituição nas cidades estadunidenses era bastante comum. Por mais que a polícia frequentemente extorquisse e às vezes até explorasse sexualmente trabalhadoras do sexo, a prostituição era efetivamente descriminalizada no interior dessas zonas, e às vezes até de forma mais ampla. Foi uma combinação de dois fatores que em larga medida pôs fim a essa prática. O primeiro foi o desejo das autoridades militares de restringir a prostituição durante a Primeira Guerra Mundial, uma vez que nas guerras anteriores as doenças sexualmente transmissíveis desempenharam um papel importante em comprometer a prontidão das tropas. O segundo foi a ênfase da Era Progressiva em restaurar a moralidade das cidades, que teriam sido "poluídas" pelo influxo massivo de imigrantes do leste e do sul europeus. Isso assumiu a forma de uma narrativa da "escrava branca", na qual as prostitutas eram descritas como vítimas involuntárias de estrangeiros coercitivos e manipuladores. O objetivo era "salvar" essas mulheres por meio de políticas proibicionistas semelhantes àquelas contra o "flagelo" do álcool.

As primeiras ações de fiscalização incluíram incursões em bordéis e fiscalização intensiva contra a prostituição nas ruas. Apesar da condição de desespero implicada na narrativa da "escrava branca", as prostitutas eram tratadas geralmente como criminosas e submetidas a sentenças prisionais, assédio constante por parte da polícia ou coisa pior. As autoridades policiais e governamentais tiveram êxito na supressão das zonas de meretrício, mas a atividade da prostituição continuou ocorrendo de formas mais disfarçadas em bares, serviços de acompanhante, salões de massagem, saunas, bordéis ilegais, salas VIP em clubes de *strip* e muitas formas de prostituição de ruas, com níveis variados de visibilidade e risco.

Hoje, a polícia se vale de uma série de táticas diferentes para gerir o trabalho sexual. As delegacias de costumes se concentram tanto na prostituição visível quanto na mais escondida. Pessoas presas por crimes de costumes são muitas vezes pressionadas a fornecer informações sobre bordéis e outros locais clandestinos de trabalho sexual. Policiais à paisana investigam esses locais se colocando como possíveis clientes, em alguns casos se envolvendo em atos sexuais no processo. Na sequência, são feitas batidas policiais nas quais profissionais do sexo, gerentes e por vezes até clientes são presos e processados. Esses policiais também conduzem operações nas ruas em que se passam por clientes. Uma vez acordados um preço e um ato sexual correspondente, são efetuadas as prisões, em carros, quartos de hotel ou na própria rua. Em alguns casos, qualquer um que estiver perambulando por "notórias zonas de prostituição" é simplesmente recolhido pelo camburão; a presença de preservativos, "roupas sexualmente sugestivas", aparência trans ou uma passagem pela polícia já são consideradas evidências suficientes para efetuar uma prisão e abrir um processo.

Em clubes de *strip*, a polícia faz valer uma série de leis vagas contra obscenidade que dependem de interpretações por vezes arbitrárias do que seriam os "padrões da comunidade": medir a distância entre clientes e dançarinas ou inspecionar o tamanho e o posicionamento das peças de roupa. No estado de Nova York, por exemplo, as mulheres podem dançar com os seios à mostra, mas precisam estar a pelo menos um metro do chão e a um metro e meio de distância dos clientes, e não podem receber gorjetas a menos que estejam vestidas. Policiais à paisana conduzem inspeções regulares. Quartos de fundo e salas VIP representam um desafio especial, já que os policiais muitas vezes precisam fingir ser clientes oferecendo dinheiro por serviços especiais para descobrir violações.[249]

Os policiais às vezes ficam incumbidos de lidar com atividades de prostituição de rua em curso nas suas respectivas áreas de patrulhamento. Eles tendem a recorrer às leis contra vadiagem e conduta desordeira para prender ou dispersar pessoas suspeitas de estarem envolvidas com trabalho sexual. Policiais que atendem a reclamações específicas geralmente ficam satisfeitos se a profissional do sexo se comprometer a deixar a área até o término do expediente. Alguns fazem prisões por delitos

---

[249] Dewey, Susan. "On the Boundaries of the Global Margins: Violence, Labor, and Surveillance in a Rust Belt Topless Bar" em Dewey, Susan. Kelley, Patty (eds.). *Policing Pleasure: Sex Work, Policy, and the State in Global Perspective*. New York: NYU Press, 2011.

de drogas, multam carros por estacionamento irregular ou intimidam clientes com ameaças de exposição pública.

Formas mais extremas de ação policial, muitas vezes realizadas em conjunto com procuradores municipais e federais, envolvem expor clientes publicamente ou utilizar leis de confisco civil e perturbação da atividade comercial para fechar instalações e processar os proprietários por permitirem a realização de trabalhos sexuais em seus imóveis. Em alguns casos, as procuradorias chegam a aplicar sentenças cada vez mais duras a infratores reincidentes, incluindo acusações criminais. As leis de "banimento" de Seattle estabelecem que quem for preso sob a acusação (ou alguns casos apenas sob a suspeita) de praticar prostituição deverá permanecer fora de determinadas áreas por longos períodos de tempo, sob a ameaça de enfrentar penalidades criminais mais severas.[250] ONGs também chegaram a cobrar que as autoridades locais pressionassem veículos de publicidade, tais como as páginas de classificados de semanários gratuitos e listagens online como o Craigslist, em uma tentativa de conter as formas menos visíveis de trabalho sexual. Em 2015, a procuradoria geral dos EUA em Nova York entrou com um mandado nos escritórios da Rentboy.com, um site onde a maioria dos trabalhadores sexuais masculinos anunciavam seus serviços. Todos os funcionários foram presos e o escritório foi lacrado, apesar de não haver sequer uma única reclamação de algum usuário do site. O resultado foi empurrar esses profissionais do sexo a posições físicas e financeiras mais precárias.[251]

---

[250] Beckett, Katherine. Herbert, Steve. *Banished: The New Social Control in Urban America*. Nova York: Oxford, 2009.

[251] Duggan, Lisa. "What the Pathetic Case Against Rentboy.com Says About Sex Work". *Nation*, 7 jan. 2016.

O caso Rentboy é especialmente importante devido às vulnerabilidades enfrentadas por profissionais do sexo menos convencionais como lésbicas, gays, trans e não conformantes de gênero, entre outros. Esses trabalhadores do sexo estão frequentemente em risco nas mãos de clientes, policiais e predadores, e são mais propensos a operar às margens do comércio sexual. Profissionais trans do sexo são rotineiramente assediadas pela polícia e ainda enfrentam crimes violentos de ódio. Muitas vezes, os policiais assumem que qualquer pessoa abertamente trans ou de gênero não conformante deve estar envolvida em trabalho sexual. Na cidade de Nova York, a polícia rotineiramente assedia e prende pessoas trans com base simplesmente na aparência delas.[252] Além disso, essa população é muito mais propensa a sofrer violência. Enquanto os profissionais do sexo em geral são alvo de crimes, esse grupo ainda sofre abusos de transfóbicos e outras pessoas que não toleram sua identidade de gênero.

Apesar de décadas de ação policial, os serviços sexuais comerciais continuam prontamente disponíveis, desde os serviços de programa de 5 mil dólares por noite contratados por executivos de Wall Street e autoridades políticas até aquelas que se prostituem por 20 dólares em becos do centro da cidade. Mesmo quando profissionais do sexo individuais saem do ramo como resultado da ação policial, outros os substituem, e nunca há escassez de clientes. Na melhor das hipóteses, a polícia pode alegar que seus esforços restringem o grau e a visibilidade da indústria do sexo. É verdade que ações policiais intensas e coordenadas às vezes podem afastar prostitutas de rua de um local específico, mas elas simplesmente migram para ruas mais remotas ou

---

[252] Gira Grant, Melissa. "The NYPD Arrests Woman for Who They Are and Where They Go – Now They're Fighting Back". *Village Voice*, 22 nov. 2016.

para dentro de estabelecimentos. Esse tipo de prática pode até proporcionar alguns benefícios para os moradores, mas não faz nada para reduzir a prevalência geral do comércio sexual, muito menos melhorar a vida dos próprios profissionais do sexo. O comércio de sexo tem se mostrado em larga medida imune ao policiamento punitivo.

Consequências colaterais

Não é só que a criminalização não funciona. Ela também prejudica profissionais do sexo, o público e o sistema de justiça criminal, contribuindo para a vitimização de trabalhadores do sexo, a disseminação de doenças e a corrupção da polícia e do sistema judiciário.

O policiamento não tem visado erradicar a prostituição, mas antes empurrá-la às sombras da clandestinidade. Esse processo faz com que essas trabalhadoras não tenham a quem recorrer quando são estupradas, espancadas ou vitimadas, fortalecendo assim figuras como o cafetão e o traficante, e contribuindo para a disseminação de práticas sexuais inseguras. Quando profissionais do sexo são forçadas a trabalhar em uma economia clandestina e ilegal, elas ficam com poucas possibilidades de recorrer à lei a fim de resguardar seus direitos e sua segurança. Mesmo quando essas pessoas tecnicamente têm condições de ligar pedindo proteção policial contra a violência, a resposta raramente chega com prontidão. Em virtude de sua posição social e de todo um histórico de descaso e abuso por parte da polícia, essas trabalhadoras raramente consideram a intervenção policial algo benéfico. As profissionais do sexo têm interesse em manter o anonimato de seus clientes; processos criminais e constrangimento público não são bons para os negócios. Raramente há recibos de cartão de crédito, fotocópias de documentos de identidade ou imagens de câmeras de segurança que possam ser usados para identificar e processar agressores. Mesmo quando há alguma evidência, as vítimas geralmente relutam em se expor a investigações policiais adicionais por medo de que elas ou seu estabelecimento sejam submetidos a uma batida policial.

Além disso, as profissionais do sexo não têm acesso a proteções básicas no local de trabalho. Elas não podem reclamar de riscos de incêndio ou registrar queixas se suas remunerações forem subtraídas. Elas não podem abrir processos por roubo de serviços ou violações contratuais. A única ferramenta de que dispõem é reter sua mão de obra, mas mesmo isso pode ser restringido por práticas coercitivas de trabalho, que vão desde a manipulação psicológica à servidão.

A criminalização também fortalece figuras como cafetões, criminosos organizados e traficantes. Uma vez que existem poucas formas legais de ingressar na maior parte do trabalho sexual e em razão do estatuto criminoso de grande parte desse trabalho que pode render enormes retornos financeiros, um papel importante no recrutamento e na coação das pessoas envolvidas é desempenhado por terceiros. Além disso, fornecer proteção, locais de trabalho discretos e seguros, e organizar a cooperação da polícia é um trabalho que tem seu valor. Quem melhor tem condições de oferecer serviços como esses são pessoas já envolvidas em atividades ilegais. Tudo isso dificulta a auto-organização das trabalhadoras para que participem de maneira independente da economia sexual. O aluguel do imóvel, a contratação de serviços de segurança e publicidade – tudo isso precisa ser tratado de maneira escondida, geralmente por meio de empresas fictícias ou de fachada. Até mesmo as prostitutas de rua precisam lidar com uma estrutura de pontos organizados de maneira mais ou menos informal, nos quais participantes mais regulares e organizadas afastam as recém-chegadas de determinada área ou as forçam a entrar em suas próprias organizações. Em alguns casos, os cafetões forçam profissionais do sexo a entrarem sob sua "proteção" como uma forma de garantir que elas sejam capazes de exercer seu ofício. Outros cafetões de fato trabalham em parceria com profissionais do sexo, fornecendo apoio e proteção em troca de uma parcela dos ganhos.

As formas mais exploradoras de cafetinagem agem no sentido de forçar a realização de trabalho sexual em função do dinheiro, apoiando-se na certeza de que profissionais do sexo dispõem de poucos recursos e proteções legais. A polícia muitas vezes enxerga profissionais do sexo nessas situações como pessoas criminosas, e não como vítimas, e tende a fazer pouco caso de seus pedidos de ajuda. Além disso, as pessoas que são pressionadas e coagidas a entrar nesse ramo, e mesmo as que o fazem voluntariamente, muitas vezes vêm de circunstâncias muito desfavorecidas e podem sofrer problemas de saúde mental e abuso de substâncias ou ter sido vítimas de abuso sexual na infância. Tudo isso contribui para uma situação de isolamento social e vulnerabilidade que as torna mais fáceis de controlar. Tentativas simplistas de "resgate" não dão conta de lidar com a profundidade do isolamento e das adversidades que essas pessoas enfrentam. Profissionais do sexo que passam por sessões de acompanhamento psicológico e tratamento para dependência química, mas não recebem oportunidades de emprego e moradia, muitas vezes acabam voltando ao trabalho sexual, inclusive em caráter de padrão abusivo, porque não é oferecida uma saída sustentável. Sujeitos com intuitos exploradores e abusivos tendem a se aproveitar dessa dinâmica para manter essas pessoas isoladas e dependentes.

Ações policias proibicionistas mal pensadas também podem muito bem fortalecer a figura do traficante sexual internacional, uma vez que elas muitas vezes implicam deportação ou encarceramento de mulheres estrangeiras envolvidas em trabalho sexual – prática muitas vezes impulsionada por políticas estadunidenses.[253] Na Tailândia, por exemplo, os EUA vêm pressionado a polícia a reduzir o tráfico sexual – fenômeno que é geralmente lido como sinônimo de envolvimento de qualquer mulher estrangeira em trabalho sexual, independentemente de isso ocorrer de maneira voluntária ou coagida. Mulheres do Laos, Camboja, China e Mianmar são rotineiramente varridas em batidas policiais e forçosamente repatriadas. Além disso, as fronteiras do país foram reforçadas para dificultar a entrada de pessoas. Isso significa que imigrantes voluntárias ficam mais propensas a recorrer a redes criminosas organizadas para garantir seu transporte, tornando-se vulneráveis a práticas de exploração e coerção. Também confere a esses grupos criminosos organizados um controle mais exclusivo sobre o fluxo de trabalhadoras, o que acaba produzindo um poderoso estímulo a manter uma forte oferta desse tipo de mão de obra – inclusive por meios coercitivos, se necessário. Ainda mais se essa força de trabalho estiver sendo constantemente minada por ações policiais.

Há uma dinâmica semelhante em operação em partes da Europa e dos Estados Unidos. Trabalhadoras sexuais imigrantes voluntárias recorrem a contrabandistas e traficantes para ter acesso a esses mercados, tornando-se vulneráveis aos altos custos financeiros, fraudes, abusos, servidão por dívida e, em

---

253 Kempadoo, Kamala (ed.). *Trafficking and Prostitution Reconsidered: New Perspectives on Migration, Sex Work, and Human Rights*. Boulder, CO: Paradigm Publishers, 2012.

alguns casos, até mesmo escravização direta. O mesmo ocorre com a força de trabalho em outros setores de serviços. Os chamados *coyotes*[254] mexicanos e centro-estadunidenses muitas vezes se aproveitam de mulheres migrantes, exigindo sexo e dinheiro como contrapartidas para fornecer transporte, por vezes coagindo-as a praticar trabalho sexual a fim de quitar dívidas ou forçando-as diretamente a se prostituir.[255] Grupos de crime organizado no Leste Europeu oferecem às mulheres acesso aos mercados de trabalho sexual estadunidense, europeu e asiático a custos muito altos que na prática se tornam uma forma de servidão por dívida já que as mulheres acabam tendo de quitar essas dívidas por meio do próprio trabalho sexual.[256] Em alguns casos, as mulheres são informadas de que estão sendo transportadas para realizar trabalho doméstico e quando chegam lá são forçadas a realizar trabalho sexual.

O fato de que tanto o trabalho sexual quanto as drogas estão na ilegalidade incentiva o crime organizado a unir os dois em sua busca por rentabilidade. As trabalhadoras do sexo às vezes recebem drogas ou são pressionadas a se tornarem dependentes como forma de melhor controlá-las. Outras são atraídas ou

---

[254] N.E.: os *coyotes* são pessoas responsáveis por guiar a travessia de imigrantes ilegais na fronteira entre o México e os Estados Unidos.

[255] Cave, Damien. Robles, Frances. "A Smuggled Girl's Odyssey of False Promises and Fear", *New York Times*, 5 out. 2014.

[256] Hughes, Donna M. Denisova, Tatyana A. "The Transnational Political Criminal Nexus of Trafficking in Women from Ukraine", *Trends in Organized Crime* 6, n. 3/4 (2001): p. 43-68; Rhodes, Tim *et al.* "Police violence and sexual risk among female and transvestite sex workers in Serbia: qualitative study". *British Medical Journal* (2008), p. 307; Biradavolu, Monica Rao *et al.* "Can sex workers regulate police? Learning from an HIV prevention project for sex workers in southern India", *Social Science and Medicine* 68, n. 8 (2009): p. 1541-7.

coagidas a se envolverem em trabalho sexual a fim de manter sua drogadição. Muitas vezes também são oferecidas drogas aos próprios clientes como parte da experiência sexual. Oferecer esses dois serviços em conjunto é extremamente lucrativo para o crime organizado, uma vez que as vias de distribuição e a garantia de segurança contra polícia e concorrentes muitas vezes acabam se sobrepondo.

A marginalização também contribui para práticas sexuais inseguras. Um dos exemplos mais problemáticos é que a polícia muitas vezes considera a simples posse de preservativos prova de prostituição. Como as prostitutas de rua costumam trabalhar no interior de carros, parques ou outros locais informais, a única maneira de garantir práticas sexuais seguras é carregar preservativos. Isso significa que elas acabam tendo de sopesar os riscos de longo prazo de contrair doenças contra os riscos de curto prazo de serem presas e sofrerem processos criminais. Há clientes que chegam a pagar mais caro por sexo sem preservativo e os cafetões podem constranger as mulheres a ganhar mais dessa forma, ou correr o risco de abuso. Além disso, embora algumas cidades até tenham clínicas de saúde pública para profissionais do sexo,[257] como é o caso de São Francisco, muitas trabalhadoras enfrentam dificuldades de acessar os cuidados adequados por não disporem de seguro saúde e temerem ser estigmatizadas ou criminalizadas. Por fim, também há casos de agentes da própria polícia exigindo sexo desprotegido como contrapartida para que não seja efetuada uma prisão.[258]

---

257 "St. James Infirmary". Disponível em: <http://www.stjamesinfirmary.org>.

258 Berlatsky, Noah. "Child Sex Workers' Biggest Threat: The Police". *New Republic*, 20 jan. 2016.

Corrupção policial

A corrupção policial desempenha um papel importante no abuso e na marginalização das profissionais do sexo, além de minar a confiança do público na polícia. Os crimes de vício ou de costumes, como jogos de azar, prostituição e abuso de substâncias, podem alimentar corrupção policial por uma série de razões. A polícia tem o poder de impor penalidades severas, e as pessoas envolvidas nesse tipo de atividade ilegal geralmente dispõem de recursos para suborná-los. Além disso, os policiais têm ampla autonomia na fiscalização, de modo que há uma enorme tentação de fazer vista grossa em troca de subornos ou de ativamente buscar propinas como uma forma de *rent-seeking*[259] na qual eles se valem da sua posição a fim de maximizar os ganhos extorquidos.

Em muitas partes do mundo a corrupção policial no que diz respeito à prostituição é endêmica, e a maioria das profissionais do sexo têm relações financeiras e até sexuais com policiais.[260] É algo encarado como um custo inevitável do ofício pelas trabalhadoras e como parte da remuneração base pelos policiais, bem como os subornos que recebem para deixar de emitir multas de trânsito e as refeições gratuitas e mercadorias oferecidas por comércios locais. Embora esse tipo de prática fosse a regra no policiamento

---

259 N.E.: na economia, *rent-seeking* ou busca de renda é uma tentativa de obter renda econômica pela manipulação do ambiente social ou político no qual as atividades econômicas ocorrem, em vez de agregar valor aos produtos.

260 Busza, Joana. "Sex Work and Migration: The Dangers of Oversimplification: A Case Study of Vietnamese Women in Cambodia". *Health and Human Rights* 7, n. 2 (2004), p. 231-249; Rhodes *et al.* "Police violence and sexual risk", *op. cit.*; Biradavolu *et al.* "Can sex workers regulate police?", *op. cit.*

estadunidense até a década de 1960, hoje ela não é mais sistemática. Aumentos salariais, maior fiscalização pública e escândalos de corrupção, como a Comissão Knapp,[261] ajudaram a erradicar em larga medida esse tipo de prática no nível sistêmico. No varejo, no entanto, a corrupção continua generalizada. Policiais são regularmente presos ou demitidos por fornecer proteção a bordéis ou cobrar dinheiro ou favores sexuais de determinadas profissionais do sexo, e não é incomum que essas próprias trabalhadoras já incorporem demandas financeiras e sexuais por parte da polícia como elementos cotidianos de sua vida profissional.

Só nos últimos anos, policiais estadunidenses foram acusados de administrar e fornecer proteção a bordéis,[262] exigir sexo de prostitutas em troca de não as prender,[263] contratar prostitutas menores de idade,[264] atuar como cafetões,[265] roubar e agredir trabalhadoras do sexo,[266] e cobrar subornos de prostitutas e

---

[261] N.E.: comissão criada em 1970 para investigar a corrupção policial no Departamento de Polícia de Nova York.

[262] Rojas, Rick. Baker, Al. "New York Officer Ran Prostitution Ring at Motels, Authorities Say", *New York Times*, 2 fev. 2016; Lee, Henry. "Sheriff's sergeant arrested for promoting prostitution at coffee stands", Q13 Fox, 26 jun. 2013.

[263] Archer, Johnny. "Veteran Officer Accused of Sexual Assault and Coercion". Disponível em: <http://www.nbcdfw.com>; Repko, Elissa. "Updated: Veteran Dallas police officer arrested on charge of sexual assault". *Dallas Morning News Crime Blog*, 21 dez. 2014; "Lubbock Police Arrest Fellow Officer Tuesday Evening", *Everything Lubbock*, 18 fev. 2015.

[264] Fechter, Joshua. "Report: Central Texas officer arrested on child prostitution charge". *My San Antonio*, 2 mar. 2015; Associated Press, "Ocala officer fired after arrest for sex with underage girl", 18 mar. 2015.

[265] "Seattle SWAT officer arrested for drugs, theft, prostitution". *Live Leak*, 20 jun. 2014.

[266] "Ex-cop charged with stealing $450,000 from woman he'd arrested". *SF Gate*, 22 abr. 2015.

de seus clientes.[267] Não há como saber a dimensão total desses tipos de prática, mas é certo que se trata de um problema generalizado e recorrente. Uma pesquisa feita em 2005 com profissionais do sexo revelou que 14% delas tinham tido experiências sexuais com policiais e 16% haviam sofrido violência policial, ao passo que apenas 16% relataram ter tido uma experiência positiva de recorrer à polícia a fim de obter ajuda.[268] Outro estudo relevou que um terço da violência experimentada por jovens profissionais do sexo ocorreu nas mãos da polícia.[269]

Reformas

A maioria das iniciativas de reforma que procuram reduzir o impacto negativo do policiamento sobre as trabalhadoras do sexo concentra-se em transferir o fardo da ação coercitiva aos clientes e aos operadores por trás do comércio. Outras concentram-se em colocar as trabalhadoras do sexo em regimes de tratamento e reabilitação determinados por tribunais ou organizados por sistemas de serviços sociais, na tentativa de mantê-las fora da prisão e oferecer caminhos para a autossuficiência econômica. Esses esforços incluem juizados especializados, as chamadas *john schools*,[270] novas leis voltadas para coibir os

---

[267] "Ex-Lowell police officer gets two years in jail for extorting prostitutes". *Lowell Sun*, 25 abr. 2013.

[268] Thukral, Juhu. Ditmore, Melissa. Murphy, Alexandra. *Behind Closed Doors: An Analysis of Indoor Sex Work in New York City*. Nova York: Sex Workers Project at the Urban Justice Center, 2005.

[269] Iman, Jazeera *et al. Girls Do What They Have To Do To Survive: Illuminating Methods Used by Girls in the Sex Trade and Street Economy to Fight Back and Heal*. Chicago: Young Women's Empowerment Project, 2009.

[270] N.T.: *John school*, que poderia ser traduzido como "escola de Zé", é o

clientes e outras tentativas de dissuadir clientes ou reformar as profissionais do sexo e seus clientes.

Isso pode ser visto mais claramente nos novos regimes jurídicos que descriminalizam a venda de serviços sexuais, mas criminalizam sua compra ou seu oferecimento de maneira organizada. O país pioneiro dessa abordagem é a Suécia, que em 1999 votou pela descriminalização do trabalho sexual, mas aumentou as penas para tráfico e coerção de profissionais do sexo, bem como compra de serviços sexuais. Essa mudança foi motivada principalmente por parlamentares progressistas que adotavam uma abordagem abolicionista da prostituição com base em argumentos feministas. Elas defendiam que todo trabalho sexual é degradante para as mulheres (ainda que nem todos os profissionais do sexo sejam mulheres) e que todas as mulheres envolvidas no trabalho sexual foram de alguma forma coagidas – mesmo que simplesmente por desespero econômico. Enquadrar as trabalhadoras do sexo como vítimas tornava injusta a sua criminalização; em vez disso, optou-se por depositar o fardo sobre aqueles que coagem as mulheres a se envolverem com esse tipo de trabalho e sobre quem requisita seus serviços.

Esse "modelo nórdico" também fornece às profissionais do sexo acesso a serviços sociais, benefícios do governo e pensões. Desde que a lei entrou em vigor, há evidências de que houve um declínio no número total de prostitutas e um aumento no preço desses serviços. Curiosamente, ninguém realmente chegou a ser preso por solicitar sexo. O aumento dos preços parece indicar mais uma queda na oferta de trabalhadoras do sexo do

---

nome popular dado a programas de reeducação voltados a clientes de prostitutas presos por conta disso. *John* é o nome genérico atribuído aos clientes (em sua maioria homens) de profissionais do sexo na América do Norte. Clientes mulheres são por vezes denominadas *janes*.

que uma diminuição na demanda. A retórica da vitimização também serviu para aprofundar a estigmatização e o isolamento social das profissionais do sexo. Muitas delas relatam ser participantes voluntárias e que criminalizar os clientes as isola ainda mais. Como seus clientes correm o risco de serem presos, o trabalho ainda precisa ser feito de maneira mais escondida. Elas também relatam que se sentem perseguidas pela polícia e empurradas às margens da sociedade. Além disso, algumas chegaram a perder a custódia de seus filhos; outras foram despejadas por proprietários com receio de serem processados por facilitar o trabalho sexual. Isso significa que as mulheres muitas vezes precisam trabalhar sozinhas, em vez de contar com um ambiente organizado no qual as condições de segurança e de trabalho poderiam ser mais facilmente controladas e melhoradas. Na Holanda e no estado de Nevada, nos EUA, onde a prostituição organizada é permitida, as trabalhadoras têm melhor capacidade de se organizar a fim de aprimorar as condições de trabalho e segurança.

Nos Estados Unidos, com a exceção da zona rural de Nevada, a prostituição continua ilegal, mas há exemplos de abordagens menos punitivistas. Em 1995, a cidade de São Francisco desenvolveu o First Offender Prostitution Program [Programa de Primeiros Infratores de Prostituição], no qual os clientes podiam arcar com as despesas judiciais e frequentar uma *john school* para evitar sofrer um processo. A intenção é educar os clientes sobre os danos que suas práticas produzem para eles próprios, suas famílias, comunidades e profissionais do sexo por meio de palestras com recursos gráficos ilustrando os efeitos das doenças sexualmente transmissíveis e a coerção e exploração sofrida por algumas trabalhadoras sexuais.[271] A esperança é de que, ao tomar conhecimento dos verdadeiros custos dessa economia ilícita, os clientes optem por não participar dela.

Na prática, essas "escolas" acabam tendo um caráter muito punitivo. Os réus são forçados a comparecer se quiserem não enfrentar acusações criminais. Dadas em tom de sermão, as aulas têm sempre um aspecto bastante moralizante. Elas também partem do pressuposto de que os homens não teriam consciência dos danos que seu comportamento pode acarretar. A verdade é que muitos homens têm plena consciência das consequências negativas de seus atos, por mais que frequentemente a suprimam a fim de acomodar suas vontades.

Tal como o modelo nórdico, essa abordagem praticamente não faz nada para melhorar as opções de vida ou condições de trabalho das profissionais do sexo, tampouco enfrenta a motivação subjacente para a compra de serviços sexuais, algo que requer uma conversa muito mais profunda a respeito do papel do sexo na sociedade.

Vários programas judiciais de reeducação se concentram em pressionar e incentivar as trabalhadoras do sexo a deixar o ramo. A possibilidade de participar do programa judicial geralmente fica a critério do promotor público local, que pode optar por simplesmente levar adiante o processo criminal. O tribunal faz uma avaliação das necessidades e determina a participação em um ou mais programas terapêuticos ou de reabilitação, como tratamento químico ou treinamento vocacional. Em teoria, esses programas deveriam oferecer um leque completo de serviços adaptados às necessidades específicas de cada profissional do sexo, com o objetivo de fornecer-lhes verdadei-

---

[271] Weitzer, Ronald. *Legalizing Prostitution: From Illicit Vice to Lawful Business*. Nova York: NYU Press, 2012, p. 67.

ros caminhos para sair do trabalho sexual, se é isso que desejam. Dado que as profissionais do sexo que acabam caindo no sistema judiciário têm necessidades complexas e muitas vezes carregam históricos traumáticos, qualquer esforço de reabilitação deve ser de longo prazo, além de antecipar contratempos e falhas temporárias do programa. Na prática quase nada disso acontece. A maior parte dos programas oferece um conjunto muito limitado de serviços, incluindo encaminhamento a abrigos (não moradia permanente), treinamento vocacional (não empregos) e tratamento ambulatorial de saúde mental e drogas. Eles geralmente adotam uma abordagem abolicionista que vê as mulheres como vítimas a serem resgatadas.

Em função disso, raramente há profissionais do sexo envolvidas na elaboração desses programas. Grupos de resgate cristãos geralmente recebem contratos para fornecer muitos desses serviços e, em alguns casos, têm desempenhado papéis fundamentais no estabelecimento desses juizados, chegando a trabalhar em conjunto com as autoridades no planejamento e na execução de batidas policiais. Ainda que alguns dos serviços possam ser bastante úteis, determinar frequentação obrigatória a sessões de aconselhamento religioso compromete a separação entre Igreja e Estado, e praticamente não ajuda a melhorar a vida das profissionais do sexo. Felizmente, em alguns casos, grupos que historicamente contam com integrantes ou envolvimento de profissionais do sexo – como o Sex Worker Project de Nova York – participam do fornecimento de uma pequena parte dos serviços exigidos por tribunal.

Em 2013, Nova York criou os primeiros Tribunais de Intervenção contra o Tráfico de Seres Humanos [Human Trafficking Intervention Courts], projetados para tratar profissionais do sexo como vítimas, e não criminosas. Molly Crabapple fez um retrato da total futilidade desse sistema e de seu caráter abusivo em uma matéria publicada pela *Vice* em 2015, na qual mostrava como as práticas da polícia permaneceram essencialmente inalteradas, como a esmagadora maioria das ações policiais continuava visando mulheres no comércio de rua, muitas vezes chegando a arrastar junto outras mulheres pobres não-brancas que simplesmente estavam no lugar errado na hora errada.[272] Os tribunais mesmo só oferecem serviços mínimos. Em muitos casos, as penalidades dessas instâncias eram inclusive mais elevadas do que as de um tribunal normal, visto que as mulheres eram forçadas a passar dias frequentando sessões de aconselhamento e prestando serviço comunitário em vez de simplesmente pagar uma pequena multa e seguir com suas vidas. A questão do tráfico fica quase totalmente ausente: as trabalhadoras nunca são questionadas se foram ou não traficadas e todo o foco se concentra no controle de suas vidas por meio de persuasão moral e aconselhamento forçado.

Dado que esses programas só passam a ficar disponíveis depois que a pessoa é presa, a polícia ainda detém um enorme poder de determinar quem é profissional do sexo e se é o caso de introduzi-la no sistema de justiça criminal. Isso dá margem para um forte viés no sentido de prender as profissionais que trabalham na rua e as trabalhadoras sexuais não-brancas. No Brooklyn, que tem um Tribunal de Intervenção contra o Tráfico de Seres Humanos, 94% das pessoas presas por prostituição de rua são afro-estadunidenses. Além disso, esses tribunais preservam todas as tentações de corrupção do antigo modelo, deixando brechas para que os policiais possam extorquir sexo ou

[272] Crabapple, Molly. "Special Prostitution Courts and the Myth of 'Rescuing' Sex Workers". *Vice*, jan. 2015.

dinheiro das trabalhadoras sexuais sob a ameaça de prendê-las e jogá-las nas mãos do judiciário.

As taxas de reincidência nesses programas são ligeiramente mais baixas do que as de quem é preso e multado. No entanto, a maioria das participantes acaba voltando ao trabalho sexual, mesmo as que são vítimas de relações abusivas com cafetões. Mais importante, esses tribunais parecem ter pouco impacto sobre a população total de profissionais do sexo. Como a demanda permanece constante e as vulnerabilidades econômicas e sociais seguem sem solução, há uma interminável oferta de novas trabalhadoras. Em alguns casos, essas iniciativas chegam a ajudar as profissionais que por conta da idade mais avançada já estão com um pé para fora da prostituição ou as que já estão preparadas para se desvencilhar de situações de abuso, mas se mostram muito menos eficazes para reencaminhar as trabalhadoras com alto potencial de remuneração. As profissionais do sexo que não sofrem coação costumam encarar os programas como humilhantes, equivocados e irrelevantes.

Com o aumento da conscientização sobre o tráfico de pessoas, houve uma explosão de iniciativas, por parte de governos e ONGs, de "resgatar" mulheres e meninas do trabalho sexual. Esses "abolicionistas" partem do pressuposto de que todas as trabalhadoras do sexo estão lá involuntariamente. Esse tipo de abordagem costuma ser encabeçada por conservadores religiosos que adotam uma perspectiva moral de indiscrição sexual seguida de redenção moral, ou por feministas conservadoras, que recorrem ao Estado para levar a cabo os interesses das mulheres por meios punitivos ("feminismo carcerário", conforme o termo cunhado por Elizabeth Bernstein[273]) ou programas de rea-

---

273 Bernstein, Elizabeth. "Militarized Humanitarianism Meets Carceral Feminism: The Politics of Sex, Rights, and Freedom in Contempo-

bilitação de iniciativa privada, desconsiderando sistemas mais amplos de dominação econômica e cultural. Seus proponentes definem as trabalhadoras do sexo como vítimas que precisam ser salvas e, em alguns casos, chegam a apoiar a criminalização total das trabalhadoras do sexo.

Nos Estados Unidos, esse tipo de abordagem talvez seja mais reconhecível nos esforços religiosos conservadores de "salvar" prostitutas por meio de intervenções *in loco*, geralmente capturadas em vídeo. Filmes como *Os Abolicionistas* retratam cruzados morais trabalhando em conjunto com policiais locais para identificar vítimas e criminosos. Muitas dessas iniciativas, como a ONG, Operation Underground Railroad, concentram-se no resgate de crianças que são vítimas de coerção e tráfico internacional forçado. Eles se passam por clientes e, em seguida, tentam convencer essas pessoas a abandonarem esse mundo e entrarem para seus programas, que normalmente oferecem moradia emergencial e alguns serviços de apoio social, com uma dose pesada de mentoria religiosa.

Internacionalmente, esses grupos geralmente trabalham em conjunto com autoridades locais para fazer grandes incursões em bordéis nas quais trabalhadoras estrangeiras são deportadas para seus países de origem e trabalhadoras nativas são forçadas a entrarem para programas de capacitação e serviço social. Às vezes, essas mulheres "resgatadas" participavam de maneira voluntária do trabalho sexual e lutam para escapar do programa. Outras acabam sendo forçadas a assumir empregos muito mal-remunerados, principalmente em confecções de

---

rary Antitrafficking Campaigns". *Signs* 36, n. 1 (2010): p. 45-71; Bernstein, Elizabeth. "Carceral politics as gender justice? The 'traffic in women' and neoliberal circuits of crime, sex, and rights". *Theory and Society* 41, n. 3 (2012): p. 233-59.

vestuário extremamente exploradoras. Na Tailândia, as mulheres são mantidas por um ano em campos de reabilitação onde são obrigadas a aprender a costurar, por exemplo, na esperança de que aceitem algum trabalho de baixa remuneração em vez do trabalho sexual, muito mais bem pago. O grupo Empower Chiang Mai, que faz um trabalho em defesa dos direitos das profissionais do sexo, documentou uma série de casos em que trabalhadoras do sexo "resgatadas" foram abusadas pela polícia, detidas e deportadas.[274] Desnecessário dizer que muitas dessas pessoas "salvas" acabam voltando ao trabalho sexual.

No governo George W. Bush, esses grupos foram muito bem recebidos. Em 2002, o Congresso aprovou a Lei Global de Aids, que barrou o uso de recursos federais para promover, apoiar ou defender a pauta da legalização da prostituição. Os governos que queriam recursos para a prevenção da Aids foram impedidos de explorar os possíveis benefícios de regimes de legalização da prostituição na redução das taxas de transmissão do HIV; as organizações sem fins lucrativos foram obrigadas a se posicionar publicamente contra a prostituição e o tráfico em qualquer forma – o que geralmente acabava incluindo migração não coercitiva de profissionais do sexo. Isso dificultava muito a construção de relações de confiança desses grupos com profissionais do sexo e inviabilizava a possibilidade de contribuir abertamente para que elas organizassem formas de ajuda mútua e reivindicação de poder político. Além disso, não foram poucos os casos em que isso reforçou sentimentos locais de hostilidade a imigrantes, de modo que a culpa pelo trabalho sexual mais

---

[274] Empower Chiang Mai. *A Report by Empower Chiang Mai on the Human Rights Violations Women Are Subjected to When "Rescued" by Anti-Trafficking Groups Who Employ Methods Using Deception, Force, and Coercion*, jun. 2003.

visível passa a ser atribuída a um fluxo imigratório de profissionais sexuais. Consequentemente, as ações policiais são muitas vezes dirigidas especificamente para trabalhadoras migrantes sem que haja nenhuma consideração a respeito das razões pelas quais cada uma delas se envolveu nesse trabalho, a forma pela qual chegaram ao país, suas condições de trabalho ou os perigos de atravessar uma fronteira ilegalmente.

No país, a Lei de Proteção das Vítimas de Tráfico de Seres Humanos [Trafficking Victims Protection Act] de 2003 equiparou toda e qualquer prostituição com tráfico forçado, a despeito das objeções feitas pelas organizações de profissionais do sexo. A lei tinha a intenção de punir os traficantes em vez das próprias profissionais do sexo. O FBI e a polícia local foram pressionados a implementar iniciativas antitráfico usando novas verbas federais. Infelizmente, as modalidades de ação policial parecem não ter sofrido mudança alguma. As incursões do FBI normalmente resultam na prisão de um pequeno número de traficantes e uma grande quantidade de profissionais do sexo. A lei também criou vistos especiais para vítimas de tráfico dispostas a auxiliar a polícia a prender seus traficantes; a grande maioria desses documentos não chega a ser usada.

A lei federal também pressionou os governos locais e estaduais a criar leis antitráfico que equiparam prostituição a tráfico de maneiras importantes, mas imprecisas. A lei aprovada no Alasca em 2012 não permite diferenciar tráfico de publicidade ou trabalho coletivo. Um dos resultados disso é que indivíduos que publicaram anúncios no Craigslist foram presos, assim como proprietários de salões de massagem e bordéis, mesmo na ausência de qualquer evidência de coerção, muito menos imigração internacional forçada. Essas leis intensificam a criminalização de profissionais do sexo e tornam o trabalho sexual menos seguro. No final, os presos são geralmente submetidos à mesma porta giratória sem sentido da justiça.

Alternativas

No que diz respeito ao policiamento do trabalho sexual, nem as abordagens tradicionais nem as reformistas deram conta de alterar o cenário básico do comércio sexual. O nível básico de oferta e demanda permaneceu praticamente inalterado por incursões repressivas, batidas policiais de rua, programas de reeducação e operações de resgate. É hora de repensar completamente o uso de mecanismos punitivos para gerenciar os danos sociais e individuais ligados ao trabalho sexual. Não há estratégia única para realizar isso, mas muitos países e localidades têm experimentado novas abordagens. Alguns combinam uma abordagem pautada na redução de danos com esforços para legalizar ou descriminalizar a prostituição. A polícia é em larga medida retirada do processo, entrando em cena apenas em situações verdadeiramente coercitivas e outros comportamentos criminosos graves. Nenhuma dessas abordagens é desprovida de problemas, e elas podem não ser transferíveis para todo e qualquer local. Em vez disso, elas servem de referências para iluminar o caminho para o desenvolvimento de soluções locais em conjunto com as comunidades e as próprias profissionais do sexo.

O objetivo de qualquer nova abordagem da questão do trabalho sexual deve ser retirar a coerção do processo, compreendendo que, independentemente de você pessoalmente considerar ou não essa prática desagradável, o trabalho sexual continuará ocorrendo. Portanto, devemos nos esforçar para melhorar a vida de profissionais do sexo e oferecer-lhes formas de sair voluntariamente de um trabalho que pode ser difícil, humilhante e até mesmo perigoso. Se por um lado os casos que se encaixam na imagem idealizada da estudante pagando suas contas universitárias com trabalho sexual antes de embarcar em uma carreira "legítima" bem-sucedida representam uma pequena fatia do mercado, são muitos os casos das pessoas que optam por esse trabalho como uma alternativa a empregos de baixíssima remuneração em lanchonetes, hotéis, cozinhas e confecções de tipo *sweatshop*.[275] Todos esses locais de trabalho podem igualmente ser humilhantes, perigosos e até mesmo contar com exploração sexual – basta consultar as trabalhadoras domésticas de Singapura, as trabalhadoras de empresas maquiladoras no México ou as camareiras de Manhattan. No norte de Nova York, Susan Dewey descobriu que quase todas as profissionais do sexo que ela entrevistou tinham um emprego anterior e que a maioria alternava entre trabalho sexual e trabalho de baixa remuneração no setor de serviços. A maior parte das entrevistadas justificava a preferência pelo trabalho sexual por conta da possibilidade de faturar uma bolada em uma noite boa, ao passo que o trabalho no setor de serviços era "explorador, excludente e não oferecia esperança de mobilidade social ou estabilidade financeira".[276]

No Brasil, o trabalho sexual foi em larga medida descriminalizado. O trabalho sexual de adultos é legal, embora operar um bordel não o seja. Na prática, muitas cidades brasileiras têm bordéis organizados abertamente conhecidos, inclusive em bairros comerciais centrais de cidades como Rio de Janeiro e São Paulo.

[275] N.E.: *sweatshop* (em portugues fábrica de suor) é uma forma de designar locais de trabalho que tem condições muito precárias e socialmente inaceitáveis, com jornadas exaustivas, perigosas, climaticamente impróprias ou mal pagas.

[276] Dewey, Susan. "On the Boundaries of the Global Margins", *op. cit.*

Cada estabelecimento oferece um tipo diferente de serviço para cada classe de cliente. A prostituição de rua é um tanto reduzida porque há muitos ambientes internos de trabalho disponíveis; em muitos casos, ela é mais segmentada – como para clientes mais velhos na Praça da República – e é amplamente ignorada pela polícia. Garotos de programa que atendem mulheres e homens também trabalham de maneira relativamente aberta e são raramente submetidos a ação policial. Também há uma forte aversão a cafetões entre os policiais e na cultura em geral, e eles só participam de uma parte pequena e marginal do mercado. É um mercado espantosamente desregulamentado. Não é necessário fazer nenhum tipo de licenciamento ou exame de saúde, e a concorrência generalizada ajudou a minar as práticas abusivas, embora a ponta mais frágil do ramo ainda esteja repleta de condições de trabalho desagradáveis e perigosas. Profissionais do sexo que estiverem enfrentando clientes abusivos ou cafetões podem recorrer à polícia. A abordagem desregulamentada do Brasil não é nenhuma panaceia; há prostitutas menores de idade trabalhando em muitas regiões, especialmente como parte do setor de turismo sexual em áreas de *resort*, e nem sempre predominam práticas de sexo seguro. Também há uma pressão constante para criminalizar partes do setor em nome de interesses imobiliários, ativistas de pautas morais e autoridades locais preocupadas com sua imagem internacional diante de eventos como a Copa do Mundo e as Olimpíadas.

Na zona rural de Nevada, a prostituição organizada em bordéis é legalizada desde 1974. As trabalhadoras (todas elas mulheres) fazem parte da economia formal, pagam impostos, contribuem e são contempladas pela previdência social. Elas são tratadas como profissionais autônomas. Pagam uma determinada porcentagem à casa e são obrigadas a fazer exames de saúde com regularidade. A casa oferece espaços de trabalho limpos, segurança e apoio administrativo. Vários estudos indicam que há um alto grau de satisfação por parte das trabalhadoras, baixos níveis de violência e extensos históricos de trabalho. Não houve nenhuma alegação de prostituição forçada ou de menores. A maioria das profissionais afirma ter trabalhado anteriormente em outros tipos de emprego, mas diz preferir o trabalho sexual por ser mais bem remunerado. Apesar das constatações consistentemente positivas dos pesquisadores que se dedicaram a estudar os impactos dessa política, continua havendo resistência à legalização nas áreas urbanas de Nevada e políticos e ativistas de pautas morais vivem contestando essa lei. Em 2014, o líder da maioria no Senado, Harry Reid, acusou os legisladores estaduais de covardia por não criminalizarem o trabalho sexual como parte de um esforço de "modernização" para atrair empresas para o estado, levando alguns proprietários de bordéis a apontar que a prostituição ilegal e coagida generalizada nunca representou nenhum entrave para os negócios no resto do país.[277]

O trabalho sexual é formalmente descriminalizado em partes da Alemanha, Bélgica e Holanda. Zonas de meretrício operam abertamente nas cidades e são altamente regulamentadas.[278] As mulheres têm direitos plenos como trabalhadoras e as ações da polícia se limitam em larga medida a casos envolvendo menores de idade e coação, incluindo tráfico internacional, e há pouca evidência desses tipos de prática; quando elas de fato ocorrem, é geralmente em esquemas clandestinos. Os estabelecimentos do ramo são geralmente reservados a áreas

---

277 Lesniewski, Niels. "Brothel Responds to Reid's Prostitutes/2016 GOP Convention Remarks", Roll Call, 21 fev. 2014.

278 Para uma descrição detalhada dessas cidades, consulte Weitzer, *Legalizing Prostitution*, *op. cit.*

específicas conforme o zoneamento; até mesmo alguns pontos de rua são permitidos. Praticamente não se ouve falar em violência nas áreas reguladas e a polícia sempre atende a chamados. Por mais que o crime organizado tenha perdido espaço por conta da concorrência aberta, o número limitado de estabelecimentos permitidos e a existência de um comércio clandestino considerável permitem que ele continue sendo uma parte substancial e problemática do ramo.

A Nova Zelândia descriminalizou totalmente a prostituição em ambientes públicos e em estabelecimentos organizados, e submete a prática às regulamentações locais. Fiscais de saúde e segurança do governo inspecionam com regularidade as instalações de trabalho; profissionais do sexo participam de programas nacionais de benefícios sociais, além de contar com o amparo de leis trabalhistas e de empregabilidade. A Austrália também conta com um sistema semelhante. A violência e o tráfico de pessoas são praticamente inexistentes, assim como o trabalho sexual de menores e o trabalho sexual coagido. Em virtude do baixo custo do licenciamento e do caráter prestativo dos governos municipais nesse quesito, o comércio clandestino é mínimo. Em algumas cidades, os bordéis podem inclusive anunciar seus serviços. O crime organizado parece em larga medida ausente; as profissionais do sexo são, em sua maioria, mulheres locais que relatam um alto grau de satisfação com sua vida profissional. O apoio da população às medidas (que estava dividida quando a lei foi alterada em 2003) cresceu nos últimos anos – motivo pelo qual os governos conservadores não mexeram no sistema, apesar dos apelos dos grupos organizados em torno de pautas morais. Em 2008, o Comitê de Revisão da Legislação de Prostituição da Nova Zelândia identificou que as profissionais do sexo se sentiam mais seguras, em melhores condições de negociar práticas de sexo seguro e mais dispostas a denunciar abusos à polícia. Também não foram encontradas evidências de aumento no número de pessoas menores de idade envolvidas nesse tipo de trabalho.[279]

Do México à Nova Zelândia, passando pela área rural de Nevada, permitir e regulamentar o trabalho sexual reduz os danos causados às profissionais do sexo, seus clientes e suas comunidades, praticamente sem exigir participação da polícia. A legalização do trabalho sexual reduziu drasticamente o papel do crime organizado e da corrupção policial e, em muitos casos, proporcionou condições de trabalho bem melhores, em que a fiscalização do governo garante e reforça diretrizes de limpeza, segurança e práticas de sexo seguro. Os principais agentes da regulamentação são trabalhadores civis da saúde, e não policiais, o que incentiva maior cooperação e cumprimento das normas. Essa abordagem também rejeita a perspectiva que enquadra as trabalhadoras do sexo como vítimas indefesas que precisam ser salvas, que além de ser degradante e estigmatizante é simplesmente imprecisa.

Essas abordagens estimulam o comércio sexual, conferindo-lhe um verniz de legitimidade? Talvez. Contudo, se os problemas sociais centrais da coerção e da doença estão sendo administrados de maneira mais eficaz do que sob a proibição, isso não configura um sucesso? Devemos abraçar esse tipo de abordagem como um ponto de partida para políticas que enfrentem diretamente os problemas sociais concretos, em vez de responder a pânicos morais. Se por um lado o trabalho sexual comercial sempre terá uma dimensão deletéria, o mesmo pode

---

279 New Zealand Government. *Report of the Prostitution Law Review Committee on the Operation of the Prostitution Reform Act of 2003*, mai. 2008.

ser dito de *sweatshops* legalizadas. Aliás, o verdadeiro problema de fundo que a proibição sequer tangencia é a posição subordinada das mulheres em nossa economia e cultura. Apesar das intenções grandiosas dos abolicionistas, enquanto continuarem sendo negados às mulheres direitos econômicos e políticos iguais e remunerações iguais para trabalhos equivalentes, elas continuarão sendo empurradas a formas marginais de emprego. Enquanto as mulheres e as pessoas LGBTQIA+ continuarem pobres, socialmente isoladas e desprovidas de poder social e político; enquanto as crianças fugitivas e abandonadas não tiverem para onde recorrer senão às ruas, elas correrão o risco de cair nas mãos do tráfico e da coerção. Nem a polícia nem os "resgatadores" parecem muito interessados em enfrentar essas realidades sociais e econômicas.

7. A Guerra às Drogas

A Guerra às Drogas é a forma mais danosa e ineficaz de policiamento que enfrentamos. Independentemente da datação que adotarmos para o início dessa guerra - seja a Lei Halstead, de 1914, seja a famosa ofensiva total do presidente Reagan, seja a enorme ampliação dos crimes federais de drogas feita pelo presidente Clinton na década de 1990 -, não há nenhuma evidência que sustente que os problemas de drogas do nosso país tenham melhorado com o encarceramento de milhões de pessoas. De 1982 para cá, as drogas ficaram mais baratas, de melhor qualidade e estão mais amplamente disponíveis do que nunca. Milhões de estadunidenses as experimentaram; alunos de ensino médio têm fácil acesso a elas. Embora isso por si só não transforme o policiamento, acabar com a Guerra às Drogas seria um passo importantíssimo na direção de redefinir radicalmente o papel da polícia na sociedade e melhorar a justiça racial.

Drogas ilegais (e legais) geram danos consideráveis, não há dúvida quanto a isso. Milhares de pessoas morrem de overdose, muitas mais perdem a capacidade de trabalhar e ainda mais pessoas sofrem com vícios que provocam transtornos nas suas vidas pessoais e familiares. O uso de drogas ilegais em suas formas atuais também é uma das causas de violência e crimes contra a propriedade e constitui um fator de disseminação de doenças, como Aids e hepatite C. Entretanto, há um caminhão de evidências que mostram que a maioria dos usuários não sofre danos significativos e que a maior parte dos malefícios que ocorrem poderia ser reduzida com o fim, e não com a expansão, da Guerra às Drogas. Infelizmente, a polícia e os líderes políticos continuam abraçando uma política de proibição que vai completamente na contramão de décadas de evidências e bom senso.

A verdade é que não há intervenção policial que elimine totalmente o uso de drogas. As pessoas estão profundamente empenhadas em usá-las. Em 2014, 27 milhões de estadunidenses declararam ter usado drogas ilegais no último mês.[280] Se incluirmos drogas legais que alteram estados mentais, o número atinge a casa dos 70 milhões; se acrescentarmos uso regular de álcool, chegamos a 130 milhões – ou seja, cerca de metade da população adulta.

O surgimento de duas drogas atualmente populares demonstra a natureza contraproducente da guerra às drogas na melhoria da saúde pública. Na década de 1930, as anfetaminas já eram legais, fáceis de se obter e amplamente populares, chegando a ser consumidas por qualquer um, desde a dona de casa deprimida até o motorista de caminhão noturno, passando pela pessoa de dieta. Exércitos como o dos Estados Unidos distribuíam anfetaminas durante a Segunda Guerra Mundial a fim de aumentar o desempenho dos soldados em combate. Na década de 1960, patrões e defensores da moral e dos bons costumes começaram a levantar preocupações a respeito de seu uso recreativo e foram implementadas restrições à sua distribuição, como exigir receita médica e limitar seu uso medicinal. O resultado foi o surgimento de um enorme mercado clandestino de metanfetamina,

---

280 Hedden, Sarra L. *et al. Behavioral Health Trends in the United States: Results from the 2014 National Survey on Drug Use and Health.* Rockville, MD: Center for Behavioral Health Statistics and Quality, 2015.

totalmente desregulamentado em termos da pureza e potência. A metanfetamina provoca mais efeitos colaterais, que podem ser mais agudos do que os das anfetaminas. Sua produção ilegal e não regulamentada gera subprodutos perigosos que já provocaram envenenamentos, incêndios domiciliares e explosões.[281]

O atual crescimento do uso de heroína, especialmente os casos de overdose, está diretamente ligado às políticas proibicionistas e à desregulamentação da indústria farmacêutica. Em 1995, a Food and Drug Administration (FDA) aprovou um medicamento de prescrição da família dos opioides chamado OxyContin, o que deflagrou um *boom* no consumo desse tipo de substância. As vendas de OxyContin saltaram de 45 milhões de dólares em 1996 para 3,1 bilhões de dólares em 2010. O fabricante, Perdue Pharmaceuticals, disse aos médicos que essa nova fórmula de opioide tinha menos probabilidade de criar dependência e que eles deveriam receitá-la agressivamente para reduzir a dor.[282] Infelizmente, muitos pacientes ficaram viciados e desenvolveu-se um enorme mercado clandestino desses comprimidos. Por fim, a Drug Enforcement Agency (DEA) e a FDA se deram conta disso e tomaram medidas para controlar rigidamente a disponibilidade da droga. Milhões de pessoas que agora estavam dependentes dela não podiam mais obtê-la por meios legais. Em vez disso, passaram a ter de pagar preços muito altos no mercado clandestino, ou então passar para a heroína, bem mais barata e muito mais perigosa. Pessoas que tomavam pílulas clinicamente regulamentadas passaram a consumir heroína de rua totalmente não regulamentada, que

---

[281] Garriott, William Campbell. *Policing Methamphetamine: Narco-politics in Rural America*. Nova York: NYU Press, 2011.

[282] Mariani, Mike. "How the American opiate epidemic was started by one pharmaceutical company". *Pacific Standard*, 4 mar. 2015.

pode oscilar em potência e conter impurezas e aditivos – que é o que produz a esmagadora maioria das overdoses. De fato, as overdoses de Oxy só começaram a aumentar vertiginosamente depois que os comprimidos ficaram mais difíceis de obter. Além disso, a heroína tem mais probabilidade de ser consumida via injeção, o que potencializa a disseminação de doenças, abscessos e outras complicações. Há quem diga que a proibição em vigor da maconha contribuiu para essa crise. Há cada vez mais evidências de que a maconha é eficaz em algumas formas de controle de dores crônicas.[283] Por conta das políticas proibicionistas, incluindo restrições à realização de pesquisas, os médicos passaram a ter de recorrer a opioides em circunstâncias nas quais se poderia receitar a maconha, o que eliminaria os riscos de dependência e overdose representados por opioides.

Os esforços proibicionistas do século XX não visavam melhorar a saúde pública; tratava-se de oportunismo político e gestão de "populações suspeitas". A primeira grande medida proibicionista foi a Lei Halstead, de 1914, que criou restrições legais ao ópio, à heroína e à cocaína – substâncias que até então eram amplamente disponíveis em medicamentos patenteados e outras formas. Os argumentos usados para defender a restrição dessas drogas tinham um caráter profundamente racial. O ópio, que era associado aos trabalhadores da China, foi amplamente ignorado até se tornar popular entre as mulheres brancas das classes média e alta, que tinham acesso a ele em salões "obscuros" de ópio em Chinatown. Os puristas raciais e os xenófobos ficaram apavorados com a imagem de mulheres brancas misturando-se com consumidores e vendedores chineses de ópio, temendo uma ruptura

---

283 Hill, Kevin. "Medical Marijuana for Treatment of Chronic Pain and Other Medical and Psychiatric Problems: A Clinical Review". *Journal of the American Medical Association* 313, n. 24 (2015): p. 215-225.

na distância social entre eles. Durante esse período, os trabalhadores chineses não tinham direitos legais no sistema judiciário dos Estados Unidos e eram submetidos a práticas extremas de exploração e ódio racial. A proibição do ópio deu à polícia um pretexto para justificar o assédio constante e o controle social rigoroso dessa população "suspeita".[284]

Da mesma forma, as vozes que se ergueram contra a cocaína o fizeram em termos antinegros. Os feitores das *plantations* davam a droga aos escravizados como forma de estimular o trabalho e reduzir a fome. A cocaína era vilipendiada porque os negros a consumiam por conta própria. Os proibicionistas passaram a alimentar o espectro de que haveria ataques induzidos pela droga a mulheres brancas, e muitas das acusações de estupro e os linchamentos delas decorrentes tinham alguma vinculação à cocaína. Também havia um temor generalizado no sul do país de que negros sob o efeito da cocaína teriam força sobre-humana e não poderiam ser detidos com balas de calibre .32, munição padrão da polícia à época, motivo pelo qual se passou a adotar o uso de balas de calibre .38.

Por muitas décadas se consumiu maconha na região da fronteira mexicana sem que isso gerasse grande alarde. No início do século XX, no entanto, houve um aumento significativo na imigração depois da Revolução Mexicana. Os estados então aprovaram leis antimaconha que conferiram à polícia um pretexto legal para revistar e interrogar imigrantes, contribuindo

---

[284] Reinarman, Craig. Levine, Harry. *Crack in America: Demon Drugs and Social Justice*. Los Angeles, CA: University of California Press, 1997); Belenko, Steven. *Drugs and Drug Policy in America: A Documentary History*. Westport, CT: Greenwood Press, 2000; Musto, David. *The American Disease: Origins of Narcotic Control*. Oxford, UK: Oxford University Press, 1999.

para criar um clima de medo. No norte do país, a maconha foi criminalizada depois de se tornar mais popular entre os afro-estadunidenses nas grandes cidades. Suas ligações com o jazz e a cultura negra produziram um pânico moral. Essas duas forças paralelas se uniram nacionalmente na proibição federal de 1937.

O proibicionismo intensivo das drogas estava ligado à política nativista conservadora. Johann Hari descreve as façanhas do primeiro comissário antidrogas do país, Harry Anslinger, que de 1930 a 1962 travou uma batalha interminável focada principalmente em imigrantes e pessoas não-brancas.[285] Ele esteve pessoalmente envolvido na prisão e assédio da lenda do jazz Billie Holiday e pode ter contribuído diretamente para sua morte sob custódia policial em 1959. Usando informações científicas fraudulentas e intimidação política, ele forçou médicos e autoridades a apoiar o proibicionismo, apesar de haver fartas evidências médicas que sustentavam o contrário. Ele também ajudou a promover a adoção de tratados internacionais que permitiram que o poder federal passasse a exercer um papel maior no controle das drogas e a ideologia proibicionista fosse disseminada internacionalmente.[286]

A moderna Guerra às Drogas começou para valer com Richard Nixon, que viu nela uma forma de forçar uma participação mais ativa do governo federal nas ações policiais locais. As medidas faziam parte de sua "estratégia sulista" de conquistar eleitores brancos do sul do país, que historicamente votavam no Partido Democrata, na esteira do processo de dessegregação

---

[285] Hari, Johann. *Chasing the Scream: The First and Last Days of the War on Drugs*. Nova York: Bloomsbury, 2015.

[286] Becker, Howard S. *Outsiders: Studies in the Sociology of Deviance*. Nova York: The Free Press, 1963.

e do movimento pelos direitos civis.[287] Em vez de travar novamente uma batalha perdida, Nixon optou por apelar aos sulistas brancos utilizando a linguagem da lei e da ordem como forma de assinalar seu desejo de manter os negros em seu lugar por meio de um endurecimento das ações policiais. Uma vez que a maior parte das leis criminais é tratada nas instâncias estaduais, Nixon definiu o combate às drogas como sua via de acesso. Ele conseguiu justificar o envolvimento federal naquilo que era basicamente competência dos estados porque as drogas frequentemente atravessam fronteiras internacionais e estaduais, e os Estados Unidos eram signatários de tratados internacionais de proibição das drogas. Além disso, ele sabia que o medo e a hostilidade raciais desde sempre desempenharam um papel central na repressão às drogas. Seu chefe de gabinete, H. R. "Bob" Haldeman, documentou em seu diário o relato infame de como o presidente "enfatizou que é preciso encarar o fato de que o grande problema na verdade são os negros. O segredo é conseguir desenvolver um sistema que reconheça isso, sem deixar transparecer".[288] O principal conselheiro de política interna de Nixon, John Ehrlichman, também admitiu em uma entrevista com Dan Baum que a Guerra às Drogas era uma mentira política:

> A campanha de Nixon em 1968 e em seguida o governo Nixon tiveram dois inimigos: a esquerda antiguerra e os negros. Você entende o que eu estou dizendo? [...] Sabíamos que não tínhamos como tornar ilegal ser contra a guerra ou ser negro,

---

287 Alexander, Michelle. *A nova segregação: racismo e encarceramento em massa* (trad. Pedro Davoglio, revisão técnica Silvio Luiz de Almeida). São Paulo: Boitempo, 2017.

288 Baum, Dan. *Smoke and Mirrors: The War on Drugs and the Politics of Failure*. Boston: Little Brown, 1996.

> mas, ao fazer com que o público passasse a associar os hippies à maconha e os negros à heroína e em seguida criminalizando fortemente ambas as drogas, conseguiríamos atingir essas comunidades. Poderíamos prender seus líderes, invadir suas casas, interromper suas reuniões e difamá-los noite após noite nos noticiários noturnos. A gente sabia que estava mentindo quanto às drogas? Claro que sabia.[289]

As autoridades de saúde do governo Nixon tinham se mostrado favoráveis a uma abordagem de descriminalização e ao uso de metadona e outras estratégias de redução de danos, até que Nixon passou por cima delas com seu projeto de expansão politicamente motivado por intolerância, proibição e criminalização.

Ronald Reagan ampliou prática e ideologicamente o esquema de Nixon. Sua esposa, Nancy, liderou a frente ideológica com sua campanha "Just Say No" [Só diga não], pautada na ideia ingênua de que as pessoas só precisavam de um lembrete útil para conseguir angariar a força de vontade para resistir às drogas. Essa abordagem ingênua do problema foi devidamente ridicularizada. Seus efeitos, contudo, foram mais substanciais. A ideologia do governo Reagan era de que o problema das drogas se resumia a baixa força de vontade, falta de modelos e exemplos de conduta e ausência de supervisão parental, rejeitando as reivindicações por políticas de tratamento e descriminalização. O presidente Reagan coordenou a aprovação de medidas congressuais que expandiram drasticamente o papel do governo federal nas ações locais de combate ao crime e aumentaram o número e a gravidade dos delitos ligados a drogas nos níveis federal e estadual. Ele expandiu a participa-

---

289 Baum, Dan. "Legalize It All: How to Win the War on Drugs". *Harper's Magazine*, 18 ago. 2016.

ção das forças armadas nos esforços de interdição de drogas, bem como a de outros órgãos federais de polícia, como a DEA.[290]

Muitas pessoas tendem a encerrar por aqui a história do surgimento da Guerra às Drogas, mas a verdade é que Bill Clinton exerceu um papel fundamental na sua expansão. Seus projetos de lei de combate ao crime aumentaram o número de delitos por tráfico de drogas passíveis de pena de morte, instituíram sistemas de três *strikes*,[291] aumentaram dramaticamente o financiamento da DEA e garantiram o direcionamento de 8 bilhões de dólares para a construção de prisões federais e estaduais. Ele ainda reservou outros 8 bilhões de dólares em recursos para a contratação de policiais. O número de pessoas encarceradas por crimes de drogas só começou a crescer para valer depois de 1992, e quase a totalidade desse aumento não foi nem por distribuição ou fabricação, mas simplesmente por posse de drogas.[292]

Atualmente, metade de todos os presos federais está encarcerada por crimes de drogas, assim como cerca de um terço de todos os presos estaduais. Hoje, gastamos mais de 50 bilhões de dólares por ano nessa Guerra às Drogas.[293] Além disso, a guerra às drogas transformou o próprio policiamento: vimos a explosão de equipes da SWAT e outras formas militarizadas de policiamento, abuso de práticas de confisco de bens, perfilamento racial e padrões racistas de repressão, ampliação dos poderes de con-

---

[290] Rowe, Thomas. *Federal Narcotics Law and the War on Drugs: Money Down a Rat Hole*. Portland, OR: Book News, Inc., 2006.

[291] Ver a nota de rodapé no capítulo 1.

[292] Dorsey, Tina. Middleton, Priscilla. *Drugs and Crime Facts*. Washington, D.C.: United States Department of Justice, 2010.

[293] Mejia, Daniel. Csete, Joanne. *The Economics of the Drug War: Unaccounted Costs, Lost Lives, and Missed Opportunities*. Nova York: Open Society Foundations, 2016.

duzir revistas e enquadros, incursões de busca e apreensão sem mandado nas casas e automóveis das pessoas, criminalização de pessoas não-brancas, corrupção policial e o desenvolvimento de uma mentalidade de guerreiro entre os policiais. Embora algumas dessas mudanças remontem a tendências mais amplas, elas foram aceleradas, reforçadas e exacerbadas pela guerra às drogas.

Enquanto a maioria dos estudiosos ressalta a erosão provocada pela guerra às drogas das garantias contidas na Quarta Emenda[294] contra buscas e apreensões despropositadas, o jornalista Radley Balko discute o papel da Terceira Emenda,[295] que proíbe o aquartelamento de tropas nas casas das pessoas.[296] Essa emenda simboliza os limites dos poderes do Estado para invadir a privacidade das casas das pessoas. Balko descreve uma série de casos em que equipes da SWAT, mesmo com evidências esfarrapadas, usaram repetidamente mandados de "entrar sem bater" para articu-

---

294 N.E.: a Quarta Emenda à Constituição dos Estados Unidos (em inglês: Fourth Amendment to the United States Constitution) é uma das emendas feitas na Carta dos Direitos e refere-se à proteção contra buscas e apreensões arbitrárias e foi instituída como resposta aos abusos do controverso *writ of assistance*, um tipo de mandado geral de busca emitido pelo governo colonial britânico e que foi uma importante fonte de tensão na América pré-revolucionária. A emenda proíbe a busca e apreensão sem que haja motivo razoável e mandado judicial baseado em causa provável.

295 N.E.: a Terceira Emenda à Constituição dos Estados Unidos (em inglês: Third Amendment to the United States Constitution) impõe restrições ao aquartelamento de soldados em residências privadas sem o consentimento do proprietário, proibindo a prática em tempos de paz. A emenda é uma resposta aos "Quartering Acts" aprovados pelo parlamento britânico durante a preparação para a Guerra de Independência dos Estados Unidos, que permitiu ao Exército Britânico alojar soldados em residências privadas.

296 Balko, Radley. *Rise of the Warrior Cop*, *op. cit.*

lar incursões armadas em grande escala nas casas das pessoas, em busca de traficantes de pequeno porte e usuários de drogas. Essas batidas já provocaram a morte de suspeitos, policiais e pessoas totalmente inocentes alvejadas por engano pela polícia. Já foram conduzidas incursões com base em informações falsas repassadas por informantes confidenciais motivados por pagamentos em dinheiro oferecidos pela polícia. Além disso, Balko mostra como as equipes da SWAT abusam física e mentalmente das pessoas, destroem seus pertences e matam seus animais de estimação. Equipes da SWAT e unidades paramilitares semelhantes também são mobilizadas em grandes operações de varredura de drogas realizadas em bairros e conjuntos habitacionais, e até mesmo em patrulhas aleatórias em bairros de "alta criminalidade".

Um dos artifícios que garantiu o financiamento desses esquadrões nos últimos anos foi o uso de leis de confisco de bens, que normalmente permitem que as forças policiais fiquem com os bens apreendidos em incursões e investigações antidrogas.[297] Isso confere aos departamentos um forte incentivo financeiro para levar a cabo a guerra às drogas de maneira agressiva e permite uma expansão quase completamente desenfreada e desregulamentada das unidades paramilitares. Essas leis também são perniciosas por conta do enorme potencial de abuso. As leis de confisco de bens ensejam processos civis em oposição a processos penais, o que significa que o ônus da prova é muito menor e a ação legal é contra a propriedade em questão, não o indivíduo. Na maior parte dos casos, há uma clara presunção de culpa. Também há um problema da desproporcionalidade:

---

[297] Worrall, John. "Addicted to the drug war: The role of civil asset forfeiture as a budgetary necessity in contemporary law enforcement". *Journal of Criminal Justice* 29, n. 3 (2001): p. 171-87.

mesmo uma pequena quantidade de drogas para uso pessoal pode levar à perda de um carro ou de um imóvel.

Muitas forças policiais ficaram tão extasiadas com esse dinheiro fácil que passaram a realizar uma enorme variedade de "pescas probatórias" na esperança de encontrar objetos de valor para apreender. Há inúmeros casos de abordagens de trânsito em que as pessoas são revistadas e a simples presença de dinheiro em espécie acima de algumas centenas de dólares já é por si só tida como evidência de envolvimento com drogas – o que leva à apreensão imediata do dinheiro, ainda que não tenha sido encontrada droga alguma no local, nem apresentada qualquer acusação criminal contra a pessoa. O único recurso que resta ao proprietário é provar em um tribunal que o dinheiro não tinha relação com drogas, uma perversão kafkiana da justiça.

Não só o dinheiro como qualquer coisa que possa eventualmente ser lida como relacionada a drogas passou a ser criminalizada, abrindo uma enorme brecha para corrupção e injustiça racial. Leis abrangentes contra "parafernália" contemplam cachimbos, balanças e outros objetos que têm outros usos, mas que *poderiam* ser utilizados para distribuição ou consumo de drogas. Na Filadélfia, há uma lei que proíbe varejistas de vender pequenas sacolinhas de plástico se houver algum motivo para acreditar que elas possam ser usadas para distribuição de drogas. Assim, os policiais da divisão de narcóticos têm pretexto para fazer batidas em mercadinhos de bairro localizados em comunidades de pessoas não-brancas.[298] Os pequenos lojistas, em sua maioria pertencentes a minorias sociais, muitas vezes eram presos e, em alguns casos, chegaram até a ter seus comér-

---

298 Ruderman, Wendy. Laker, Barbara. *Busted: A Tale of Corruption and Betrayal in the City of Brotherly Love.* Nova York: HarperCollins, 2014.

cios lacrados ou receberam uma quantidade tão grande de multas que foram à falência. Eventualmente, os comerciantes apresentaram gravações de vídeo mostrando que os policiais que conduziam as batidas também estavam embolsando dinheiro dos caixas e levando embora carregamentos de mercadorias, alguns dos quais acabaram caindo nas mãos de informantes.

Corrupção

É impossível catalogar totalmente cada um dos abusos de autoridade, roubos, subornos e vendas de drogas cometidos pela polícia estadunidense cotidianamente como parte da Guerra às Drogas. A enorme lucratividade do mercado clandestino garante que sempre haverá um forte incentivo para que os traficantes subornem policiais para fazer vista grossa e para que os policiais protejam traficantes, roubem deles ou passem eles próprios a traficar.

A maioria dos grandes escândalos policiais dos últimos cinquenta anos remonta à proibição das drogas. No Escândalo Rampart, em Los Angeles, policiais abusavam de sua autoridade e praticavam atos de brutalidade contra traficantes de drogas na cidade e eventualmente participaram do desvio de drogas das salas de evidência das delegacias para serem revendidas nas ruas. O livro e o filme *O príncipe da cidade* narram em detalhe a corrupção dos detetives da divisão de narcóticos em Nova York, que se envolvem no tráfico para obter informações, aceitam subornos e roubam dinheiro e drogas de traficantes.[299] Práticas semelhantes foram descobertas no fim da década de 1990

[299] Daley, Robert. *Prince of the City: The True Story of a Cop Who Knew Too Much*. Kingston, RI: Moyer Bell, 2004.

pela Comissão Mollen e sua investigação do escândalo "Dirty Thirty"[300] da trigésima DP, no Harlem.[301]

Mais recentemente, têm surgido escândalos de drogas em vários órgãos da polícia, incluindo a DEA. Por exemplo, só no mês de março de 2015:

- Um policial do segundo escalão do Departamento de Polícia de Fresno (Califórnia) foi preso por agentes do FBI e da ATF por tráfico de oxicodona, maconha e heroína.[302]
- No condado de Scott, no Tennessee, um subxerife foi preso por furtar drogas da sala de evidências da polícia.[303]
- Um policial do NYPD foi preso na Flórida depois de ser pego em uma operação de flagrante preparado tentando comprar 200 mil dólares em cocaína.[304]

[300] N.E.: o escândalo dos Trintões Sujos ocorreu entre 1992 e 1995 na Trigésima Delegacia do Departamento de Polícia de Nova York, que servia o Harlem, e foi a maior concentração de policiais acusados de corrupção na cidade de Nova York em quase uma década.

[301] Mollen, Milton. *Report of the Commission to Investigate Allegations of Police Corruption and the Anti-Corruption Procedures of the Police Department*. Nova York: City of New York, 1994.

[302] George, Carmen. "Fresno deputy police chief arrested in federal drug investigation". *Fresno Bee*, 26 mar. 2015.

[303] "Former Scott County sheriff's deputy indicted". *Knoxville News Sentinel*, 31 mar. 2015.

[304] McMahon, Paula. "NYC cop served as insurance in drug deal, friend says". *Sun Sentinel*, 8 mar. 2015.

- Um tenente da polícia de Miami-Dade confessou ter auxiliado contrabandistas de cocaína e planejado a execução de traficantes de uma facção rival.[305]

- Um subxerife do condado de Winston, no Alabama, foi condenado a mais de três anos de prisão por extorquir uma mulher local a cozinhar metanfetamina para ele distribuir.[306]

- Um agente do FBI que passou anos trabalhando no combate às drogas se declarou culpado de 64 acusações de furtar heroína dos envelopes plásticos de evidência policial para uso próprio.[307]

- Um policial de Titusville, na Flórida, foi condenado a dez anos de prisão por tráfico de cocaína.[308]

- A DEA divulgou um relatório detalhando como agentes designados para trabalhar na Colômbia vinham participando há anos de festas sexuais bancadas por cartéis locais de drogas.[309]

---

305 Ovalle, David. "Miami-Dade police lieutenant pleads guilty to aiding cocaine smugglers". *Miami Herald*, 31 mar. 2015.

306 Faulk, Kent. "Former Winston County deputy sentenced to federal prison in meth extortion". *Birmingham News*, March 27, 2015.

307 Hermann, Peter. "Ex-FBI agent charged with 64 criminal counts in theft of heroin evidence". *Washington Post*, 20 mar. 2015.

308 Connolly, Kevin. "Former Titusville police officer gets 10 years in prison in DEA coke sting". *Orlando Sentinel*, 31 mar. 2015.

309 Horwitz, Sari. Leonning, Carol. "Report: DEA agents had 'sex parties' with prostitutes hired by drug cartels". *Washington Post*, 26 mar. 2015.

A prisão de policiais é tão comum que a organização Stopthe-DrugWar.com publica relatórios semanais de policiais presos por acusações de drogas.[310]

Impactos raciais

Grande parte do policiamento da guerra às drogas traz em seu cerne padrões racializados de ação. Embora haja evidências claras de que o consumo e o tráfico de drogas são distribuídos de maneira homogênea entre as raças, a maior parte da ação policial de combate às drogas se dá em comunidades de pessoas não-brancas ou então em áreas rurais pobres e brancas.[311] Quando uma pessoa branca é pega portando drogas, é muito mais provável que ela seja liberada em regime de liberdade assistida ou então encaminhada para algum tratamento de reeducação. O mesmo não ocorre se o réu não for branco. Um dos exemplos mais divulgados de ação policial racializada é a controvérsia do "dirigir sendo negro"[312], em torno do qual foram travadas batalhas judiciais e esforços de reforma em estados como Nova Jersey na década de 1990. Depois de uma série de queixas recorrentes de motoristas negros de que eram abordados em rodovias estaduais sem motivo e pressionados a aceitar serem revistados, foram protocoladas reclamações formais e, eventualmente, ações judiciais por parte

---

[310] Stopthedrugwar.org, "Police Corruption", [s.d.].

[311] Alexander, Michelle. *A nova segregação*, *op. cit.*; Moore, Lisa. Elkavich, Amy. "Who's Using and Who's Doing Time: Incarceration, the War on Drugs, and Public Health". *American Journal of Public Health* 98, n. 5 (2008): p. 782-6; Bobo, Lawrence. Thompson, Victor. "Unfair by Design: The War on Drugs, Race, and the Legitimacy of the Criminal Justice System". *Social Research* 73, n. 2 (2006): p. 445-472.

[312] Ver nota 50.

de organizações como a NAACP e a ACLU, que forçaram a abertura de uma investigação federal e um termo de ajustamento de conduta em que a polícia se comprometeu a implementar reformas. Após anos de reformas técnicas, no entanto, ainda persistem muitos dos mesmos resultados racialmente desproporcionais.[313]

O policiamento de drogas é realizado quase exclusivamente em comunidades pobres, em sua maioria não-brancas. Em todo o país, a enorme maioria das pessoas presas por delitos de drogas é negra ou parda: mais de 90% no estado de Nova York. Para escrever o livro *Hunting for Dirtbags* [Caçando vagabundos], Lori Beth Way e Ryan Patten passaram centenas de horas circulando no banco de trás das viaturas de policiais comuns de patrulhamento em uma cidade da Costa Leste e outra da Costa Oeste. Em ambas as cidades, policiais de cada uma das diferentes regiões de cada cidade passavam uma parte significativa de seu dia de trabalho procurando prisões fáceis por drogas em bairros pobres de minorias sociais, mesmo quando essas não eram suas áreas de patrulhamento. Os policiais mais ambiciosos eram os que mais faziam estragos, pois sentiam que precisavam apresentar um número elevado de prisões para conquistar cargos mais desejáveis em unidades especializadas.

A maior parte do policiamento de drogas feito nas ruas é discriminatório e ineficaz.[314] Por exemplo, a polícia de Baltimore precisa enfrentar enormes mercados de drogas, mas mal consegue dificultar o andamento do comércio ou do uso de drogas. Em vez disso, seu trabalho ficou reduzido ao manejo contraprodutivo de seus sintomas superficiais. Peter Moskos, um ex-

[313] Fagan, Jeffrey. Geller, Amanda. "Profiling and Consent: Stops, Searches and Seizures after Soto". *SSRN Working Paper Series* (2010).

[314] Moskos, Peter. *Cop in the Hood: My Year Policing Baltimore's Eastern District*. Princeton, NJ: Princeton University Press, 2009.

-policial de Baltimore, escreve que o procedimento típico é o de ignorar o tráfico, a menos que haja uma reclamação específica. Se alguém estiver no local da reclamação quando a polícia chegar, os policiais mandam a pessoa "circular". Normalmente não se tenta efetuar nenhuma prisão porque a polícia sabe que a pessoa que está lá é no máximo um aviãozinho que sequer estará carregando drogas. A pessoa geralmente apenas dá uma volta no quarteirão antes de retomar as atividades normalmente. Moskos relata que, em sua experiência, mesmo depois de grandes incursões antidrogas planejadas envolvendo unidades especializadas e extensas investigações, ninguém nunca deixou de obter drogas por mais de um período de duas horas. Dez por cento dos moradores de Baltimore usaram uma droga ilícita ao longo do ano anterior e, o que é igualmente espantoso, quase um terço de todas as prisões feitas na cidade são por crimes relacionados a drogas.[315] Quando se deu conta disso, o ex-prefeito de Baltimore, Kurt Schmoke, manifestou-se veementemente contra a guerra às drogas na Conferência de Prefeitos dos EUA em 1988. Ele continua a defender que devemos tratar a questão do uso de drogas como um problema de saúde, e não de justiça criminal.[316] Ele não está sozinho. Autoridades policiais de várias regiões do país defendem o fim da guerra às drogas. Há inclusive uma nova organização, a Law Enforcement Against Prohibition (LEAP), composta por policiais, ex-policiais e pro-

---

[315] Walsh, Natassia. *Baltimore Behind Bars: How to Reduce the Jail Population, Save Money and Improve Public Safety*. Washington, D.C.: Justice Policy Institute, 2010.

[316] Taylor, Maggie. "Former Baltimore Mayor Kurt Schmoke: Ahead of his Time". *Drug Policy Institute*, 20 fev. 2014. Disponível em: <http://www.drugpolicy.org/blog/former-baltimore-mayor-kurt-schmoke-ahead-his-time>.

motores que testemunharam em primeira mão a ineficácia e os efeitos deletérios da guerra às drogas.[317]

O policiamento rural não está isento dessa dinâmica. Veja o caso de Tulia, uma cidade de 5 mil habitantes no estado do Texas onde um xerife trouxe um informante contratado para orquestrar uma série de incursões antidrogas em 1999.[318] Com base unicamente na palavra de um informante pago, o xerife realizou várias prisões. Quase nenhuma droga foi encontrada, mas ele ameaçou os detidos com longas sentenças obrigatórias para fazer com que incriminassem outras pessoas. Uma nova leva de incursões resultou na prisão de 46 pessoas, sendo que quarenta delas eram negras; as outras seis tinham laços estreitos com a pequena comunidade negra local. A maioria se declarou culpada de pequenos delitos, apesar de a polícia não ter encontrado nenhuma droga com elas nem nas suas casas. Felizmente, algumas delas ainda persistiram na tentativa de reivindicar sua inocência. Seus advogados descobriram que o informante contratado tinha sido responsável por falsas prisões em outras jurisdições, que as descrições dos supostos traficantes não correspondiam à dos presos e que alguns réus tinham álibis claros para os momentos em que supostas transações de drogas teriam ocorrido. Por fim, as acusações contra quase todos os réus foram retiradas, incluindo as de vários que já estavam presos. A cidade acabou tendo de pagar 6 milhões de dólares em acordos legais e o informante pago foi condenado por perjúrio. Tanto o xerife branco que orquestrou o

---

317 "Law Enforcement Against Prohibition (LEAP)". Disponível em: <http://leap.cc>.

318 Sherrer, Hans. "Travesty in Tulia, Texas: Frame-up of 38 Innocent People Orchestrated by a County Sheriff, Prosecutor and Judge". *Justice: Denied*, n. 23 (2004): p. 3-5.

caso todo quanto o promotor local que conseguiu as condenações permaneceram em seus cargos.

Direito à privacidade

A Quarta Emenda foi originalmente concebida para prevenir o Estado de praticar invasões descaradas e indiscriminadas das casas e da privacidade das pessoas. O impulso insaciável de "encontrar as drogas", no entanto, produziu uma série de decisões judiciais e invenções legislativas que efetivamente corroeram esse direito. Os tribunais federais vêm conferindo à polícia cada vez mais poder de abordar pessoas aleatoriamente, revistar seus pertences, espionar suas casas, grampear seus telefones, vasculhar seu lixo e investigar suas finanças pessoais.

Em março de 2016, o *Washington Post* revelou que eram emitidos mandados de busca e apreensão unicamente com base em "treinamento e experiência dos policiais" como justificativa.[319] Na maioria dos casos, o que ocorria era que a polícia conseguia arrancar de uma pessoa presa por drogas um endereço qualquer e, em seguida, invadia essa casa na esperança de encontrar mais alguma coisa. O jornal descobriu que 14% de todos os mandados emitidos em Washington D. C. tinham esse caráter e que 99% deles foram usados contra afro-estadunidenses. Quarenta por cento das buscas não renderam nada; em muitos casos, a pessoa que constava no mandado sequer morava mais lá. Quase todas as demais não encontraram mais do que drogas para consumo pessoal.

---

[319] Sullivan, John. Hawkins, Derek. Lombardi, Pietro. "Probable Cause: Pursuing drugs and guns on scant evidence, D.C. police sometimes raid wrong homes – terrifying the innocent". *Washington Post*, 5 mar. 2016.

A implementação de uma série de medidas "bem-intencionadas" minou a regra da inadmissibilidade de provas ilícitas, dando à polícia uma grande liberdade. O fato de que a maioria dessas invasões domiciliares não rende mais do que apreensões de pequenas quantias de drogas (e em muitos casos nem isso) parece ter pouca relevância para um judiciário obcecado em expandir o poder policial. É aqui que se verifica a vitória ideológica dos paladinos da guerra às drogas, que conseguiram muito bem criar a imagem dos traficantes de drogas como sendo a raiz de todo o mal. Nenhuma penalidade será severa demais, nenhum método será demasiado extremo se isso significar tirar outro traficante das ruas.

Em um exemplo trágico, um policial da NYPD matou o adolescente Ramarley Graham na própria casa da vítima no Bronx pois havia uma suspeita de que ele portava maconha. A polícia queria interrogar Ramarley e, quando ele fugiu, os policiais o perseguiram até a casa dele. Derrubaram a porta e, dentro da residência, um policial atirou enquanto o jovem tentava se livrar da maconha pelo vaso sanitário. O policial não tinha nenhum mandado e nenhuma razão objetiva para suspeitar que Graham fosse perigoso. Entretanto, a Guerra às Drogas normalizou a tal ponto ações como essas que nem procuradores locais nem federais apresentaram qualquer acusação contra o policial.[320] Claramente, a vida de Graham e seu direito de estar livre da intrusão da polícia em sua casa *não importavam*.

Em *A nova segregação*, Michelle Alexander defende que a Guerra às Drogas, mais do que qualquer outro desenvolvimento isolado, produziu a criminalização e o encarceramento em

[320] Santora, Marc. Weiser, Benjamin. "Officer in Ramarley Graham Shooting Won't Face U.S. Charges". *New York Times*, 8 mar. 2016.

massa de jovens negros.[321] Embora o maior fardo desse processo recaia sobre os homens, as mulheres negras são hoje o segmento da população carcerária que mais tem crescido, e isso está diretamente vinculado às políticas de combate às drogas. Além disso, a maioria das pessoas submetidas à guerra às drogas são infratores de baixo escalão, presos por porte de drogas em operações de compra e apreensão nas ruas (às vezes envolvendo revistas de legalidade questionável). Essas pessoas em seguida entram para um sistema cada vez maior de informantes pagos ou então são delatadas por outros que estão enfrentando sentenças mínimas obrigatórias draconianas.[322] Nossas prisões não estão cheias de chefões do tráfico, tampouco estão cheias de santos. Em sua maioria, estão lotadas de pessoas enredadas em um enorme mercado clandestino que fornece emprego e renda para milhões de pessoas que têm pouco acesso à economia formal.

Por ser um mercado clandestino, ele às vezes é violento. A maioria dos crimes relacionados às drogas não envolve pessoas drogadas cometendo crimes devido a seu estado mental alterado. Na verdade, eles assumem principalmente duas formas: crimes contra a propriedade para financiar o consumo de drogas e disputas de negócios. Em um mercado ilegal, não se pode recorrer à justiça: se alguém lhe passa a perna, ou você aceita o prejuízo ou apela para a violência. Além disso, as grandes quantias de dinheiro vivo circulando fazem dos traficantes e compradores de drogas alvos interessantes para ladrões, que sabem que suas vítimas raramente prestarão queixas à polícia.

---

321 Alexander, Michelle. *A nova segregação*, *op. cit.*

322 Rowe, Thomas. *Federal Narcotics Law and the War on Drugs*, *op. cit.*

Efeitos para a saúde

Os paladinos da guerra às drogas sempre justificam seu aumento cada vez maior de poder com histórias sobre as vidas perdidas para as drogas, mas a verdade é que a proibição piora as circunstâncias gerais de saúde dos usuários de drogas. Uma vez que as drogas são ilegais, não pode haver regulamentação nem controle sobre a pureza ou potência das substâncias em circulação. Aditivos perigosos e dosagens imprevisíveis podem provocar overdoses, infecções, abscessos e envenenamentos. Overdoses de heroína hoje cobram a vida de mais de 10 mil pessoas por ano, um aumento de 500% desde 2001.[323] Quando há heroína de qualidade controlada disponível sob prescrição, como foi o caso em grande parte dos Estados Unidos no fim da década de 1910 e início da década de 1920 e no Reino Unido até a década de 1960, o número de overdoses beira a zero. Os médicos encaravam o vício em opioides como um problema de saúde cuja melhor forma de resolver era tratamento médico, que geralmente levava à redução no consumo da droga e à eliminação de infecções e overdoses. Foi apenas com a obstinada política de guerra às drogas que se passou a rejeitar essa abordagem.

A criminalização faz com que os usuários de drogas tenham mais dificuldade de se queixar a respeito de produtos adulterados ou mesmo de compartilhar informações com outros usuários, além de interferir no acesso ao tratamento. A maioria dos usuários mais pesados que são presos não recebe nenhum tratamento real para dependência química, e espera-se que eles se desintoxiquem por conta própria durante o tempo em que esti-

---

[323] National Center for Health Statistics. "National Overdose Deaths: Number of Deaths from Heroin". *National Institute on Drug Abuse* (NIDA), dez. 2015.

verem presos, o que gera efeitos adversos à saúde e pode até levar à morte. A proibição também força as pessoas a compartilhar seringas e outros instrumentos para o uso de drogas; a segunda forma mais comum de transmissão do HIV nos Estados Unidos hoje é o compartilhamento de agulhas por usuários de substâncias injetáveis. (A situação é ainda pior na Rússia, onde a quantidade de overdoses e as taxas de infecção por HIV dispararam graças a políticas punitivas de drogas).[324] Essa também é uma das principais causas da transmissão do vírus da hepatite C. Embora alguns programas de troca de seringas tenham recebido certo apoio, a polícia normalmente os encara com desdém e muitas vezes passa a vigiar e assediar os participantes. A maioria dos estados, entretanto, continua a restringir o acesso a seringas limpas baseando-se na crença equivocada de que isso de alguma maneira contribuirá para a redução do consumo de drogas.

Efeitos internacionais

O governo dos EUA tipicamente apoia as políticas draconianas de drogas de outros países. Ele é o principal responsável pela manutenção de tratados internacionais que criminalizam as drogas e evitam que os países sequer experimentem implementar formas de legalização.[325] Os efeitos mais dramáticos dessa política podem ser verificados no México, onde cartéis de drogas têm travado disputas brutais pelo controle dos lucrativos

---

[324] Toor, Amar. "Russia has a serious HIV crisis, and the government is to blame". *Verge*, 2 jul. 2015; Lunze, Karsten *et al.* "Punitive policing and associated substance use risks among HIV-positive people in Russia who inject drugs". *Journal of the International AIDS Society* 17 (2014).

[325] Levine, Harry. "Global drug prohibition: its uses and crises". *International Journal of Drug Policy* 14 (2003): p. 145-153.

mercados de drogas do país e da América do Norte.[326] Grandes metrópoles como Tijuana e Ciudad Juárez foram transformadas em horríveis campos de batalha, com corpos se amontoando a cada dia em um total nacional que já passou de 70 mil mortes desde que o presidente mexicano Felipe Calderón lançou sua própria guerra às drogas em 2006. Policiais de todo o país hoje trabalham diretamente a serviço dos cartéis, transportando drogas, armas e dinheiro. Jornalistas, políticos ou moradores que se manifestam contra a violência e a corrupção são rotineiramente assassinados e têm seus corpos mutilados expostos em locais públicos como um alerta para outras pessoas.

O filme hollywoodiano *Sicario: Terra de Ninguém* (2015) apresenta um cenário assustador no qual a CIA desempenha um papel ativo no manejo dos participantes dos cartéis mexicanos de drogas a fim de reduzir a violência na região da fronteira com os EUA, valendo-se de execuções planejadas e conluio com diferentes facções. Embora essa seja uma narrativa fictícia, a CIA tem um longo histórico de envolvimento com o tráfico de drogas com o objetivo de promover outros interesses, como a contrainsurgência da Guerra do Vietnã, as guerras sujas na América Central na década de 1980 e as "armas por reféns" do caso Irã-Contras.[327] O historiador Alfred McCoy descreve essa

---

326 Human Rights Watch, *Neither Rights nor Security: Killings, Torture, and Disappearances in Mexico's "War on Drugs"*. Nova York: Human Rights Watch, 2011.

327 N.E.: o Caso Irão-Contras (Iran-Contra affair ou Irangate foi um escândalo político nos Estados Unidos revelado pela mídia em novembro de 1986, durante o segundo mandato do presidente Ronald Reagan, no qual figuras chave da CIA facilitaram o tráfico de armas para o Irã, que estava sujeito a um embargo internacional de armamento, para assegurar a libertação de reféns e para financiar os Contras nicaraguenses.

história sórdida em seu livro *The Politics of Heroin: CIA Complicity in the Global Drug Trade*[328] [A política da heroína: a cumplicidade da CIA no comércio global de drogas].

A política do governo estadunidense de deportar qualquer pessoa que for presa por acusações de drogas também provocou um efeito desestabilizador em vários países da América Central. Houve uma quantidade tão grande de jovens ligados a gangues e drogas nos Estados Unidos deportados para lugares como Guatemala e Honduras que esses países acabaram se tornando centros do comércio internacional de drogas e estão experimentando um crescimento explosivo de suas próprias gangues violentas. Diante desse cenário de violência, começaram a surgir políticos de direita prometendo uma série de estratégias *mano dura* de endurecimento, conforme documentado no livro *A History of Violence: Living and Dying in Central America*[329] [Uma história de violência: vivendo e morrendo na América Central], de Oscar Martinez. Essa explosão de violência e repressão tem, por sua vez, estimulado o fluxo imigratório para os EUA, e, o que é mais trágico, principalmente de menores desacompanhados fugindo da violência doméstica, e que ainda acabam sendo perseguidos por ladrões, contrabandistas de seres humanos e, em última instância, pelo próprio sistema de controle de imigração dos EUA.

---

[328] McCoy, *Politics of Heroin*, *op. cit.*; Watt, Peter. Zepeda, Roberto. *Drug War Mexico: Politics, Neoliberalism and Violence in the New Narcoeconomy*. Nova York: Zed Books, 2012.

[329] Martinez, Oscar. *A History of Violence: Living and Dying in Central America*. Brooklyn, NY: Verso, 2016.

Reformas

Cada vez mais se tem consciência de que não dá para resolver os problemas ligados ao uso de drogas com o encarceramento. Um relatório produzido pela ONG Pew Charitable Trusts em 2015 descobriu que as duras leis de drogas das décadas de 1980 e 1990 não reduziram em nada as taxas de uso de drogas nem mesmo de reincidência.[330] Em função disso, temos visto um número crescente de experimentos com abordagens alternativas às dessas estratégias convencionais de punição e encarceramento. Algumas envolvem a redução das penalidades por meio de mudanças nas leis e nas práticas de fiscalização. Outras apostam em regimes alternativos de sentenciamento, que procuram encaminhar as pessoas a diferentes programas de tratamento. Infelizmente, a maioria dessas abordagens compartilha uma mesma dependência na figura da polícia como guardiã desse processo. Os juizados especiais de drogas, os programas de reeducação e tratamento e as várias formas de descriminalização sempre reservam um papel central à polícia, que geralmente acaba decidindo quem irá para a prisão e quem receberá tratamento, além de sustentar uma abordagem fundamentalmente punitiva e moralizante das drogas.

Juizados especiais de drogas

Na melhor das hipóteses, os juizados especiais de drogas adotam uma abordagem terapêutica, contando com a ameaça de punição para fazer com que as pessoas ingressem em programas de tratamento. Normalmente, um réu é solicitado a se de-

330 Pew Charitable Trusts Public Safety Performance Project. "Federal Drug Sentencing Laws Bring High Cost, Low Return", 27 ago. 2015.

clarar culpado de um crime e, em vez de ser preso, recebe um plano de recuperação cujo andamento o juizado então passa a acompanhar. O juizado indica programas específicos de tratamento para a pessoa frequentar e, em seguida, administra eventuais punições pelo não cumprimento do regime de tratamento. Essas punições podem envolver breves períodos de "encarceramentos de choque", em que os réus passam uma ou mais semanas presos para que "levem seu tratamento a sério", ou mesmo sentenças mais longas conforme as acusações originais. Algumas pessoas passam anos alternando entre temporadas na prisão e em tratamento.

Os resultados para quem conclui um programa do juizado são um pouco melhores em termos de reincidência e recaídas se comparados à média de quem passa pelo sistema de justiça criminal regular – dado que levou organizações e instituições favoráveis ao modelo, como o Center for Court Innovation, a declará-lo um caso comprovado de sucesso.[331] O verdadeiro quadro, porém, é mais complexo e menos positivo. Quando olhamos para a população geral de pessoas inicialmente designadas para juizados de drogas – um recorte mais preciso –, os resultados não são bons. Setenta por cento das pessoas encaminhadas a esses juizados não conclui seus programas. E para esses 70% os efeitos são na verdade muito piores do que para quem passa pelo sistema regular de justiça criminal, porque eles apresentam taxas mais altas de recaída e encarceramento.[332] Um estudo dos

---

331 Rossman, Shelli *et al. The Multi-Site Adult Drug Court Evaluation: Executive Summary*. Washington, D.C.: Urban Institute Justice Policy Center, 2011.

332 Drug Policy Alliance. *Drug Courts Are Not the Answer: Toward a Health-Centered Approach to Drug Use*. Nova York: Drug Policy Alliance, 2011.

juizados de drogas de Nova York revelou que 64% das pessoas que não conseguiram concluir o programa voltaram a ser presas depois de três anos.[333]

Além disso, esses juizados especiais não economizam dinheiro dos contribuintes. Seu custo operacional é muito mais oneroso do que outros juizados e, por mais que algumas pessoas de fato sejam devidamente encaminhadas a programas de reabilitação, muitas outras acabam passando ainda mais tempo na prisão.[334] No cômputo total, há também um efeito de ampliação: os juizados especiais de drogas fundem abordagens punitivas e terapêuticas de forma muito contraproducentes que, ao invés de reduzir o papel do sistema de justiça criminal nas vidas de usuários de drogas, efetivamente o amplia, produzindo aquilo que a socióloga Rebecca Tiger denomina efeito de "encarceramento ambulatorial".[335]

Uma abordagem médica da questão da heroína, conforme discutimos anteriormente, já permite algum grau de normalidade. As pessoas submetidas a esses tipos de tratamento podem voltar a trabalhar, morar com suas famílias e, em geral, experimentam uma redução gradual no uso da substância. Também contribui para que fiquem longe das ruas, reduzindo a necessidade de recorrer a furtos e roubos, retirando-as totalmente do sistema de justiça criminal. Em vez disso, a maioria dos juízes determina abstinência imediata, muitas vezes dentro das prisões, sem

---

333 Center for Court Innovation. *A Statewide Evaluation of New York's Adult Drug Courts*. Nova York: Center for Court Innovation, 2012.

334 Weissman, Marsha. "Aspiring to the Impracticable: Alternatives to Incarceration in the Era of Mass Incarceration". *New York University Review of Law and Social Change* 33: p. 235-269.

335 Tiger, Rebecca. *Judging Addicts: Drug Courts and Coercion in the Justice System*. Nova York: NYU Press, 2012.

qualquer tipo de tratamento médico para os intensos sintomas dela decorrentes.[336] Geralmente, a etapa seguinte é um programa de tratamento ambulatorial. Em muitos casos, a pessoa imediatamente volta às ruas e começa a consumir novamente. Esse ciclo perigoso aumenta a probabilidade de ocorrerem overdoses e, em alguns casos, ocasionou mortes que poderiam ter sido evitadas.[337] Isso também pode ser uma violação da Lei de Estadunidenses com Deficiências, que lista especificamente o vício como uma deficiência; os tribunais não devem negar às pessoas o acesso a tratamentos medicamente comprovados para suas condições.

Os próprios serviços de tratamento também são problemáticos. Alguns deles não passam de programas de "doze passos" impostos pelo juizado, repletos de um *ethos* punitivo e de reforma moral no qual as pessoas são repreendidas, assediadas e ameaçadas caso violem qualquer uma das inúmeras pequenas regras.[338] Muitas vezes, o que está por trás deles é uma mentalidade segundo a qual as pessoas só serão capazes de se livrar das drogas se "atingirem o fundo do poço" e forem confrontadas com seus fracassos para que então experimentem um despertar moral. Estratégias clínicas, com histórico de sucesso, são ridicularizadas como se propiciassem o vício. As pesquisas, entretanto, mostram que práticas de tratamento forçado e hu-

---

[336] Szalavitz, Maia. "How America Overdosed on Drug Courts". *Pacific Standard*, 18 mai. 2015.

[337] Galloway, Jeremy. "The Worst Place to Die: How Jail Practices Are Killing People Going Through Opioid Withdrawals". *The Influence*, 23 mar. 2016.

[338] Gowan, Teresa. Whitestone, Sarah. "Making the criminal addict: Subjectivity and social control in a strong-arm rehab", *Punishment and Society* 14, n. 1 (2012): p. 69-93.

milhação moral são incrivelmente contraproducentes no que diz respeito a superar o vício.

Mesmo quando esses juizados oferecem serviços úteis, o acesso a eles passa pelo envolvimento com a polícia: para acessar esses serviços, é preciso primeiro ser preso. Em segundo lugar, como vimos, os recursos aos quais os juizados recorrem não são novos; as pessoas que acabam parando nesses juizados são simplesmente passadas para a frente da fila, substituindo outras. Em Nova Jersey, há uma grave escassez de leitos para tratamento de drogas e, cada vez mais, a única maneira de conseguir acesso a um é sendo preso e encaminhado a um juizado de drogas. Segundo o senador Joseph Vitale (sem parentesco algum com este autor), "se você for preso, talvez caia em um juizado de drogas, talvez entre no sistema. Se você não cometer um crime, em muitos casos, não conseguirá acessar um leito de internação".[339] Por fim, esses juizados só servem para pessoas que enfrentam "problemas com drogas", o que significa que excluem a enorme quantidade de pessoas presas por acusações de drogas que não são propriamente usuárias. Essas vão direto para a prisão – um dos motivos pelos quais os juizados especiais de drogas têm tido pouco impacto nas taxas gerais de encarceramento.

No fim das contas, esses juizados têm poucos recursos para efetivamente ajudar os dependentes químicos. Organizações como a Drug Policy Alliance[340] e o Justice Policy Institute[341] vêm

---

339 Peskoe, Ashley. Stirling, Stephen. "Want heroin treatment in N.J.? Get arrested". *NJ.com*, 18 jan. 2015.

340 Drug Policy Alliance. *Drug Courts Are Not the Answer*, *op. cit.*

341 Justice Policy Institute. *Addicted to Courts: How a Growing Dependence on Drug Courts Impacts People and Communities.* Washington, D.C.: Justice Policy Institute, 2011.

defendendo a importância de repensar nossa confiança nesses juizados para lidar com problemas de drogas, propondo que o modelo de justiça criminal seja substituído por uma abordagem robusta baseada em saúde pública e redução de danos.

Descriminalização

Foram muitos os estados e municípios que procuraram reduzir o fardo da repressão às drogas por meio da descriminalização de uma ou mais drogas.[342] Na década de 1970, onze estados eliminaram as penas criminais para o porte pessoal de maconha. A esperança era de que isso impedisse a polícia de se envolver em uma atividade praticamente inócua. Em Nova York, a lei foi alterada em 1977 tornando a posse de maconha uma "violação", o que de certa maneira equivale a uma multa de trânsito. Pode haver uma multa e eventualmente uma intimação para comparecer perante um juiz, mas nada de prisão. Por muitos anos, essa política se mostrou eficaz, reduzindo drasticamente o número de prisões envolvendo casos de porte de pequenas quantias de maconha. No entanto, o uso ou a exibição pública de maconha ainda configuravam crimes e isso provou ser uma fraqueza crucial da legislação na década de 1990. À medida que Nova York abraçava o policiamento no modelo das janelas quebradas, o NYPD voltou a priorizar prisões ligadas a maconha como parte de uma estratégia de impor um controle rigoroso sobre a vida pública de jovens não brancos. Além do uso generalizado de práticas ostensivas de enquadro, a polícia abordava um número crescente de jovens e, em muitos casos, mandava "esvaziar os bolsos". Mesmo não sendo essa uma ordem tecnicamente legal,

[342] Drug Policy Alliance. *Approaches to Decriminalizing Drug Use and Possession*. Nova York: Drug Policy Alliance, 2016.

a polícia se valeu de várias formas de coerção para pressionar as pessoas a obedecê-la. Se a pessoa retirasse maconha do bolso e a mostrasse ao policial, ela era imediatamente presa por exibir publicamente a droga, uma pequena contravenção. Por conta disso, as detenções por porte de maconha saltaram de quase nenhuma para 50 mil por ano, resultando no encarceramento de centenas de milhares de pessoas.[343]

Felizmente, depois de anos de pressão pública, o NYPD praticamente abandonou essa prática. No entanto, os policiais ainda emitem "intimações" que exigem comparecimento perante um juiz e, muitas vezes, o pagamento de uma multa. Isso significa que muitas pessoas acabam tendo de faltar ao trabalho ou à escola e arcar com multas que muitas vezes mal têm condições de pagar. Muitas vezes, as pessoas deixam de comparecer ao tribunal e é emitido um mandado de prisão, o que já significa a possibilidade de encarceramento. Os programas de descriminalização que deixam em aberto o papel de policiais na tomada de decisões discricionárias ou que então vinculam as pessoas ao sistema de justiça criminal ainda produzem um fardo pesado sobre os indivíduos e as comunidades, principalmente as não-brancas.

Os programas mais extensos e sistemáticos de descriminalização têm mostrado resultados mais positivos. Em 2001, Portugal descriminalizou todas as drogas e mudou drastica-

---

[343] Levine, Harry. Small, Deborah Peterson. *Marijuana Arrest Crusade: Racial Bias and Police Policy in New York City 1997-2007*. Nova York: New York Civil Liberties Union, 2008; Golub, Andrew. Johnson, Bruce. Dunlap, Eloise. "The race/ethnicity disparity in misdemeanor marijuana arrests in New York City". *Criminology and Public Policy* 6, n. 1 (2007): p. 131-164; Johnson, Bruce *et al.* "Policing and Social Control of Public Marijuana Use and Selling in New York City". *Law Enforcement Executive Forum* 6, n. 5 (2006): p. 59-89.

mente suas práticas de fiscalização para um modelo de redução de danos. Os resultados, de maneira geral, têm sido bastante favoráveis. O uso de drogas é em larga medida tratado como uma questão de saúde. Os médicos podem prescrever drogas, a posse pessoal não é mais crime e a polícia não está mais investida em tentativas de enfrentar o tráfico no nível do varejo. Há um programa de troca de seringas e às pessoas viciadas em opioides são oferecidas substâncias substitutivas, como a metadona. Estudos identificaram reduções significativas no vício em heroína, nas overdoses e na transmissão de doenças desde a implementação dessas medidas.[344] No ano de 1999, Portugal era o país da União Europeia que registrava o mais alto índice de infecção por HIV entre usuários de drogas injetáveis; em 2009, o número de novos casos entre usuários de drogas havia caído consideravelmente. Há certo indicativo de ter havido um pequeno aumento nos índices de uso de drogas durante a vida toda, mas esse novo dado pode também ser explicado como resultado de uma maior sinceridade nas declarações às pesquisas, visto que houve uma redução nos estigmas sociais e jurídicos. Ademais, os problemas do uso excessivo do encarceramento, da corrupção das polícias, e do assédio dos viciados declinaram. O que permanece, contudo, é a importação ilegal de drogas, que por sua vez está vinculada ao crime organizado. A polícia continua empenhada em impedir esse tipo de atividade, apreendendo grandes quantidades de drogas, o que dá margem para a corrupção policial.

---

[344] Greenwald, Glenn. *Drug Decriminalization in Portugal: Lessons for Creating Fair and Successful Drug Policies*. Washington, D.C.: Cato Institute, 2009.

Alternativas

O uso da polícia para travar uma guerra às drogas tem sido um pesadelo completo. Além de não ter conseguido reduzir o uso de drogas e os malefícios dele decorrentes, a polícia efetivamente aprofundou esses efeitos deletérios e destruiu a vida de milhões de estadunidenses por meio de uma política despropositada de criminalização. Em última análise, precisamos criar programas robustos de saúde pública e estratégias abrangentes de desenvolvimento econômico a fim de reduzir a demanda e ajudar as pessoas a resolverem seus problemas com drogas de maneiras que reduzam seus efeitos nocivos – sem perder de vista que a maior parte dos usuários de drogas não é viciada. Também precisamos entender as dinâmicas econômicas que estão por trás dos mercados clandestinos, e a miséria social e econômica responsável pelos padrões mais deletérios de uso de drogas. A adoção de estratégias de redução de danos, saúde pública e legalização, acompanhada do desenvolvimento econômico robusto de comunidades pobres, pode reduzir dramaticamente o impacto negativo das drogas na sociedade sem recorrer a policiais, juizados e prisões.

Redução de danos

Uma das estratégias mais conhecidas de redução de danos é a troca de seringas. Esses programas permitem que as pessoas que consomem drogas por via intravenosa entreguem seringas usadas e as troquem por seringas limpas. Essa provou ser uma estratégia incrivelmente bem-sucedida no que diz respeito a reduzir a transmissão de doenças. Quando há escassez de seringas, as pessoas as compartilham, o que aumenta o risco de transmissão de HIV, hepatite C e de outras infecções graves. Os argumentos de que os programas de troca de seringas promoveriam um aumento nos usuários carecem de qualquer fundamento factual. Quem for viciado em heroína não vai parar de consumir a droga da noite para o dia porque não consegue seringas, da mesma maneira que a simples disponibilidade de seringas não vai estimular quem não é usuário a começar a injetar drogas. Trata-se de argumentos espúrios e de um absolutismo moral completamente apartado da realidade.

Outra estratégia de redução de danos é a injeção supervisionada. Aqui é oferecido aos drogaditos um local para injetar drogas sob supervisão de uma equipe médica preparada para, caso necessário, rapidamente administrar tratamentos como a naloxona, que pode salvar vidas. Essas instalações também podem ajudar as pessoas a obter acesso a tratamento para condições médicas existentes, bem como para dependência química, e reduzir a presença de seringas descartadas em locais públicos. Vários países europeus e o Canadá contam com centros como esses, e iniciativas semelhantes estão sendo aventadas em várias partes dos Estados Unidos.[345]

O oferecimento de tratamento clínico sob demanda é outra abordagem possível. Atualmente, a maioria dos usuários de drogas enfrenta longas esperas para conseguir uma internação para tratamento para drogas supervisionado por um médico. Espera-se que eles lidem com seus problemas de dependência química por conta própria por semanas, meses ou até anos depois de solicitarem ajuda. Muitas vezes, os usuários já não estão mais interessados no tratamento quando ele se torna disponível ou morrem nesse meio-tempo. Oferecer tratamento imediato

---

[345] Drug Policy Alliance, *Supervised Injection Facilities*. Nova York: Drug Policy Alliance, 2016.

quando as pessoas estiverem dispostas a passar por ele reduziria o fardo do vício em drogas sobre famílias e comunidades.

Por fim, é importante olhar para a educação pública e a comunicação em saúde pública. Infelizmente, a maior parte dos esforços de educação pública ocorre sob uma perspectiva punitiva e moralizante. O programa mais popular, o DARE, é tocado pela polícia e nunca demonstrou ter qualquer efeito positivo nas taxas de uso de drogas entre os jovens. Os programas mais novos geralmente têm fins lucrativos e dependem fortemente de regimes de exames toxicológicos nos quais eles ou outros têm algum interesse financeiro. A comunicação de saúde pública deve reconhecer o apelo óbvio e generalizado que as drogas têm para os jovens e se dedicar a explicar os riscos reais de seu consumo. Mandar os jovens "apenas dizerem não" às drogas não funciona. Muitos vão experimentar e até mesmo usar drogas com regularidade; o esforço deve ser tornar esse uso o mais seguro e temporário possível. Empurrá-los às sombras propicia comportamentos mais arriscados, isola-os de ajuda e os enreda em um sistema de justiça criminal que só os aterrorizará, estigmatizará e demonizará.

Legalização

A legalização e a regulamentação podem assumir diversas formas; os benefícios incluem eliminar perigosos mercados clandestinos, oferecer drogas mais puras e seguras àqueles que as usam e recolher impostos que podem ser usados para fortalecer comunidades e indivíduos a fim de reduzir a demanda por drogas e empregos no mercado ilegal.

Os Estados Unidos começaram a experimentar a legalização da maconha e os resultados obtidos até agora parecem promissores. O Colorado implementou seu sistema sem com isso provocar um colapso da civilização. O crime não tomou conta do estado e os índices de consumo parecem praticamente inalterados. As polícias municipais de cidades como Denver registram forte apoio aos resultados obtidos até agora. Mesmo pequenos aumentos na criminalidade ou no consumo ainda seriam um preço pequeno para acabar com a proibição. O mais provável é que esses seriam reflexos de remanejamento próprios de um período de transição, e não indícios de uma trajetória de longo prazo. Também vale notar que os benefícios da legalização da maconha podem, na verdade, ser muito menores do que os benefícios da legalização de outras drogas, uma vez que o uso da maconha apresenta pouquíssimos riscos à saúde.

Há muitos métodos possíveis de legalização. Um deles é seguir o exemplo do próprio Colorado, onde o porte para uso pessoal e até mesmo o compartilhamento de pequenas quantias são legais, ao passo que o comércio é regulamentado e tributado. Isso poderia ser ampliado para todas as drogas, com controles de pureza e restrições à venda para menores de idade. Uma forma menos regulamentada de legalização pode ser aquela em que as pessoas podem comprar drogas em um mercado aberto e não regulamentado ou consultar um médico que poderia receitar uma determinada quantia de doses de manutenção, o que seria especialmente importante para usuários de opioides. Qualquer sistema, contudo, teria de acomodar o uso recreativo que implica riscos médicos. Sim, seria permitido comprar cocaína ou ecstasy em uma sexta-feira à noite antes de sair para uma festa ou boate. E, sim, algumas pessoas podem vir a sofrer consequências negativas por isso, assim como ocorre atualmente com o consumo de álcool e tabaco. A realidade é que o sistema atualmente em vigor praticamente não faz nada de positivo em relação a esses danos.

Haverá uma preocupação com gente se drogando publicamente, comportando-se de maneira desordeira e dirigindo sob o efeito de drogas. Isso tudo pode implicar danos reais, e a polícia dispõe de ferramentas para coibir esse tipo de comportamento. Porém, como aponta Michael Reznicek, a legalização abre a porta para a possibilidade de reafirmar controles sociais informais sobre os comportamentos problemáticos.[346] Ao retirar o uso de drogas das sombras, famílias, amigos e outras pessoas estarão em uma posição mais forte para definir limites para o comportamento dos usuários. Normas sociais são sempre mais poderosas e eficazes do que normas punitivas formais. Veja os índices de abuso de álcool e de comportamentos problemáticos ao seu consumo em lugares como a Itália e a França. O consumo de álcool em público é generalizado e quase totalmente desregulamentado, mesmo para menores de idade, mas praticamente não há problemas de intoxicação pública e alcoolismo.

Desenvolvimento econômico

Muitas das pessoas envolvidas na indústria de drogas, no fundo, não têm um problema com drogas; têm, isso sim, um problema de falta de emprego. Muitas outras têm problemas com drogas que decorrem diretamente das condições econômicas que enfrentam. Não existe forma de reduzir o uso generalizado de drogas que não passe por lidar com a profunda desigualdade econômica e o sentimento cada vez maior de desesperança.

Os bairros afro-estadunidenses e latinos sofreram declínios devastadores nos seus índices de emprego e bem-estar econômico geral. Praticamente não há empregos disponíveis no setor pri-

---

[346] Reznicek, Michael. *Blowing Smoke: Rethinking the War on Drugs without Prohibition and Rehab*. Lanham, MD: Rowman & Littlefield, 2012.

vado, e os poucos que restam são mal remunerados e de caráter precário, oferecendo poucas chances de progresso. Ao mesmo tempo, a austeridade minou a empregabilidade do setor público e os programas sociais, que ainda representavam os poucos caminhos remanescentes para garantir a estabilidade nessas comunidades. O poder de compra também diminui à medida que os contratos de trabalho não acompanham a inflação.

As áreas rurais brancas ainda estão sob considerável sufoco. Aqui também os padrões de vida estão em franca decadência à medida que os postos de trabalho na indústria vão sendo mecanizados ou transferidos para o exterior e os salários e programas sociais vão minguando ou entram em estagnação. Infelizmente, por muito tempo, a única ajuda econômica que muitas pessoas nessas áreas poderiam esperar era a abertura de uma nova prisão. Mesmo quando aparece algum posto de trabalho no setor privado, o mais comum é que seja um emprego mal remunerado e não sindicalizado, muitas vezes com condições de trabalho insalubres e degradantes. Esse cenário ajudou a impulsionar um aumento do uso e do tráfico de metanfetaminas. Pesquisadores como William Garriott revelaram que o uso e o tráfico dessa substância estão concentrados na população desempregada e subempregada, em especial, a que trabalha em empregos sujos, perigosos e repetitivos, com baixa remuneração e péssimas condições de trabalho.[347] Práticas de repressão rigorosa, tratamento forçado e campanhas de educação pública centradas na polícia se mostraram um fracasso total porque não enfrentam as condições econômicas subjacentes das pessoas. Enquanto não fizermos algo a respeito da pobreza rural arraigada, essa tendência continuará presente. O desemprego e a falta de perspectiva fa-

---

[347] Garriott, William Campbell. *Policing Methamphetamine*, *op. cit.*

zem com que as pessoas recorram a mercados clandestinos, que acabam sendo o último recurso em termos de trabalho.

Precisamos investir no desenvolvimento do capital humano das pessoas nessas regiões e oferecer empregos dignos e dotados de sentido, ajudando no desenvolvimento de infraestruturas e na melhoria do entorno como um todo. Também precisamos examinar com bastante seriedade o que as multinacionais do agronegócio fizeram com a paisagem rural, em especial no que diz respeito à degradação da qualidade da nossa comida, da qualidade de vida da população rural e do ambiente natural.

Grupos como o Black Youth Project 100, de Chicago, têm trabalhado para desenvolver estratégias econômicas para melhorar o bem-estar financeiro das comunidades pobres não-brancas, de forma que elas não dependam mais de mercados clandestinos. Eles exigem mais contratações no setor público, salário-mínimo digno e serviços reais de assistência social, especialmente para crianças e famílias. A questão das políticas de reparação também deve figurar nesta conversa. Como aponta Ta-Nehisi Coates, a história da geração de riqueza nos Estados Unidos é uma história da exploração da população negra – da escravidão até o presente.[348] Nenhuma verdadeira tentativa de se haver com a desigualdade pode ignorar esse passado. Alguns dos recursos para superar esse legado poderiam vir dos bilhões de dólares que hoje gastamos na guerra às drogas e dos impostos que poderíamos passar a arrecadar com a legalização.

---

348 Coates, Ta-Nehisi. "The Case for Reparations". *Atlantic*, jun. 2014.

8. Combate às gangues

Em seu livro *Gang Cop*, Malcolm Klein narra a história do "agente Paco Domingo", uma mistura de dezenas de policiais de combate às gangues. O agente Paco entende as gangues em seu perímetro de atuação como uma grave fonte de criminalidade e tenta controlá-las por meio de interações agressivas e punitivas, que muitas vezes vão além do que é permitido por lei. Em uma interação típica, ele aborda um grupo de adolescentes reunidos em uma esquina e os submete a uma revista, mesmo sem qualquer causa provável ou motivo razoável para suspeitar deles. Ele os questiona sobre o que estão fazendo ali e dá ordem para que dispersem. Às vezes ele os algema, os manda deitar no chão e desviar o olhar. Seu objetivo nesses casos não é fazer valer a lei; é exercer controle e humilhação. Policiais de combate a gangues como o agente Paco acreditam que é a intimidação que dissuade os jovens de se envolverem nesse tipo de atividade. A dinâmica entre as gangues de rua e a polícia se parece muito com uma guerra entre gangues rivais, com cada lado valendo-se de terror crescente para tentar mostrar quem pode mais.

Depois de um relativo período de calmaria na década de 1970, as gangues tornaram-se maiores, mais numerosas e mais amplamente distribuídas pelos Estados Unidos. Enquanto Los Angeles e Chicago permanecem exceções no que diz respeito à intensidade e à extensão do fenômeno das gangues, outras cidades vêm ganhando cada vez mais terreno, dando origem a uma ampla variedade de estratégias policiais de repressão em nível municipal, estadual e nacional. Centenas de cidades e muitos estados agora contam com unidades policiais especialmente dedicadas à questão das gangues, concentrando-se na coleta de informações e policiamento intensivo. Muitos estados também acrescentaram novas penalidades legais que contribuem para o encarceramento em massa. Apesar desses esforços, as gangues permanecem vivas e ativas, renovando continuamente seus quadros de integrantes. Enquanto a maior parte dos crimes cometidos por membros ativos de gangues envolve tráfico de drogas no varejo e crimes contra a propriedade, a violência desempenha um papel importante na coesão das identidades das gangues e boa parte desse comportamento destrutivo gira em torno de disputas territoriais.

As unidades policiais especializadas em gangues surgiram como uma tendência nacional na década de 1980. Em 1999, metade de todos os departamentos de polícia que dispunham de um contingente de ao menos cem agentes já contava com unidades dessas. Em 2003, estimava-se que havia cerca de 360 unidades desse tipo, a grande maioria estava em vigor há menos de dez anos.[349] Em nível nacional, o FBI estabeleceu 160 forças-tarefa do tipo Violent Gang Safe Streets [Ruas Livres de Gangues Violentas], compostas por quase mil policiais federais.[350]

As unidades de combate a gangues tendem a assumir duas funções principais: coleta de informações de inteligência e repressão nas ruas. Algumas unidades até se dedicam em grande parte a um trabalho de investigação, repassando informações sobre atividades de gangues para os agentes responsáveis pelo

349 Katz, Charles. Webb, Vincent. "Police Response to Gangs: A Multi-Site Study". Washington, DC: National Institute of Justice, 2004.

350 Federal Bureau of Investigation. "Violent Gang Task Forces", [s.d.].

patrulhamento e para outras divisões policiais, como a de narcóticos. A maioria, no entanto, está diretamente envolvida em práticas repressivas. Entre as táticas empregadas, há tanto investigações de longo e curto prazo quanto patrulhamentos aleatórios. Elas assediam constantemente membros de gangues nas ruas e em suas casas, e sempre que possível procuram prendê-los.

Essas unidades de combate a gangues tendem a se tornar isoladas e insulares. Sua função especializada e seu caráter investigativo lhes conferem um ar de sigilo e perícia que elas procuram cultivar a fim de reduzir a supervisão e fiscalização externas, bem como qualquer forma de responsabilização. Além disso, muitas vezes desenvolve-se uma forte lealdade de grupo, semelhante à observada nas equipes da SWAT, em que a experiência, o treinamento e o aspecto especializado do trabalho contribuem para alimentar uma atitude de "nós contra o mundo". Os policiais muitas vezes passam a acreditar que são os únicos que entendem a verdadeira natureza do problema e a necessidade de uma mão mais pesada na hora de lidar com jovens que desafiam abertamente sua autoridade. Eles enxergam as autoridades policiais que defendem modelos de policiamento comunitário e medidas preventivas como bundões engravatados que estão entregando os bairros nas mãos dos bandidos e ridicularizam as estratégias não policiais como iniciativas ingênuas de passar a mão na cabeça de criminosos linha-dura.[351] Além disso, essas unidades muitas vezes desempenham um papel na perpetuação da política da supressão de gangues. Como parte de um esforço para garantir a continuidade de seu próprio financiamento, os policiais que integram essas unidades passam uma boa parte de seu tempo indo palestrar em associações comunitárias a respeito da ameaça

[351] Klein, Malcolm. *Gang Cop: The Words and Ways of Officer Paco Domingo*. Lanham, MD: AltaMira Press, 2003.

representada pelas gangues e sobre a importância de haver mais investimento no combate a esse tipo de atividade. Essas comunicações tendem a ser unilaterais; essas unidades raramente acatam sugestões e reivindicações das comunidades sobre onde e como realizar suas atividades. Em vez disso, geralmente é parte de um esforço interesseiro para garantir mais recursos e alimentar o pânico moral em torno da violência juvenil e das gangues, além de canalizar ao aprofundamento do policiamento agressivo todo o conjunto de preocupações e questões relacionadas.

Há uma série de equívocos de compreensão sobre a natureza das gangues, que passaram a desempenhar um papel importante na maneira como a polícia lida com elas. As estratégias que buscam "erradicar" as gangues muitas vezes deixam de considerar exatamente quem são os alvos desse tipo de ação e qual o efeito gerado sobre essas pessoas e a comunidade. Os policiais costumam usar uma linguagem que desumaniza os integrantes de gangues, como um capitão do Departamento de Xerife de Los Angeles que chegou a afirmar: "Todo mundo pergunta: 'O que vamos fazer sobre o problema das gangues?' Ora, é a mesma coisa que se faz com baratas e insetos; você arranja alguém para ir lá fazer qualquer coisa que for possível para se livrar daquelas criaturas".[352] Esse tipo de linguagem abre a porta para abusos de direitos civis e direitos humanos, e dificilmente produz reduções de longo prazo na ação das gangues.

Foi exatamente isso que aconteceu em Los Angeles. Durante anos, o LAPD adotou uma série de medidas de supressão pensadas para erradicar as gangues. Na década de 1970, o departamento desenvolveu unidades especializadas antigangue, inicialmente

---

[352] Garvey, Megan. McGreevy, Patrick. "LA mayor seeks federal aid to combat gangs". *LA Times*, 4 jan. 2007.

conhecidas como TRASH[353] e posteriormente rebatizadas com o nome mais palatável CRASH.[354] Em 1987, após uma série de horríveis assassinatos de gangues, o chefe de polícia Daryl Gates iniciou uma operação massiva de repressão chamada Operation Hammer [Operação Martelo], na qual unidades CRASH, com o apoio de outras equipes, realizaram varreduras em comunidades que tinham gangues, desconsiderando totalmente os procedimentos legais e pouco se importando se quem acabava sendo preso sequer tinha algo a ver com alguma gangue ou mesmo com crime. Em um único fim de semana em abril de 1988, mil policiais fizeram quase 1.500 prisões, sendo que apenas 103 delas renderam alguma acusação criminal. Os policiais invadiram um conjunto habitacional de baixa renda inteiro que eles erroneamente acreditaram ser um epicentro de tráfico de drogas relacionado a gangues. Depois de não conseguirem encontrar nenhuma gangue ou droga de fato, os policiais quebraram paredes, destruíram móveis e pertences pessoais, e picharam mensagens ameaçadoras como "Viva o LAPD" e "Morte aos Rollin' 30s"[355] nas paredes. Dezenas de pessoas foram presas, humilhadas e tiveram seus pertences destruídos, mas ninguém jamais chegou a ser condenado por qualquer crime.

Em 1990, o número de pessoas presas nessas varreduras já estava na casa dos 50 mil. O atual chefe de polícia do LAPD, Charlie Beck, reflete que essas varreduras "minaram a autorida-

[353] N.E.: no original Total Resources Against Street Hoodlums [Recursos Totais contra Bandidos de Rua].

[354] N.E.: no original Community Resources Against Street Hoodlums [Recursos Comunitários contra Bandidos de Rua].

[355] N.T.: Rollin' 30s é o nome de uma gangue de Los Angeles fundada no fim da década de 1960, composta principalmente por afro-estadunidenses e belizeano-estadunidenses.

de moral da polícia".[356] As pessoas que participavam de gangues podem de fato ter representado uma fonte de problemas para essas comunidades, mas elas não deixavam de fazer parte delas. Elas tinham mães, primos, tios e amigos que viam as varreduras como ações arbitrárias, abusivas e desproporcionais realizadas por um exército de ocupação. Muitos se tornaram mais simpáticos às gangues e aos jovens que sofriam na pele o impacto desse tipo de ação policial repressiva. Ao mesmo tempo, os índices de criminalidade continuaram subindo – assim como os processos de uso excessivo da força movidos contra a polícia. No fim da década de 1990, as unidades CRASH haviam se tornado insulares, brutais e não passíveis de responsabilização. O Escândalo Rampart,[357] de 1999, revelou todo um padrão de corrupção e criminalidade. Dezenas de policiais foram acusados de realizar prisões injustificadas, disparos ilegais de suas armas de fogo, espancamentos e até roubo e tráfico de drogas. Em sua obra sobre o LAPD pós-Rodney King, Joe Domanick descreve em detalhes a intensidade dessa corrupção e a total falta de responsabilização dos policiais. O uso excessivo da força era rotineiro; assim como operações de acobertamento. Mortes a tiros e outros incidentes cometidos pela polícia só eram investigados por supervisores internos do próprio CRASH, que muitas vezes acabavam liderando o esforço de fazer com que os eventos parecessem justificados no papel. Em nome de não deixar barato para os bandidos, eram regularmente forjados relatos e relatórios. Foi

---

[356] Domanick, Joe. *Blue: The LAPD and the Battle to Redeem American Policing*. Nova York: Simon and Schuster, 2015, p. 65.

[357] N.E.: o escândalo Rampart envolveu a corrupção policial generalizada na unidade anti-gangues da Community Resources Against Street Hoodlums da Divisão Rampart do Departamento de Polícia de Los Angeles no final dos anos 1990.

nessa atmosfera que Rafael Pérez, entre outros, começou a furtar drogas da sala de evidências da Divisão Rampart do LAPD e revendê-las nas ruas. Quando os investigadores encurralaram Pérez, ele delatou dezenas de outros policiais por envolvimento em assassinatos ilegais, acobertamentos, roubos e tráfico de drogas. Centenas de condenações anteriores tiveram de ser anuladas; muitos policiais sofreram sanções disciplinares ou foram forçados a se aposentar; alguns chegaram a ser presos; foram pagos milhões de dólares em indenizações.[358]

Embora os policiais tenham certos conhecimentos úteis decorrentes de sua experiência em primeira mão, eles também estão sujeitos às pressões de políticos e do público, cujas opiniões, por sua vez, são influenciadas pela cobertura sensacionalista da mídia e por filmes e televisão. O mesmo vale para as comunidades diretamente afetadas, que apesar de terem alguma noção imediata do que ocorre também demonstram uma espantosa dificuldade de identificar exatamente onde as gangues operam e em discerni-las da juventude em geral, e tendem a apresentar opiniões distorcidas por acontecimentos extremos, que muitas vezes acabam associados a qualquer grupo de jovens reunidos em locais públicos. Um grupo de jovens do ensino fundamental II que anda por aí pichando as ruas pode vir a ser considerado um fator de perigo, mesmo que suas práticas raramente passem de vandalismo e talvez pequenos furtos de materiais e suprimentos em comércios. Por mais que as gangues mais organizadas geralmente usem certos símbolos ou estilos de roupas, não é qualquer um que sabe identificá-los com precisão. Muitos crimes violentos e de propriedade são cometidos por jovens, e boa parte deles ocorre em comunidades pobres, especialmente

---

358 *Ibid.*

negras e latinas; é muito mais raro que jovens mais ricos sejam pegos, e, mesmo quando isso ocorre, o mais provável é que a questão seja resolvida informalmente ou de maneira leniente.[359]

A polícia tende a classificar boa parte da criminalidade juvenil que ocorre no interior de bairros de gangue como atividade relacionada a gangues. Os policiais também tendem a considerar as gangues como entidades altamente organizadas, comandadas por uma liderança central, situadas no cerne dos mercados locais de drogas e compostas por criminosos linha-dura.[360] É essa imagem que pauta suas diretrizes de supressão, que foram reforçadas pelo crescimento dos bancos de dados de gangues, endurecimento de sentenças e outros dispositivos jurídicos como medidas cautelares para gangues.

Mesmo nas comunidades com maior concentração de gangues, apenas 10% a 15% dos jovens integram alguma gangue; as pesquisas revelam com bastante consistência que na maior parte dos casos esse envolvimento é de curto prazo, durando em média apenas um ano. Por mais que alguns acabem se envolvendo e se identificando de maneira mais intensa com suas gangues, muitos outros têm uma conexão mais frouxa com elas, entrando e saindo conforme as circunstâncias da vida. A saída de uma gangue dificilmente acarreta consequências graves. O nascimento de um filho ou o surgimento de um novo emprego geralmente são justificativas suficientes para sair das ruas.[361]

Os esforços de supressão concentram-se principalmente em integrantes mais consolidados, dos quais a polícia tem conhe-

---

359 Reiman, Jeffrey. *The Rich Get Richer and the Poor Get Prison: Ideology, Class, and Criminal Justice*. Boston: Pearson, 2007; Chambliss, William. "The Saints and the Roughnecks". *Society* 11, n. 1 (1973): p. 24-31.

360 Klein, *Gang Cop*, *op. cit*.

361 *Ibid*.

cimento. A polícia presume que esses membros desempenham um papel fundamental de liderança na promoção e na condução de atividades ilegais, ao passo que os membros mais jovens exercem funções de apoio. Acredita que se livrar dos líderes atrapalhará e desestabilizará a gangue, fazendo com que ela se dissipe ou pelo menos seja menos violenta. A realidade é que para cada "mandachuva" ou "chefão" que for preso, há uma série de outros prontos para tomar seu lugar. Essa ideia toda de que haveria um ou dois líderes conduzindo o conjunto da atividade das gangues é já um desconhecimento do próprio caráter horizontal das gangues, que contam com muitas pessoas desempenhando papéis de liderança que se sobrepõem e se alteram conforme o momento e a circunstância. Outro elemento igualmente importante é que boa parte da violência cometida por gangues é realizada por membros mais jovens buscando provar seu valor – pessoas, portanto, que não tiveram contato anterior com a polícia, não constam nos bancos de dados das gangues, nem estão no radar dos policiais.[362]

A ideia de que a prisão e o encarceramento quebrarão o ciclo de violência e criminalidade é outro equívoco central. A premissa fundamental é de que os jovens se sentirão intimidados pela ameaça de prisão e encarceramento, ou então que retirá-los das ruas reduzirá o número de jovens ativos em gangues e outras atividades ilegais. Há pouquíssimas evidências que sustentam essas ideias. Os jovens parecem em larga medida imunes a esse efeito dissuasor. Quem é menor de idade raramente faz esse tipo de cálculo racional de custo-benefício. Em vez disso, a tendência é de que esses jovens tomem decisões impulsivas, pensem em horizontes de tempo muito curtos e acreditem que não serão pegos.

---

362 *Ibid.*

Muitos relatam que já não esperam ter uma vida muito longa e se concentram em conquistar respeito e aceitação social nas ruas, em vez de considerar o impacto das prisões e encarceramento em seu futuro. Também há quem diga que, para alguns, apesar da ameaça de punição, o próprio ingresso em uma gangue configura uma decisão "racional" em circunstâncias nas quais são escassas as oportunidades econômicas legítimas e há necessidade de garantir proteção na vizinhança.

As prisões tampouco incapacitam as gangues. Muitas são intergeracionais, e sempre há mais jovens dispostos a assumir os postos de quem rodar. Desestabilizar as dinâmicas existentes de respeito e autoridade pode criar um vácuo de poder que acaba gerando mais crime e violência à medida que as pessoas passam a disputar prestígio. Também há evidências de que ações policiais intensivas de combate às gangues promovem maior coesão interna delas. A ameaça constante de assédio policial torna-se uma experiência compartilhada central da vida das gangues e contribui para um sentimento de "nós contra o mundo", ironicamente espelhando a própria mentalidade policial. As gangues muitas vezes se alimentam de um certo senso de aventura; gabar-se de encontros contundentes com a polícia torna-se um dos aspectos centrais da identidade das gangues. Uma forma de ganhar respeito é enfrentar o assédio policial de maneiras sutis, como ostentar símbolos da gangue ou encarar os policiais quando estiverem passando. Esse uso de bravata como forma de ganhar respeito só funciona se a polícia se mostrar presente como força de oposição.[363]

Além disso, muitos jovens encarcerados por esse processo ficam com uma ficha criminal que os torna menos empregáveis.

---

363 *Ibid.*

Eles geralmente acabam sendo atraídos para atividades de gangues dentro da prisão, que tendem a ser ainda mais violentas do que as gangues de rua. Finalmente, eles são muitas vezes abusados por guardas e outros presos. Tudo isso contribui para o endurecimento de uma identidade criminosa. Uma vez que a maior parte dos encarcerados acaba voltando à suas comunidades em algum momento, apostar nessa abordagem significa praticamente condenar esses jovens e suas comunidades ao fracasso.

Esse processo é visível em lugares como Oakland, na Califórnia, onde os jovens são submetidos a políticas punitivas de liberdade condicional e liberdade assistida, policiamento e disciplina escolar. Aonde quer que forem, são perseguidos por agentes do governo, que os tratam como se já fossem criminosos de antemão. O efeito disso é o que o sociólogo Victor Rios chama de "complexo de controle da juventude", que mina as chances de vida dos jovens ao empurrá-los ao fracasso econômico e social e à criminalidade e encarceramento de longo prazo.[364]

Muitas cidades dobraram a aposta e passaram a desenvolver novas ferramentas de punição e combate, como forças-tarefa envolvendo múltiplos órgãos policiais, endurecimento das sentenças para gangues e medidas cautelares para gangues. O centro dessas inovações é a Califórnia, que conta com extensa atividade de gangues e se encontra no cerne da política e das medidas de encarceramento em massa nos últimos trinta anos.

O projeto Jurisdições Unidas para a Repressão às Gangues de Drogas (JUDGE), de San Diego, tinha como alvo integrantes de gangues que se acreditava estarem envolvidas com tráfico de drogas. Eles monitoraram intensamente as pessoas que já tinham passagem por drogas e acabaram prendendo mais de 80% delas

---

[364] Rios, Victor. *Punished: Policing the Lives of Black and Latino Boys*. Nova York: NYU Press, 2011.

em um período de dois anos. Noventa e sete por cento dos presos eram negros ou latinos. Grande parte das ações foi baseada em violações de liberdade condicional; quase metade das pessoas em questão passou seis meses ou mais na prisão ou em reformatórios. Quatro anos após o término do programa, dois terços das pessoas haviam sido presas novamente, geralmente várias vezes. Os avaliadores do programa leram o alto índice de reincidência como um claro indicador de fracasso e chegaram a dizer que ele pode ter sido mais prejudicial do que benéfico, e que o encarceramento tem mais probabilidade de levar a ainda mais transgressões se comparado a iniciativas que envolvem tratamentos de drogas, maior acesso à educação e empregos dignos.[365]

As forças-tarefa envolvendo múltiplas instâncias policiais, nas quais agentes municipais e federais trabalham em conjunto para desenvolver grandes casos contra gangues, produziram resultados igualmente pífios. Em casos de drogas, isso envolve realizar operações de compra e apreensão no varejo para compor um quadro de informantes, que então fornecem informações a respeito dos traficantes. Vai-se então atrás desses traficantes, e quem for pego é pressionado a fornecer evidências contra os demais integrantes da gangue. O fato de haver laços fortes de lealdade significa que muitas vezes as pessoas se recusam a cooperar ou então entregam nomes de pessoas fora de seu grupo. Essas investigações raramente avançam para as camadas superiores da cadeia de distribuição de drogas; elas geralmente nem arranham a disponibilidade de drogas ou a coesão interna e a atuação das gangues locais. Susan Phillips

365 Pennell, Susan. Melton, Roni. "Evaluation of a Task Force Approach to Gangs", Responding to Gangs: Evaluation and Research. Washington, DC: United States Department of Justice, National Institute of Justice, 2002.

ressalta que encarcerar chefes de família desestabiliza ainda mais as famílias e as comunidades.[366]

Os estados de Nevada e Califórnia desenvolveram endurecimentos penais que acrescentam muitos anos de prisão a sentenças baseadas em definições frouxas de participação em gangues. Qualquer um que a polícia quiser afirmar que faz parte de uma gangue pode acabar com mais uma década de reclusão acrescida à sua sentença. Nenhum desses dois estados registrou uma redução na atuação das gangues; os endurecimentos provocaram uma superlotação das prisões estaduais sem fornecer qualquer alívio significativo aos jovens ou suas comunidades.

Os bancos de dados das gangues configuram outra área problemática de intervenção. A Califórnia tem um banco de dados que abarca todo o estado, repleto de nomes de centenas de milhares de jovens, a grande maioria dos quais é negro ou latino. Os policiais podem inserir nomes à vontade, com base em associações, roupas ou mesmo intuição. Há pouquíssimas maneiras de remover seu nome da lista; muitas pessoas nem sabem se constam ou não nela. Em alguns bairros, a inclusão na lista é quase a norma para os jovens. A polícia e os tribunais usam a lista para dar às pessoas sentenças mais duras, ficar no pé delas por violações de liberdade condicional ou mesmo circunscrever bairros inteiros para entrar com policiamento expandido e intensificado. A Youth Justice Coalition (YJC) em Los Angeles documentou casos em que as informações no banco de dados foram compartilhadas com empregadores e locadores, apesar dos requisitos legais de que o banco de dados não seja acessível publicamente.[367]

---

366 Phillips, Susan. *Operation Fly Trap: L.A. Gangs, Drugs, and the Law*. Chicago: University of Chicago Press, 2012.

367 Muñiz, Ana. McGill, Kim. *Tracked and Trapped: Youth of Color,*

Essas bases de dados tornaram possível outra nova ferramenta: a medida cautelar de gangues. São procedimentos civis movidos pelas autoridades locais para tentar acabar com atividades relacionadas a gangues em larga escala. Em vez de se voltar para indivíduos para processos criminais, eles criminalizam a participação em gangues, ou mesmo a simples associação com gangues. A medida cautelar de San Jose proíbe "ficar ao lado, se sentar, caminhar, dirigir, se reunir ou aparecer em qualquer lugar à vista do público" com alguém suspeito de ser membro de uma gangue. Algumas medidas cautelares nomeiam indivíduos específicos; outras se dirigem a determinada gangue e qualquer um que a polícia acredita estar associado a essa gangue já é contemplado, mesmo sem notificação prévia. Quem viola a medida cautelar fica sujeito a sofrer um processo criminal por desacato ao tribunal, que é uma contravenção punível com até seis meses de prisão. Em 2011, a cidade de Los Angeles havia apresentado 44 medidas cautelares contra 72 gangues. As pessoas podem ser penalizadas por se associarem com familiares e amigos da vida toda – às vezes sem nem perceber. Pessoas que há muito tempo deixaram a vida nas gangues, mas ainda constam em um banco de dados, podem acabar sendo criminalizadas, assim como as pessoas com as quais elas se relacionam. Ana Muñiz argumenta que uma das principais funções dessas medidas cautelares é reforçar as fronteiras raciais, restringindo firmemente os comportamentos e movimentos da juventude negra e parda.[368]

Gang Databases and Gang Injunctions. Los Angeles: Youth Justice Coalition, 2012.

[368] Muñiz, Ana. *Police, Power and the Production of Racial Boundaries*. Brunswick, NJ: Rutgers University Press, 2015.

Até agora, foram feitas poucas avaliações sistemáticas dessas medidas cautelares, e os estudos existentes estão longe de serem conclusivos. No entanto, a maioria não mostra nenhum efeito ou no máximo um muito curto em que, após um ou dois anos, as taxas de criminalidade voltam aos seus níveis anteriores. Em um estudo, a ACLU revelou que a atividade criminal perto de uma medida cautelar em Los Angeles foi meramente dispersa e pode na verdade até ter aumentado.[369] Uma medida cautelar de gangues que tinha como alvo dois bairros em Oakland foi retirada depois que moradores e grupos em defesa de reformas no sistema de justiça criminal, como a Critical Resistance, mostraram que ela não tornava esses bairros mais seguros. Mesmo os próprios policiais locais admitiram que a medida cautelar era ineficaz e minava as relações entre a polícia e a comunidade de forma mais ampla.

Os esforços de supressão de gangues baseados em mídias sociais elevam a um novo patamar a ideia de culpa por associação. A mais notória é a operação Crew Cut em Nova York. Em 2012, o NYPD dobrou o tamanho de sua unidade de combate a gangues para 300 policiais e começou a criar perfis falsos nas redes sociais e usá-los para monitorar as atividades até de jovens de 12 anos suspeitos de terem algum envolvimento no crime. Eles tentam enganar esses jovens para que aceitem solicitações de amizade, muitas vezes criando perfis falsos com fotos de garotas atraentes, a fim de obter acesso a determinadas informações. Os investigadores então se valem desse acesso para mapear quem é amigo de quem a fim de elaborar extensas listas de "ligações conhecidas". Essas ligações, por sua vez, passam a ser designadas

---

[369] Caldwell, Beth. "Criminalizing Day-to-Day Life: A Socio-Legal Critique of Gang Injunctions". *American Journal of Criminal Law* 37, n. 3 (2010): p. 241-290.

como membros de uma determinada gangue ou trupe. A polícia pode então usar leis de conspiração e outras medidas para prender grandes grupos de jovens sob a bandeira de supressão de gangues, sem ter evidências concretas de qualquer comportamento criminoso, apenas uma conexão de mídia social com alguém suspeito de ter cometido um crime violento.

Esta é exatamente a direção errada. A professora de Direito Babe Howell argumenta que a ênfase ampliada da cidade de Nova York na repressão às gangues está sendo impulsionada pela rejeição jurídica e política contra o policiamento pautado por enquadros ostensivos. Para ela, quando a polícia perdeu a capacidade de abordar jovens negros por meio de enquadros nas ruas, ela desenvolveu técnicas novas de policiamento de gangues, igualmente invasivas, só que agora com outro nome. Em ambos os casos, jovens negros e pardos são alvos prioritários de perseguição policial sem justificativa legal adequada por representarem uma "classe perigosa" de grande preocupação para a polícia.[370]

Reformas

As abordagens mais matizadas da questão violência juvenil e de gangue procuram se aproximar dos jovens considerados em situações de alto risco de cair na criminalidade e utilizar serviços de assistência social para tentar tirá-los das ruas. Os dois modelos mais conhecidos são o modelo Spergel e a "dissuasão direcionada". Irving Spergel, da Universidade de Chicago, desenvolveu um modelo abrangente de intervenção para a questão das gangues que recebeu amplo apoio do Office of Juveni-

[370] Howell, K. Babe. "Gang Policing: The Stop-and-Frisk Justification for Profile-Based Policing". *University of Denver Criminal Law Review* 5 (2015): p. 1-31.

le Justice and Delinquency Prevention [Secretaria de Justiça e Prevenção de Delinquência Juvenis].[371] O modelo defende uma mistura robusta de estratégias de supressão com oferecimento de serviços sociais. Em sua forma mais positiva, ele envolve colaboração entre agentes policiais, escolas, assistentes sociais e comunidades locais, com um objetivo de desenvolver as ferramentas mais apropriadas para as condições locais. Alguns planos envolvem fiscalização intensiva de jovens, usando equipes coordenadas de polícia, regimes de liberdade condicional e processos judiciais, ao mesmo tempo que buscam fornecer apoio familiar, capacitação profissional e desenvolvimento de habilidades de socialização.

As iniciativas de "dissuasão direcionada" ou "focada" funcionam da mesma maneira. Desenvolvidas pelo criminologista David Kennedy e implementadas pela primeira vez em Boston em 1996, elas procuram impedir a violência armada por meio de práticas de fiscalização intensiva e direcionada, combinadas com serviços de assistência social e pressão por parte da comunidade interessada em pôr fim à violência. Idealmente, esse modelo começa com um esforço de mobilização comunitária em parceria com a polícia local. O objetivo é transmitir uma mensagem unificada aos jovens de que a violência armada não será mais tolerada. Caso ela ocorra, são mobilizados todos os recursos que a polícia tem à sua disposição para prender o agressor e atrapalhar, de maneira generalizada, a vida nas ruas dos jovens envolvidos no crime (isso se chama policiamento de "acionamento de alavancas" [*pulling levers policing*]). A es-

[371] US Department of Justice, Office of Juvenile Justice and Delinquency Prevention. *Best Practices to Address Community Gang Problems: OJJDP's Comprehensive Gang Model*. Washington, DC: U.S. Department of Justice, Office of Justice Programs, 2010.

perança é de que os jovens optem por evitar a violência e se concentrem na socialização ou em contravenções criminais de pequeno porte, livres do assédio constante por parte da polícia.

Essa estratégia é pensada a partir de evidências de que boa parte dos incidentes envolvendo armas de fogo não têm tanta relação com as drogas, sendo antes operações de vingança "olho por olho" cometidas por facções em conflito. A chave é conseguir quebrar esse ciclo. Para tanto, a polícia desenvolve "listas quentes" de jovens que acredita serem mais propensos a se envolver em crimes violentos, com base em uma série de fatores às vezes secretos, como passagens anteriores pela prisão, envolvimento em orfanatos e até mesmo desempenho escolar. Os jovens são convocados a participar de reuniões com líderes comunitários e a polícia local, que ameaça entrar com vigilância e ação policial intensivas caso a violência armada continue. Essas "convocatórias" são possíveis em parte porque muitos desses jovens estão em liberdade condicional ou assistida devido a delitos anteriores. Geralmente, há um esforço para desenvolver alguns serviços de assistência social como forma de oferecer oportunidades de educação e emprego.[372] Em Nova York, sob regime da Operation Ceasefire [Operação Cessar-fogo], se ocorrer algum incidente violento depois de uma convocatória, a população inteira de jovens passa a ser alvo de processos jurídicos agressivos mediante qualquer detenção, mesmo que não tenham participado da reunião nem tenham conhecimento algum da iniciativa.

Esses modelos são muito semelhantes e dependem principalmente de esforços intensivos e punitivos de ação policial.

---

[372] Kennedy, David. "Pulling levers: Chronic offenders, high-crime settings, and a theory of prevention". *Valparaiso University Law Review* 31, n. 2 (1996): p. 449-484.

Por mais que a dissuasão direcionada tenha um foco maior no problema da violência armada, ambos os modelos dependem fortemente dos esforços tradicionais de supressão de gangues como investigações, prisões e processos jurídicos intensificados. Os serviços de assistência social disponibilizados tendem a ser muito limitados, oferecendo algumas oportunidades de aconselhamento e recreação, mas raramente de fato fornecendo acesso a empregos ou programas educacionais avançados. O ensino de habilidades de vida e socialização não contribui em nada para de fato criar oportunidades para as pessoas, reforçando, em vez disso, um *ethos* de "responsabilidade pessoal" que acaba culpabilizando as próprias vítimas de comunidades pobres, pouco contempladas pelo poder público, segregadas e perigosas pela sua situação de desemprego e fracasso educacional.

As pesquisas realizadas sobre esses programas até chegam a mostrar alguns declínios significativos na criminalidade, que podem durar anos em alguns casos. No geral, porém, os resultados são muito limitados. A maioria das reduções é pequena, só ocorre em determinadas categorias de criminalidade e dura pouco. Eles também seguem reforçando uma mentalidade punitiva no que diz respeito à forma de lidar com a juventude, em sua maioria não-branca, de comunidades com elevados índices de criminalidade. É certamente verdade que a criminalidade violenta está fortemente concentrada em um conjunto relativamente pequeno de jovens em bairros específicos. Faz muito mais sentido se concentrar neles em vez de ficar abordando e enquadrando pedestres de maneira indiscriminada, ou prender centenas de milhares de jovens que ou nada fizeram de errado ou não cometeram mais do que pequenos delitos. Apesar do que diz a teoria das janelas quebradas, realmente não há conexão forte entre os dois grupos.

A estratégia de delimitação de alvos é problemática porque a polícia parece não entender o caráter muitas vezes amorfo da participação em gangues, e o fato de que a pessoa cometeu algum delito anterior não significa necessariamente que ela tem um compromisso forte e de longo prazo com o crime. Também se trata de uma profunda invasão de privacidade: as pessoas são submetidas a vigilância policial intensiva com base em um suposto fator de risco, e não em algum comportamento específico propriamente criminoso ou mesmo suspeito. Esse "policiamento preditivo" é apenas outra perfilamento de jovens negros. A maioria dos jovens que se envolvem em crimes graves já vive em circunstâncias adversas e perigosas. Eles temem outros jovens, familiares abusivos e a perspectiva de um futuro de desemprego e pobreza. Suas vidas já têm ameaças e punições demais. O que eles precisam é de estabilidade, orientação positiva e caminhos reais para conseguir sair da pobreza. Isso requer um compromisso de longo prazo com seu bem-estar, não um encaminhamento via telefone e visitas domiciliares das mesmas pessoas que prendem e perseguem eles e seus amigos nas ruas. Bill Bratton, em seu primeiro mandato como comissário de polícia do NYPD, destacou que os policiais não são assistentes sociais: não são treinados para isso, tampouco estão preparados para tanto, e esse não é o seu papel. O que leva a crer que eles seriam adequados para assumir funções de mentoria desses jovens ou agir como mediadores de ensino de habilidades para a vida? Não é o caso.

Além disso, a teoria da dissuasão raramente se aplica aos jovens em questão. Conforme observado, eles são movidos por emoções, impulsividade e considerações de curto prazo, e não por avaliações de risco de longo prazo cuidadosamente calculadas. A violência praticada por jovens desse grupo é geralmente motivada por medo, raiva e humilhação, e não por cálculos de ganho material.[373] Ameaças, intimidação e encarceramento simplesmente intensificam esses sentimentos de baixa autoestima e, sim, humilhação. No fim das contas, a dissuasão direcionada é no fundo uma continuação das práticas punitivas já em vigor.

Alguns policiais que passaram anos usando métodos punitivos estão começando a questioná-los e a buscar alternativas. Joe Domanick narra como esse processo vem acontecendo em Los Angeles. O atual chefe do LAPD, Charlie Beck, por exemplo, passou a defender uma abordagem mais centrada na comunidade. Beck foi um participante ativo da Operation Hammer [Operação Martelo],[374] de Daryl Gates, mas começou a perceber que sem o apoio da comunidade não seria possível obter resultados muito duradouros. Ele começou a se aproximar de organizações e jovens que já estavam nas ruas tentando reduzir a violência como "grupos de intervenção" sobre a questão das gangues. No passado, o LAPD tinha encarado esses grupos com suspeita ou mesmo repulsa. Muitos deles são compostos por ex-membros de gangues que passaram algum tempo na prisão. Os policiais os consideravam ainda muito ligados à rua e muito críticos à polícia. Beck passou a entender que esse era exatamente o forte desses grupos. Ele os convocou a participar de discussões pela primeira vez. O resultado mais concreto foi o apoio da polícia ao papel de interruptores da violência.[375]

No fim, porém, essa aproximação tinha como finalidade principalmente garantir o apoio da comunidade para ações po-

---

[373] Katz, Jack. *The Seductions of Crime: Moral and Sensual Attractions in Doing Evil.* Nova York: Basic Books, 1988.

[374] N.E.: a Operação Martelo foi uma tentativa em grande escala de reprimir a violência das gangues em Los Angeles, Califórnia.

[375] Domanick. *Blue, op. cit.*

liciais mais matizadas, mas ainda assim primordialmente punitivas. O resultado ainda era um sistema disfuncional de ação policial e programas de juventude em larga medida desarticulados. Defensores da iniciativa, como Connie Rice da Advancement Project, tinham ciência disso, mas não conseguiram fazer com que a câmara municipal realinhasse sua ênfase, apesar de ter compilado um extenso relatório, *A Call to Action: The Case for a Comprehensive Solution to L.A.'s Gang Violence Epidemic* [Um chamado à ação: em defesa de uma solução abrangente à epidemia de violência de gangues em Los Angeles], que documentava ponto a ponto as falhas do modelo de supressão e o caráter disfuncional dos esforços existentes.[376] Hoje, o foco geral da polícia de Los Angeles continua sendo a supressão, com alguns acenos ao papel de intervencionistas comunitários dedicados à questão das gangues. Aliás, em 2014, a LA Youth Justice Coalition elaborou um plano para redirecionar 1% do orçamento das polícias do condado de Los Angeles para programas sociais para a juventude, incluindo centros comunitários, empregos para jovens e interrompedores da violência.[377] Só esse 1% já geraria cerca de 100 milhões de dólares por ano, uma intervenção retórica que ainda há de mostrar ao que veio.

---

[376] Rice, Connie. *A Call to Action: The Case for a Comprehensive Solution to L.A.'s Gang Violence Epidemic*. Los Angeles: Advancement Project, 2007.

[377] Youth for Justice. "LA For Youth – 1 Percent Campaign", [s.d.]. Disponível em: <www.youth4justice.org>.

Alternativas

Redirecionar verbas do policiamento, dos tribunais e das prisões para centros comunitários e geração de empregos para jovens é crucial para garantir as verdadeiras reformas necessárias para reduzir a violência juvenil. Estamos gastando bilhões de dólares a cada ano para tentar resolver nossos problemas de violência juvenil através de policiamento e encarceramento, ao mesmo tempo que reduzimos os recursos para melhorar a vida de crianças e famílias.

Faz muito mais sentido reduzir a pobreza racializada e segregada, oferecer tratamento e apoio continuado às crianças que enfrentam problemas e fornecer às comunidades ferramentas para melhor gerir suas próprias questões sem recorrer a policiais armados. Primeiro, precisamos debater com seriedade a pobreza entrincheirada e racializada concentrada em bairros altamente segregados, que são a principal fonte de crimes violentos. É verdade que os índices gerais de criminalidade diminuíram sem que houvesse grandes reduções na pobreza ou na segregação, mas o crime continua concentrado nessas áreas. Ao contrário do que ocorre com o policiamento agressivo e o encarceramento em massa, fazer algo a respeito da pobreza e da exclusão racializadas traria benefícios para a sociedade como um todo em termos de redução da pobreza, da desigualdade e da injustiça racial.

Elliott Currie argumenta, exagerando um pouco na generalização, que precisamos de três coisas para reduzir os delitos cometidos pelos jovens: "empregos, empregos e empregos".[378] A maioria dos jovens optaria tranquilamente por um emprego es-

[378] Currie, Elliott. *Crime and Punishment in America: Why the Solutions to America's Most Stubborn Social Crisis Have Not Worked and What Will.* London: Macmillan, 1998.

tável e decente em vez de participar de mercados clandestinos de drogas, trabalho sexual ou propriedades roubadas. Os Estados Unidos estão mais segregados hoje do que nunca. O país permite que até 25% de seus jovens cresçam em condição de extrema pobreza, algo que simplesmente não é tolerado em outros países desenvolvidos. É dessa população que a maior parte dos crimes mais graves se origina. As pesquisas que procuraram verificar em que medida um aumento de curto prazo na oferta de empregos para jovens (muitas vezes temporários e de baixa remuneração) reduz a criminalidade deram resultados inconclusos. O que ainda há de ser testado é o que aconteceria se houvesse um aumento duradouro de empregos decentes ao longo de um período de vários anos. Um aumento desse porte talvez se mostre capaz de superar a dinâmica educacional e até mesmo cultural que contribui para a participação e a violência em mercados clandestinos.

Nem todo jovem desses bairros está pronto e apto para trabalhar, mesmo que houvesse empregos disponíveis. Assim, o segundo eixo seria melhorar a estabilidade desses jovens, muitos dos quais foram submetidos a condições devastadoras de pobreza, abuso e violência. O que espanta não é quanto crime eles cometem, mas quão *pouco* eles fazem, dada essa situação de extrema privação. Por anos, os proponentes de medidas de austeridade e políticas neoconservadoras de punho firme contra a criminalidade vêm martelando a ideia de que políticas sociais e programas de tratamento não funcionam. É claro que nenhum programa por si só pode eliminar a existência de crimes graves; muitas vezes, em sua disputa por recursos, os defensores desses programas acabam infelizmente fazendo alegações excessivamente ambiciosas que depois acabam saindo pela culatra. O Midnight Basketball [Basquete à Meia-Noite] por si só não vai acabar com a criminalidade, da mesma forma que as Ligas Atléticas da Polícia também não vão. Em muitos casos, os programas que de fato conseguem financiamento tendem a assistir os jovens que menos têm necessidades. A maioria dos programas evita aqueles que mais precisam de ajuda; os poucos que atendem a essa população mais carente tendem a exibir os melhores resultados, mas apenas quando envolvem uma abordagem continuada e abrangente, que lida tanto com os problemas dos jovens quanto com os de suas famílias.[379] Esses serviços que abraçam diversos aspectos da vida dos alunos como um todo precisam estar no centro de qualquer programa de redução da violência juvenil.

Por fim, precisamos dar subsídios às comunidades para que elas construam a capacidade de resolver seus problemas por conta própria ou em verdadeira parceria com o governo. A principal face do governo local em comunidades pobres é o policial, que se dedica principalmente a ações punitivas. Por que não construir o poder da própria comunidade colocando recursos governamentais não punitivos para funcionar? Michael Fortner argumenta que os afro-estadunidenses desempenharam um papel importante no início da era do encarceramento em massa e da polícia excessiva, exigindo que o governo local fizesse algo a respeito do crime e da desordem.[380] O que essa análise omite é que muitos desses mesmos líderes também reivindicavam centros comunitários, programas para jovens, escolas melhores e geração de empregos, mas esses pedidos foram ignorados em favor de mais polícia, processos jurídicos mais agressivos e penas mais longas. É hora de revisitar essa equação.

---

[379] Currie, Elliot. *Crime and Punishment in America*, *op. cit.*

[380] Fortner, Michael. *The Black Silent Majority: The Rockefeller Drug Laws and the Politics of Punishment*. Cambridge: Harvard University Press, 2015.

As comunidades costumam ter boas ideias sobre como reduzir o crime por meio de mecanismos não punitivos quando lhes é dado acesso a recursos reais. Um modelo para levar isso a cabo é a justiça restaurativa baseada na comunidade. Nesse modelo, os membros da comunidade, por meio de um órgão representativo, são solicitados a avaliar os riscos de receber alguns infratores de volta à comunidade em vez de mandá-los para a prisão.[381] Eles usam os recursos, ou parte deles, que teriam sido gastos com encarceramento para desenvolver programas de reabilitação e prevenção. Um estudo revelou que o estado de Nova York gastava mais de 1 milhão de dólares por ano para encarcerar pessoas de um único quarteirão no Brooklyn – e existem muitos desses "quarteirões milionários".[382] A maioria das comunidades não teria dificuldade de encontrar formas de investir esse dinheiro que produziria resultados muito melhores do que aqueles gerados por um policiamento linha-dura e uma política de encarceramento em massa. Programas de geração de empregos, tratamento para dependentes químicos, serviços de saúde mental e serviços para jovens ajudariam a reduzir a criminalidade e quebrar o ciclo de criminalização, encarceramento e reincidência.

Ao mesmo tempo, esse modelo envolveria os infratores em projetos de restituição e redução de danos para ajudar a reparar os malefícios que eles mesmos causaram. Casas abandonadas que são locais de tráfico de drogas e violência poderiam ser reabilitadas para fornecer moradia estável. Os jovens mais velhos podem ser treinados para orientar os mais jovens sobre como

---

381 Clear, Todd. Karp, David. *The Community Justice Ideal: Preventing Crime and Achieving Justice.* Boulder, CO: Westview Press, 1999.

382 Badger, Emily. "How Mass Incarceration Creates 'Million Dollar Blocks' in Poor Neighborhoods". *Washington Post*, 30 ju. 2015.

resolver disputas sem recorrer à violência, permanecer na escola e se preparar para um mercado de trabalho difícil.

Grande parte do problema das gangues e da violência entre os jovens decorre, como aponta a pesquisa de David Kennedy, de uma sensação de insegurança.[383] Quando os jovens estão sob constante risco de vitimização, eles recorrem a gangues e armas à procura de algo que lhes confira algum sentimento de proteção. As comunidades precisam de ajuda para exercer controles informais visando romper essa dinâmica. Não há uma única solução para isso, mas o envolvimento ativo e positivo dos adultos nas vidas desses jovens seria um passo importante na direção certa. Isso exigiria promover a capacidade dos pais de se envolverem mais, o que significa começar a olhar para a estrutura das jornadas de trabalho e os altos custos das creches e do cuidado com os filhos.[384] É muito comum que os pais não deem conta de supervisionar seus filhos de maneira adequada devido às intensas demandas de trabalho, muitas vezes envolvendo mais de um emprego e com horários irregulares. Também precisamos investir em tratamento de drogas e serviços de saúde mental para ajudar a lidar com as dificuldades pessoais que alguns pais já enfrentam, mesmo sem contar os desafios de cuidar dos filhos.

Figuras como os animadores socioculturais, treinadores e conselheiros escolares podem desempenhar um papel na mentoria e no acompanhamento dos jovens. Infelizmente, contudo, em muitos casos, substituímos esses profissionais por cada vez mais policiais. Quando as comunidades exigem mais polícia, esses recursos têm de vir de algum lugar e, muitas vezes, aca-

---

[383] Kennedy, David. *Don't Shoot: One Man, A Street Fellowship, and the End of Violence in Inner-City America*. Nova York: Bloomsbury, 2012.

[384] Palley, Elizabeth. Shdaimah, Corey S. *In Our Hands: The Struggle for U.S. Childcare Policy*. Nova York: NYU Press, 2014.

bam saindo de verbas que seriam destinadas a escolas e serviços comunitários. Isso tudo se encaixa perfeitamente com a política de austeridade, em que se eliminam programas sociais para viabilizar cortes de impostos para os ricos e um aumento nos mecanismos formais de controle social.

Outra forma de empoderar as comunidades é investir para valer em programas de prevenção voltados para a saúde pública que operam em nível de bairro. Muitas vezes realizados sob a bandeira do "Curar a Violência", esses programas visam transmitir mensagens fortes de antiviolência aos jovens, envolvê-los em atividades pró-sociais, como projetos de arte e de capacitação profissional, e realizar oficinas sobre resolução não violenta de conflitos.[385] Eles também empregam trabalhadores comunitários como interrompedores da violência, que podem falar com os jovens de igual para igual. Nunca será demais ressaltar o poder dessa conexão para construir credibilidade. Esses trabalhadores estão tentando romper o ciclo de violência por meio do controle de boatos, tréguas entre gangues e envolvimento e diálogo contínuo com os jovens nas ruas.

Alguns lugares começaram a se mover nessa direção. Minneapolis tem um Plano de Ações Para Prevenir a Violência Juvenil (Blueprint for Action to Prevent Youth Violence), um esforço coordenado entre vários órgãos, envolvendo governo, organizações sem fins lucrativos e membros da comunidade.[386] Diferentemente dos esforços de supressão de gangues, ele fica sediado no departamento de saúde, e não no departamento de polícia. O projeto reúne pessoas para discutir problemas e programas exis-

---

385 "Cure Violence", disponível em: <cureviolence.org>.

386 City of Minneapolis Health Department. *Minneapolis Blueprint for Action to Prevent Youth Violence*. Minneapolis: Department of Health, 2013.

tentes, e tenta coordenar seus esforços e garantir financiamento para novos serviços e iniciativas. É um processo flexível realizado em tempo real que responde às condições à medida que elas vão mudando. As duas principais desvantagens são a falta de recursos e a falta de colaboração por parte da polícia. Isso cria uma dinâmica em que os jovens que estão envolvidos em programas e atividades positivas continuam sendo perseguidos e presos pela polícia.

Esses programas não são uma panaceia. As pesquisas realizadas sobre sua eficácia ainda são limitadas e apresentam resultados inconclusos. Isso porque é preciso que os outros elementos da solução também sejam mobilizados. Sem mudanças no nível da comunidade em geral no que diz respeito a oportunidades de emprego, oferecimento de serviços sociais adequados para jovens com graves problemas de vida e melhores estruturas educacionais, nenhum programa por si só será capaz de acabar com a violência. É preciso que haja uma abordagem holística, que comece reduzindo nossa dependência em relação ao sistema de justiça criminal e construindo poder político para reivindicar soluções mais abrangentes e menos punitivas.

9. Policiamento de fronteiras

Até o fim do século XIX, os Estados Unidos não tinham restrições formais à imigração. A fronteira era essencialmente aberta, apenas com controles alfandegários voltados para o transporte de mercadorias. Em 1882, depois que 200 mil trabalhadores chineses imigraram para construir as ferrovias e realizar trabalhos agrícolas no oeste do país, o Congresso aprovou a Lei de Exclusão dos Chineses [Chinese Exclusion Act] para barrar a continuidade dessa imigração. Boa parte da linguagem usada no debate sobre a lei era explicitamente racista e ecoava as proibições locais ao direito de pessoas de origem chinesa possuírem propriedade e comparecerem como testemunhas em um tribunal.[387] Os proponentes se referiram aos imigrantes chineses como uma "horda mongol" e "Johnny Chinaman" e os acusavam de ser imorais e preguiçosos. Pequenas unidades informais foram mobilizadas para restringir a entrada não autorizada de imigrantes chineses, principalmente na região da fronteira da Califórnia com o México. As únicas restrições à imigração de brancos durante esse período se referiam a pessoas consideradas criminosas, enfermas ou radicais políticos. Os anarquistas foram expressamente banidos em 1903, com os italianos particularmente visados para escrutínio.

---

387 *People v. Hall*, 4 Cal. 399 (1852).

Com a imigração em massa do fim do século XIX e início do XX, começou a surgir um crescente ressentimento nativista. Ao longo desse período, grupos como a Liga da Restrição da Imigração [Immigration Restriction League] e o Partido Americano se organizaram em torno de ideias de pureza racial, superioridade cultural e preconceito religioso para exigir o fim da imigração aberta. A pressão finalmente surtiu efeito em 1924, com a aprovação da Lei de Origens Nacionais [National Origins Act], que pela primeira vez estabeleceu cotas de imigração baseadas em nacionalidade. Foi para garantir o cumprimento dessas cotas que o congresso criou a Patrulha de Fronteira dos EUA.

A nova Patrulha de Fronteira concentrava-se em restringir a imigração não autorizada vinda do México. Boa parte da ação de fiscalização se dava nos devidos postos de travessia de fronteira, com apenas alguns poucos agentes fazendo o patrulhamento entre eles, os chamados *linemen*. Na prática, indivíduos e mesmo veículos só precisavam se aventurar alguns quilômetros longe de um ponto formal de travessia para conseguir atravessar a fronteira. Durante o período da Lei Seca, as travessias ilegais de caminhão eram um grande problema para fazendeiros californianos, cujos campos e cercas muitas vezes acabavam ficando danificados, mas a Patrulha de Fronteira praticamente não lhes oferecia ajuda. Em parte, a fiscalização mais frouxa tinha a ver com o forte interesse em trabalhadores mexicanos a pedido dos produtores do Texas e da Califórnia, que se opunham veementemente às restrições ao seu acesso a mão de obra barata.[388] As ações policiais que de fato ocorriam eram muitas vezes profundamente racistas e abertamente brutais, inclusive com assassinatos extra-

388 Nevins, Joseph. *Operation Gatekeeper and Beyond: The War on "Illegals" and the Remaking of the U.S.-Mexico Boundary*. Abingdon, UK: Taylor & Francis, 2010.

judiciais.[389] A historiadora Kelly Hernandez narra a existência de matanças movidas a vingança e disparos completamente inconsequentes contra pessoas que atravessavam as fronteiras.

No período da Segunda Guerra Mundial, havia uma grande necessidade por trabalhadores rurais. A Patrulha de Fronteira em larga medida ignorou a imigração mexicana, enquanto ficava de olho em possíveis combatentes inimigos, embora praticamente nenhum tenha sido descoberto. O governo estadunidense desenvolveu o Programa Bracero para tentar regularizar o trabalho rural feito por imigrantes.[390] Os patrões eram obrigados a oferecer salários e condições de trabalho decentes, e os imigrantes recebiam vistos oficiais para poder trabalhar no país. A fiscalização do programa era frouxa e os salários e as condições de trabalho permaneceram bastante precárias e bem abaixo dos padrões estipulados para os demais trabalhadores. O programa também não contemplava esposas, crianças e trabalhadores domésticos, de modo que a imigração ilegal continuou ocorrendo. Além disso, muitos patrões se recusaram a usar o novo programa, especialmente no Texas. Os fazendeiros e os rancheiros ressentiam-se da intervenção do governo federal em seus sistemas de trabalho de longa data, que em muitos casos praticamente configuravam servidão por dívida. Os trabalhadores que reclamavam ou se mobilizavam contra os baixos salários e as condições abissais de trabalho eram simplesmente entregues à Patrulha de Fronteira para serem deportados.

---

389 Hernandez, Kelly Lytle. *Migra!: A History of the U.S. Border Patrol.* Berkeley: University of California Press, 2010.

390 Calavita, Kitty. *Inside the State: The Bracero Program, Immigration and the INS.* New York: Quid Pro Books, 2010.

Ao longo do início da década de 1950, o número de pessoas apreendidas pela Patrulha de Fronteira dobrou.[391] Em 1954, ela lançou a Operação Wetback para tentar conter a maré por meio de fiscalização fronteiriça intensa e incursões em cidades e ranchos, forçando mais empregadores a começarem a utilizar o Programa Bracero. Mais de 1 milhão de pessoas foram deportadas. No fim das contas, os fazendeiros e rancheiros cederam, especialmente depois que houve uma redução nas proteções trabalhistas e foram introduzidas penalidades severas para mobilizações sindicais.

O título da operação, porém, diz muito sobre a mentalidade das autoridades federais e a Patrulha de Fronteira.[392] A fiscalização de fronteiras nos Estados Unidos tem sido primordialmente um empreendimento de produção da branquitude e da desigualdade econômica. A fronteira nunca esteve verdadeiramente fechada para imigrantes pobres. Sua entrada tem sido permitida, sob regulação estrita, ou então oficialmente recusada, mas na prática tolerada, em grandes números e com poucas proteções legais contra abusos e exploração por parte de futuros patrões. Em ambos os casos, os imigrantes são postos em uma posição econômica inferior, na qual não dispõem de direitos trabalhistas e são forçados a trabalhar em condições precárias e mal remuneradas.

Uma das áreas de policiamento que mais tem se expandido nos últimos vinte anos é o policiamento de fronteiras. Hoje, a

---

[391] Hernandez, Kelly Lytle. *Migra*, *op. cit.*, p. 172

[392] N.T.: *wetback*, ou *mojado*, é um termo pejorativo utilizado nos EUA para se referir a imigrantes estrangeiros de origem mexicana. A palavra, que pode ser traduzida literalmente como "molhado" ou "costas molhadas", foi cunhada tendo em mente que uma parte dos imigrantes ilegais chegava ao país atravessando o rio Grande.

Patrulha de Fronteira faz parte do Departamento de Segurança Interna dos EUA. Em 1992, havia pouco mais de 4 mil agentes da Patrulha de Fronteira; depois dos atentados de 11 de setembro de 2001, esse número subiu para 10 mil; hoje, ele já passou de 20 mil, um contingente maior do que a ATF, o FBI e o DEA juntos.[393] A Patrulha de Fronteira conta com o auxílio de policiais municipais e estaduais, bem como uma série de órgãos federais, incluindo a Guarda Nacional, o exército estadunidense e a agência de Fiscalização Imigratória e Alfandegária (ICE) dos Estados Unidos. No ano fiscal de 2012, o governo federal gastou mais de 18 bilhões de dólares em fiscalização e controle de imigração – mais do que todos os outros gastos federais com agências policiais juntos.[394] Sob o governo Trump, é provável que esses números aumentem drasticamente, com a contratação de mais policiais e a construção de mais muros.

O policiamento de fronteiras sempre foi altamente racializado. Os estrangeiros a serem mantidos fora do país ou autorizados a entrar apenas sob circunstâncias inferiores são sempre definidos como estando fora do *mainstream* estadunidense, e isso é geralmente realizado com apelos à raça. O livro *Recovering History, Constructing Race* [Redescobrindo a história, construindo a raça], de Martha Menchaca, descreve como as hierarquias raciais foram estabelecidas pela primeira vez na região fronteiriça pela elite espanhola e mais tarde por colonos estadunidenses que buscavam justificar sua desapropriação de

393 US Customs and Border Protection. "Border Patrol Staffing by Fiscal Year", 19 set. 2015.

394 Beadle, Amanda Peterson. "Cost of a Broken System: US Spent More on Immigration than All Other Enforcement Agencies Combined". *ThinkProgress*, 7 jan. 2013.

terras nativas e mexicanas.[395] Mesmo estadunidenses de longa data com origem mexicana chegaram a incentivar, na busca de alcançar o ideal da branquitude, a exclusão de novos imigrantes, cuja entrada minaria suas tentativas de se equiparar à "americanidade" – por mais que, ao abraçar um sistema racializado de exclusão, eles acabem reforçando um sistema de castas raciais que, por sua vez, os identifica e os trata como cidadãos de segunda categoria.

Desde cedo, a Patrulha de Fronteira sempre desenvolveu práticas de perfilamento racial. Eles chegaram a argumentar que "ter cara de mexicano" já é motivo suficiente para abordar, interrogar e exigir identificação de alguém. Em 1973, a Suprema Corte deu respaldo legal a essas práticas no caso *US v. Brignoni-Ponce*,[396] em que afirmou o direito de a Patrulha de Fronteira se valer de perfis raciais como única base para abordagens de veículos e identificações forçadas. Isso se baseia em parte na lei federal de 1953 que confere aos agentes da Patrulha de Fronteira o direito de suspender garantias constitucionais em um perímetro de 160 quilômetros da fronteira e abordar, revisar e verificar o *status* de imigração de qualquer pessoa, mesmo sem ter causa provável ou mesmo uma suspeita razoável para tanto. A ACLU garante que isso viola a Constituição[397] e aponta ainda que também foram registrados abusos da Patrulha de Fronteira longe das proximidades da fronteira. Em 2008, o senador estadunidense Patrick Leahy foi abordado a pelo menos 200 quilô-

---

[395] Menchaca, Martha. *Recovering History, Constructing Race: The Indian, Black, and White Roots of Mexican Americans*. Austin: University of Texas Press, 2002.

[396] United States v. Brignoni-Ponce, 422 U.S. 873 (1975).

[397] American Civil Liberties Union. "The Constitution in the 100-Mile Border Zone", [s.d.].

metros da fronteira, teve de sair de seu veículo e foi forçado a apresentar identificação. Quando ele perguntou sob que autoridade o agente estava operando, o agente apontou para sua arma e disse: "Está aqui toda autoridade que preciso."[398]

A atual intensificação da fiscalização de fronteira começou no início da década de 1990, sob o governo Clinton, com o lançamento da Operação Gatekeeper na Califórnia, a Operação Hold-the-Line no Texas e a Operação Safeguard no Arizona, bem como a aprovação da Lei de Reforma da Imigração Ilegal e de Responsabilidade do Imigrante (IIRIRA), de 1996. Em poucos anos, o financiamento daquilo que na época era o Serviço de Imigração e Naturalização (INS) dobrou, assim como o número de policiais da Patrulha de Fronteira. Essas operações representaram o primeiro esforço real para fechar a fronteira sul.[399] Foi um processo que envolveu várias novas iniciativas, incluindo o aumento significativo de cercas, a deportação imediata de imigrantes que vivem nos EUA por uma longa lista de infrações penais tanto graves quanto leves, a criação de juizados de imigração em áreas fronteiriças para agilizar o processamento e a deportação de imigrantes capturados, e a criação de um imenso sistema de identificação de imigrantes por meio de coleta de dados biométricos. As duas últimas iniciativas tornaram-se a base do enorme aumento na quantidade de processos criminais contra imigrantes por cruzar a fronteira sem autorização.

Esse processo se intensificou depois dos atentados de 11 de setembro de 2001. Embora o presidente George W. Bush tivesse feito uma campanha defendendo fronteiras mais aber-

---

398 Horsey, David. "Border Patrol is becoming an occupying army in our borderlands". *Los Angeles Times*, 20 ago. 2013.

399 Nevins, Joseph. *Operation Gatekeeper and Beyond*, *op. cit.*

tas, ele garantiu a construção de cercas adicionais, um aumento na contratação da Patrulha de Fronteira e a intensificação da criminalização dos imigrantes. O resultado disso foi que a política passou do que era eufemisticamente chamado de "pegar e soltar" para uma de política "capturar e deter". Durante décadas, a maioria dos imigrantes pegos cruzando a fronteira era solicitada a renunciar ao seu direito a uma audiência para contestar sua deportação e, em seguida, rapidamente retornava ao México, passando o mínimo possível de tempo sob custódia, o que era geralmente vantajoso tanto para o imigrante quanto para o governo dos EUA. Agora, um número cada vez maior de imigrantes está sendo processado. Um primeiro delito de travessia ilegal é punível como contravenção; um segundo delito de reentrada ilegal, no entanto, já passa a configurar crime que pode dar anos de encarceramento. Além disso, imigrantes condenados por outros crimes agora estão sendo sentenciados e encarcerados pelo período integral de suas penas em uma prisão estadunidense antes de serem deportados.

Em 2005, com uma grande quantidade de novos recursos e infraestrutura, a Patrulha de Fronteira começou a implementar uma série de políticas de "capturar e deter" sob a Operação Streamline. Ao longo dos dez anos seguintes, mais de 400 mil imigrantes foram processados por entrada imprópria e mais de 300 mil pelo crime de reentrada.[400] O governo Trump prometeu ampliar essa prática. O governo dos EUA desembolsou 7 bilhões de dólares nessa abordagem, sendo que grande parte desse dinheiro foi para prisões privadas e com fins lucrativos.

---

[400] Greene, Judith. Carson, Bethany. Black, Andrea. *Indefensible: A Decade of Mass Incarceration of Migrants Prosecuted for Crossing the Border*. Charlotte, NC: Grassroots Leadership, and Brooklyn, NY: Justice Strategies, 2016.

Mesmo processando e encarcerando três quartos de 1 milhão de pessoas na fronteira, essa política não surtiu nenhum efeito dissuasivo sobre os imigrantes, que são movidos por uma profunda condição de pobreza e desespero, e pelo desejo de reunificar famílias.[401] Entrevistados, juízes e advogados envolvidos demonstraram uma oposição generalizada à iniciativa, caracterizando-a como eleitoreira e desprovida de quaisquer resultados legítimos em termos de política pública.

Além disso, a Operação Streamline corrompeu o sistema federal de tribunais de justiça. Os juízes e os funcionários dos tribunais próximos à fronteira não conseguem dar conta do grande volume de réus, o que reduziu sua capacidade de lidar adequadamente com esses casos ou julgar outras questões. A *Texas Monthly Magazine* descobriu que os dois distritos judiciais federais mais ocupados no país estão no Texas, e que os tribunais estão lidando com a carga por meio de processos em massa.[402] Dezenas de réus são rotineiramente conduzidos em bloco ao tribunal, muitas vezes sem qualquer representação legal real, são convidados a se declarar culpados e, então, são deportados ou encarcerados. Em 2009, o Tribunal de Recursos do Nono Circuito interveio e exigiu que os réus fossem pelo menos questionados individualmente sobre sua capacidade de entender o que estava acontecendo e se gostariam de se declarar inocentes ou culpados. Contudo, essa decisão apenas ralentou o processo, sem alterar seu caráter básico. Embora as apreensões na região da fronteira venham diminuindo há décadas, quase 40% de todos os processos federais em curso estão ligados a imigração. Mesmo os promotores, que permanecem

---

401 *Ibid.*

402 Oldershausen, Sasha Von. "The Cost of Justice". *Texas Monthly*, 10 mai. 2016.

comprometidos com uma perspectiva punitiva, percebem que esse sistema não dá conta de dissuadir os imigrantes. Um deles observou: "Nós processamos pessoas porque elas cometeram violações de estatutos promulgados pelo Congresso que refletem o que são nossas normas [...] Aplicamos punições conforme um processo sistemático. Se isso dissuadir algumas pessoas, ótimo. Se não, não posso dizer que estaria surpreso."[403] Essa declaração expõe o impasse em que a instituição como um todo se encontra. Policiais, promotores e juízes veem a futilidade de criminalizar uma população movida por extrema dificuldade a buscar uma vida melhor do outro lado da fronteira.

Hoje, há 75 mil não cidadãos nas prisões dos Estados Unidos, e cerca de metade deles está lá por violações de imigração.[404] Muitos são mantidos em prisões privadas com fins lucrativos. A ICE usa 46 dessas instalações para manter 70% de todos os presos por imigração, apesar de haver denúncias recorrentes de abuso, superlotação e falta de serviços médicos adequados.[405] Além disso, as oportunidades de subcontratação da ICE estimularam um *boom* na construção de prisões e presídios em todo o sudoeste do país. Tanto as jurisdições locais quanto essas corporações têm interesse financeiro em manter as taxas de detenção elevadas, pervertendo ainda mais a política de imigração. Ademais, muitos imigrantes são retidos em delegacias ou cadeias locais por meio de solicitações de "ampliação de custódia para imigração"[406] ou enquanto aguardam transporte. As

---

[403] *Ibid.*

[404] Greenberg, Jon. "Conservative host: Noncitizens are 25percent of federal inmates". *PunditFact*, 10 jul. 2015.

[405] Speri, Alice. "The Justice Department Is Done with Private Prisons. Will ICE Drop Them Too?". *Intercept*, 18 ago. 2016.

[406] N.T.: as chamadas *immigration detainers*, ou retentivas de imigração,

condições nessas instalações, sejam elas públicas ou privadas, estão aquém de critérios mínimos de adequação. Em 2010, o *New York Times* documentou a existência de problemas generalizados de prestação de serviços de saúde;[407] de acordo com um relatório de 2016, nos últimos anos oito pessoas morreram de causas evitáveis, como diabetes, devido à falta de atendimento adequado de saúde.[408]

Durante a grande onda de imigração de jovens desacompanhados da América Central nos últimos anos, dezenas de milhares de crianças foram detidas e muitas foram forçadas a comparecer a tribunais sem representação legal, criando uma crise jurídica e humanitária. Milhares de famílias com crianças pequenas foram mantidas por longos períodos em centros de detenção de imigrantes enquanto aguardavam a deportação ou os encaminhamentos do tribunal de imigração. Essas condições são deploráveis, principalmente para as crianças. Os tribunais estadunidenses reconheceram o caráter descabido disso, especialmente considerando que essas famílias praticamente não representam risco algum à segurança. Apesar das repetidas decisões judiciais, o governo federal continua mantendo sob custódia famílias com crianças pequenas.

---

são pedidos que a ICE envia às agências policiais locais de informações sobre alguém que está prestes a ser liberado de custódia, geralmente sugerindo que essa pessoa seja retida por um período maior a fim de facilitar sua deportação.

[407] Bernstein, Nina. "Officials Hid Truth of Immigrant Deaths in Jail". *New York Times*, 9 jan. 2010.

[408] American Civil Liberties Union, Detention Watch Network, and National Immigrant Justice Center. *Fatal Neglect: How ICE Ignores Deaths in Detention*. Nova York: ACLU, 2016.

Além disso, nos EUA foi emitido cerca de 1 milhão de pedidos de ampliação de custódia para imigração solicitando que as polícias municipais e estaduais retivessem alguém suspeito de estar ilegalmente no país. Esses pedidos de custódia efetivamente solicitam que os policiais e xerifes locais sejam a linha de frente da ação coercitiva do Estado no que diz respeito à imigração. Em conjunto com o gradeamento da fronteira na década de 1990, foi oferecida à polícia local a oportunidade de receber autoridade oficial para fazer cumprir a lei federal de imigração. Essa autoridade, de acordo com a seção 287(g) da IIRIRA, criou um enorme dilema para as polícias locais, que foram pressionadas a participar, mas em muitos casos consideram essa cooperação contraproducente segundo seus critérios de bom policiamento. A maioria dos policiais acredita que, para que seu trabalho seja eficaz, eles precisam da cooperação da comunidade. São os membros da comunidade que fazem denúncias de crimes, fornecem informações e atuam como testemunhas. Em áreas com altos índices de imigrantes não autorizados, o medo da polícia já é muito alto. Se as pessoas sentirem que elas, seus amigos, familiares, colegas de trabalho ou vizinhos correm algum risco de deportação, é natural que pensarão duas vezes antes de levar qualquer questão ao conhecimento da polícia.

É por isso que muitas cidades ou se recusaram a participar da seção 287(g) da Lei de Imigração e Nacionalidade ou passaram a se autodenominar "cidades santuário", recusando-se a cooperar com esses esforços policiais de coibir a imigração. Infelizmente, essas declarações às vezes acabam sendo um tanto ocas.[409] A cida-

---

409 Varsanyi, Monica. "Rescaling the 'Alien', Rescaling Personhood: Neoliberalism, Immigration, and the State". *Annals of the Association of American Geographers* 98, n. 4 (2008): p. 877-896.

de de Nova York tem um estatuto de santuário, e o NYPD geralmente evita se envolver com questões de imigração. No entanto, por muitos anos, os agentes penitenciários cooperaram, até mesmo alugando espaço na prisão para autoridades federais. Mais recentemente, eles retiraram essas operações das prisões, de modo que os agentes de imigração simplesmente se postam nos tribunais e apreendem as pessoas depois de comparecerem perante o juiz. Sob o governo Obama, a ICE tendia a concentrar seus esforços nas pessoas condenadas por crimes violentos. No governo Trump, qualquer crime pode vir a deflagrar procedimentos como esses, o que provoca o receio generalizado de que as centenas de milhares de prisões de "janelas quebradas" que ocorrem a cada ano por infrações menores, como pular a catraca do metrô, podem colocar muito mais pessoas sob risco de serem deportadas.

Além disso, a seção 287(g) faz parte de um processo de aumento do poder policial ao esfumaçar os limites entre ações cíveis e criminais. Normalmente, a polícia é obrigada a garantir os direitos constitucionais das pessoas quando suspeita que elas tenham cometido alguma violação criminal. Uma vez que a maioria das violações de imigração são tecnicamente violações civis, as mesmas garantias constitucionais não se aplicam. Isso significa que a polícia, às vezes sob o pretexto de fiscalização de imigração, pode entrar nas casas das pessoas sem mandado judicial e mantê-las sob custódia sem a oportunidade de pagar fiança.

A resistência por parte de muitas jurisdições locais levou a uma redução nos acordos contemplados pela seção 287(g) sob o governo Obama, mas o governo Trump vem tentando intensificar essas resoluções, inclusive ameaçando mover sanções contra as cidades que se recusarem a colaborar ou que promoverem outras práticas de "cidade santuário" voltadas para segurar o aumento de deportações.

A ICE é outra parte importante do policiamento de fronteiras. Embora a maior parte de seu trabalho envolva a inspeção de pessoas e bens em postos oficiais de fronteira, a agência também tem a tarefa de apreender imigrantes sem documentos que já estiverem no país. A ICE também administra as instalações de detenção usadas para processar, reter e encarcerar imigrantes. Em 2003, ela criou as Equipes de Operações de Fugitivos [Fugitive Operations Teams] com o objetivo de se concentrar em encontrar imigrantes que cometeram crimes graves. Na última década e meia, a quantidade dessas equipes passou de oito no seu ano de criação para 129 hoje, a um custo de 155 milhões de dólares por ano.[410] Essas unidades foram criadas para tirar criminosos perigosos das ruas e do país, motivo pelo qual elas provavelmente receberão mais financiamento sob Trump. Na prática, porém, elas realizam incursões "de pesca" nas quais entram em casas e locais de trabalho com evidências esfarrapadas e realizam táticas grosseiras de "rede de arrasto" que acabam implicando principalmente imigrantes não criminosos. O inspetor geral do Departamento de Segurança Interna afirmou que as informações usadas para planejar e justificar essas incursões são "grosseiramente imprecisas".[411] O Migration Institute documentou que, entre 2003 e 2008, cerca de três quartos dos imigrantes presos não tinha antecedentes criminais. Em 2007, apesar de gastarem mais de 100 milhões de dólares, essas equipes prenderam apenas 672 pessoas com históricos criminais graves.[412] Nos anos mais recentes, a por-

---

410 Ma, Jacinta. "Department of Homeland Security – The President's Fiscal Year 2017 Budget". *National Immigration Forum*, 11 fev. 2016.

411 Inter-American Commission on Human Rights. *Report on Immigration in the United States: Detention and Due Process*. Washington, DC: Organization of American States, 2010, p. 55-57.

412 Mendelson, Margot. Strom, Shayna. Wishnie, Michael. *Collateral*

centagem de prisões graves caiu ainda mais, foram estabelecidas cotas e o número de unidades aumentou. Em 2012, essas equipes prenderam 37 mil pessoas, sendo que a esmagadora maioria delas não tinha nenhum histórico envolvendo crimes violentos.[413]

Em 2006, a ICE ainda criou uma Unidade de Ação em Locais de Trabalho [Worksite Enforcement Unit], que conduz incursões fortemente armadas em locais de trabalho e analisa as listas de funcionários à procura de possíveis imigrantes indocumentados, que são então intimidados a concordarem ser deportados sem audiência formal nem acesso a um advogado. O governo Obama alegou ter mudado o foco para os empregadores, mas as auditorias dos quadros de funcionários levaram a demissões em massa de trabalhadores legais e indocumentados. Dos quase 100 mil processos em 2009, apenas treze eram de empregadores.[414]

A fronteira é também a linha de frente da fracassada Guerra às Drogas. Os EUA empregam uma estratégia voltada para o "lado da oferta", procurando negar às pessoas o acesso às drogas por meio de interdição e criminalização. A interdição envolve usar a Patrulha de Fronteira, a Guarda Costeira, o exército estadunidense e a ICE para tentar interromper a entrada de drogas no país. Ela fracassou. Um relatório recente revelou que 80% das pessoas presas por acusações ligadas a drogas pela Patrulha da Fronteira eram cidadãos estadunidenses.[415] Essas prisões ocor-

---

Damage: An Examination of ICE's Fugitive Operations Program. Washington, DC: Migration Policy Institute, 2009.

413 U.S. Immigration and Customs Enforcement. "Fugitive Operations", [s.d.].

414 Gottschalk, Marie. *Caught: The Prison State and the Lockdown of American Politics*. Princeton: Princeton University Press, 2015, p. 222.

415 Becker, Andrew. Schulz, G. W. Ghose, Tia. "Four of five Border Patrol

rem em postos de fronteira, em pontos de controle e durante batidas policiais de imigração, e são principalmente por maconha. Especula-se que o que vem impulsionando essa onda de apreensões de drogas é o fato de que a agência precisa justificar de alguma maneira o enorme tamanho de sua máquina e de seu orçamento diante de uma situação marcada pelo declínio drástico no número de pessoas efetivamente cruzando a fronteira.

O enorme reforço de fiscalização policial tornou a fronteira um lugar muito mais perigoso. Desde que começaram as batidas em 1996, milhares de pessoas morreram tentando cruzar a fronteira em áreas desérticas cada vez mais remotas no Arizona e no Novo México. Há anos em que chegam a morrer de calor, exposição ao sol e desidratação cerca de quinhentas pessoas.[416] Elas precisam recorrer ao submundo criminoso dos *coyotes*, que cobram milhares de dólares para facilitar a travessia, mas muitas vezes não entregam o que prometem e, em alguns casos, até sequestram, estupram e matam as pessoas que contratam seus serviços. Nessas circunstâncias, aumentam as chances de que os imigrantes sejam coagidos a transportar drogas. Em muitos lugares, uma viagem a pé pelo deserto pode durar dias e exigir mais água do que uma pessoa tem condições de carregar por conta própria. Alguns indivíduos e organizações montaram estações de água ao longo da fronteira, que no entanto sofreram ações de sabotagem por parte de justiceiros anti-imigrante.

Houve também uma drástica expansão no número de deportações, que mais do que dobraram na última década, qua-

---

drug busts involve US citizens, records show". *Center for Investigative Reporting*, 26 mar. 2013.

[416] "Missing Migrants Project: Tracking deaths along migratory routes worldwide", *Missing Migrants Project*. Disponível em: <http://missingmigrants.iom.int/>.

se atingindo a marca de meio milhão por ano. Barack Obama deportou mais pessoas do que todos os presidentes anteriores juntos. No passado, o governo relutava em dividir famílias de imigrantes se um dos membros da família fosse cidadão estadunidense. De fato, a reunificação familiar foi uma das principais fontes de imigração legal no período do pós-guerra, corroborando a ideologia de que os imigrantes dedicados a uma vida familiar têm mais probabilidade de se ajustar à cultura e aos valores estadunidenses. Hoje, nós rotineiramente rompemos famílias de forma completamente desumana. Há atualmente mais de 5 mil crianças sob alguma modalidade de acolhimento cujos pais foram deportados sem elas.[417] Jovens adultos que vieram para os EUA ainda muito pequenos chegaram a ser deportados sozinhos para países totalmente estranhos a eles, onde têm poucas ou nenhuma conexão familiar, e em alguns casos nem sequer falam a língua local.

Muitas dessas pessoas são deportadas para a América Central, onde acabam caindo em abrigos ou tendo de dormir na rua, e muitas vezes ainda entram para gangues criminosas. Essa tragédia fica ainda pior se considerarmos que muitos desses jovens e suas famílias já estavam fugindo da América Central para evitar a violência de gangues de drogas – e, como vimos no capítulo anterior, as próprias deportações dos EUA desempenharam um papel importante na expansão dessas gangues. Muitos recém-deportados são forçados a se juntar a essas iniciativas criminosas ou, de alguma maneira ou de outra, acabam sendo vitimados por elas. Uma vez que alguns já tinham fugido buscando evitar essa escolha em primeiro lugar, eles muitas vezes se tor-

[417] Wessler, Seth Freed. *Shattered Families: The Perilous Intersection of Immigration Enforcement and the Child Welfare System*. Nova York: Applied Research Center, 2011.

nam vítimas na fracassada política estadunidense de supressão da imigração. Em julho de 2016, 25 senadores estadunidenses pediram ao presidente Obama que parasse de deportar pessoas que fugiam da violência naquela região, citando 84 casos documentados desde 2014 de pessoas mortas após serem deportadas, principalmente em El Salvador, Honduras e Guatemala. Nas palavras do senador Edward Markey, de Massachusetts: "Não deveríamos enviar famílias de volta para situações em que elas podem ser mortas. Isso é simplesmente antiestadunidense".[418]

A Patrulha de Fronteira também se envolveu ativamente na segurança de megaeventos nacionais como o Super Bowl como parte da Guerra contra o Terror.[419] Todd Miller descreve como os agentes fornecem segurança ostensiva e de alta tecnologia nesses eventos e, ao mesmo tempo, se fazem presentes em estações de ônibus e trem para realizar verificações intensivas de imigração em transeuntes que não têm nada a ver com esses eventos, muito menos com terrorismo internacional. Miller destaca ainda as práticas preocupantes de deter e revistar cidadãos estadunidenses por conta de suas atividades políticas, acadêmicas e jornalísticas. Os agentes têm listas de observação; as pessoas que constam nelas podem ser presas e interrogadas, e ter seus bens eletrônicos apreendidos ao cruzar a fronteira. A jornalista e cineasta Laura Poitras foi detida várias vezes depois de trabalhar com o denunciante Edward Snowden e produzir um filme chamado *My Country, My Country* [Meu país, meu país] (2006), que critica a política dos EUA no Oriente Médio. Estudiosos estadunidenses do Islã e do Oriente Médio foram

---

418 Sacchetti, Maria. "Lawmakers call for US to be a refuge for Central Americans". *Boston Globe*, 11 jul. 2016.

419 Miller, Todd. *Border Patrol Nation*. São Francisco: City Lights Books, 2014.

acusados de terrorismo, detidos sem direito a advogados, e tiveram seus bens pessoais e eletrônicos revistados e apreendidos sem um mandado para tanto. Em nenhum desses casos esteve em questão seu estatuto enquanto cidadãos estadunidenses.

A Patrulha de Fronteira nunca contou com nenhum mecanismo eficaz de responsabilização. Embora ela esteja tecnicamente submetida a investigações internas e supervisão por parte do Congresso, é muito raro que algum de seus agentes sofra um processo jurídico ou disciplinar. Em maio de 2010, o mexicano Anastasio Hernandez-Rojas morreu sob custódia da Patrulha de Fronteira depois de resistir a policiais na travessia de San Ysidro.[420] Ele foi espancado e atingido por armas de choque enquanto estava algemado e acabou morrendo pouco tempo depois. Uma investigação de cinco anos feita pelo FBI, pelo Departamento de Justiça e pelo Departamento de Segurança Interna não identificou nenhum indício de violação criminosa, apesar de haver imagens que ecoam o vídeo do espancamento de Rodney King em 1993 que mostram Rojas de bruços cercado por mais de uma dúzia de agentes enquanto é submetido a disparos de arma de choque. Desde então, a Southern Border Communities Coalition [Coalizão das Comunidades Fronteiriças do Sul] documentou mais cinquenta outras mortes ocorridas nas mãos de agentes da Patrulha de Fronteira.[421] Se por um lado muitos desses casos envolveram imigrantes usando violência, outros contaram com perseguições irresponsáveis por mar ou por terra, desrespeito trivial pela vida dos imigrantes e uso excessivo da força. Desde 2005, apenas três agentes da Pa-

---

420 Costantini, Cristina. Foley, Elise. "Anastasio Hernandez-Rojas Death: Border Patrol Tasing Incident Complicated by New Footage". *Huffington Post*, 24 abr. 2012.

421 "Killed by Border Patrol", *Southern Border Communities Coalition*, jul. 2016.

trulha de Fronteira enfrentaram acusações por uso excessivo da força, duas movidas por promotores locais e uma pelo Departamento de Justiça. Nesse último caso, o agente Lonnie Swartz enfrenta acusações de homicídio por ter atirado em um garoto mexicano de 12 anos de idade que estava do outro lado da cerca, no México, supostamente jogando pedras contra os agentes do lado estadunidense em 2012. Quatro anos depois, o caso permanece atrasado e os vídeos do incidente estão sob sigilo.[422] Nenhum dos outros dois casos resultou em qualquer condenação. Em 2014, o Conselho Estadunidense de Imigração [American Immigration Council] descobriu que, das 809 queixas oficiais contra agentes da Patrulha de Fronteira, apenas treze resultaram em qualquer medida disciplinar.[423] No caso mais grave, um policial foi suspenso; os demais receberam pouco mais do que reprimendas. O principal esforço do presidente Obama no sentido de aumentar o grau de responsabilização foi propor direcionar 5 milhões de dólares para a aquisição de câmeras corporais.[424]

A situação fica ainda mais complicada quando há tropas militares envolvidas. Em 1997, fuzileiros navais dos EUA trabalhando como vigias e atiradores com a Patrulha de Fronteira na região rural do oeste do Texas confundiram um pastor de cabras com um traficante de drogas e o mataram.[425] Os investiga-

---

[422] Costantini, Cristina. Foley, Elise. "Anastasio Hernandez-Rojas Death", *op. cit.*

[423] Cantor, Guillermo. Ewing, Walter. Martinez, Daniel. "No Action Taken: Lack of Accountability in Responding to Complaints of Abuse". *American Immigration Council*, mai. 2014.

[424] Lee, Esther Yu His. "The $5 Million Proposal to Hold Border Patrol Agents Accountable for Shootings". *Think Progress*, 11 fev. 2017.

[425] Verhovek, Sam Howe. "After Marine on Patrol Kills a Teen-Ager, a Texas Border Village Wonders Why". *New York Times*, 29 jun. 1997.

dores criticaram duramente os fuzileiros navais e a Patrulha de Fronteira por terem enviado tropas sem treinamento ou preparo para a fronteira. Um grão júri estadual se recusou a indiciar o fuzileiro que puxou o gatilho, mas o governo pagou à família Hernandez uma indenização no valor de 1 milhão de dólares.

Durante décadas, as tropas da Guarda Nacional desempenharam uma série de funções de apoio na região da fronteira, desde atuar na construção de estradas e no fornecimento de iluminação até operar estações de radar. Ninguém se envolvia em incidentes fatais, porque as tropas não participavam de tarefas diretas de fiscalização ou policiamento de fronteira. Isso agora está mudando, no entanto. Em 2014, o então governador Rick Perry mandou a Guarda Nacional do Texas à fronteira a um custo de 12 milhões de dólares por mês para "fazer cumprir a lei estadual". Isso envolveu milhares de tropas fortemente armadas, com pouco ou nenhum treinamento de policiamento civil, em operações domésticas de fiscalização. Isso parece contrariar o espírito, se não a própria letra, do Posse Comitatus Act, lei que proíbe o uso dos militares como forças de manutenção da ordem interna. O governador do Texas, Greg Abbott, recentemente reautorizou a mobilização das forças militares como "agentes dissuasivos" de potenciais imigrantes e contrabandistas de drogas. No entanto, muitas autoridades locais veem com maus olhos a militarização da fronteira e a criminalização dos imigrantes. De acordo com o juiz do condado de Hidalgo, Ramon Garcia, "não há crise de segurança pública aqui. Essas pessoas não são traficantes. Não são terroristas. São seres humanos procurando algo melhor do que o que eles tinham".[426]

---

[426] Jervis, Rich. "National Guard at border gets mixed reviews in Texas". *USA Today*, 31 jul. 2014.

O mau uso de verbas e a corrupção continuam a ser um problema. Desde 2003, o Departamento de Segurança Interna vem mobilizando cada vez mais policiais locais para trabalhar na fiscalização das fronteiras. Enquanto a seção 287(g) contempla alguma cooperação policial na identificação de criminosos estrangeiros, a Operação Stonegarden já passa a subsidiar diretamente as polícias locais para realizar uma variedade de atividades de fiscalização de fronteira, incluindo verbas para horas extras e equipamentos especiais para incursões antidrogas, perseguição de pessoas suspeitas de serem imigrantes ilegais e patrulhamento fronteiriço. Não tem havido praticamente nenhuma fiscalização sobre como o dinheiro vem sendo gasto. O *Arizona Daily Star* revelou enormes pagamentos de horas extras a policiais, às vezes ultrapassando seus salários-base, o que onera os contribuintes locais com pensões dramaticamente mais altas à medida que os policiais se aposentam e passam a recolher com base nesses salários inflacionados.[427]

Um coro crescente de políticos de direita vem defendendo formas de alta e baixa tecnologia de fechar a fronteira. Estamos familiarizados com as exortações de Donald Trump para que se "erga um muro", mas isso não é novo. O governo dos Estados Unidos vem tentando construir um muro ao longo da fronteira sul há muitas décadas e sem que isso tenha produzido quaisquer resultados que não um enorme desperdício de recursos públicos e mortes de imigrantes, empurrados para terrenos cada vez mais hostis e remotos. Não há logística que dê conta de construir um muro eficaz entre os EUA e o México. O terreno é muito difícil, o custo é muito elevado e as formas de contorná-lo são muitas. Para começar, 40% de todas as pessoas que estão no país ilegal-

---

[427] McCombs, Brady. Ceasar, Stephen. "Border program has vague goals, little oversight". *Arizona Daily Star*, 15 nov. 2009.

mente chegam de avião e simplesmente não retornam depois do vencimento de seu visto.[428] Também não basta simplesmente construir um muro e pronto. Ele precisa de manutenção e de pessoal. Qualquer muro pode ser galgado, escalando por cima, cavando por baixo ou mesmo danificando sua estrutura, se não houver ninguém vigiando. Isso exigiria um vasto exército ao longo da cerca, que sem dúvida contribuiria para mais mortes desnecessárias. Foram descobertos mais de setecentos túneis de fronteira entre 2006 e 2014, e a construção de mais paredes sem dúvida estimulará a escavação de mais túneis.

Os EUA estão despejando bilhões de dólares em iniciativas de proteção eletrônica de fronteiras.[429] No fim da década de 1980, o governo já tentava usar tecnologia para direcionar com precisão os esforços de fiscalização. Nos dez anos seguintes, os programas Detecção Inteligente Computadorizada (ICAD) e Sistema de Inteligência de Vigilância Integrado (ISIS) consumiram centenas de milhões de dólares em um sistema que no fim das contas foi considerado "funcionalmente inoperante".[430] Sem se deixar arrefecer, o Congresso ainda liberou 1 bilhão de dólares à Boeing ao longo dos anos seguintes para que a empresa construísse a rede da Secure Borders Initiative [Iniciativa de Fronteiras Seguras]. Depois de anos de orçamentos estourados, má administração, falhas operacionais e relatórios críticos do Government Accounting Office,[431] o programa foi completamente descartado.

---

[428] Greenberg, Jon. "Ramos: 40 percent of undocumented immigrants come by air". *PunditFact*, 8 set. 2015.

[429] Miller, Todd. *Border Patrol Nation*, *op. cit.*; Longmire, Sylvia. *Border Insecurity: Why Big Money, Fences, and Drones Aren't Making Us Safe*. Nova York: Palgrave Macmillian, 2014.

[430] Longmire, Sylvia. *Border Insecurity*, *op. cit.*, p. 79.

[431] N.E.: orgão equivalente ao Tribunal de Conta da União, responsável

No rescaldo dos atentados de 11 de setembro de 2001, o financiamento para iniciativas como essas tornou-se amplamente disponível. Centenas de milhões de dólares foram gastos em sensores que medem vibrações do solo, movimento infravermelho e sons de atividade humana para alertar as unidades da Patrulha de Fronteira de que alguém poderia estar tentando cruzar a fronteira. Boa parte dessa tecnologia não funciona; e, mesmo quando funciona, é preciso que haja unidades a postos para agir. Além disso, os Estados Unidos estão usando um grande número de aviões, helicópteros e drones para fazer o patrulhamento da fronteira, além de terem experimentado usar balões para tentar identificar travessias de aeronaves não autorizadas (embora ocasionalmente alguns se desprendam de suas amarras e provoquem danos extensos).

Reformas

Embora a posse do presidente Donald Trump tenha minado grande parte das esperanças de conseguir reformar o policiamento das fronteiras, ainda há esforços para repensar a forma pela qual administramos a necessidade por trabalhadores imigrantes, que se tornaram fundamentais para diversas partes da economia estadunidense.

Alguns defendem o retorno a um sistema de autorização de trabalhadores estrangeiros, semelhante ao antigo Programa Bracero. Por mais que aquele programa tenha reduzido o fluxo de imigrantes não autorizados e criado alguns postos de trabalho regularizados para os trabalhadores mais pobres do México, ele não acabou com toda a imigração ilegal e pouco fez para

---

por exercer a fiscalização contábil, financeira, orçamentária, operacional e patrimonial do Estado.

melhorar o padrão de vida dos trabalhadores, nem dos estadunidenses nem dos mexicanos.

Parte do problema é que os trabalhadores migrantes não se limitam ao trabalho rural; eles trabalham em uma série de indústrias de construção, produção e serviços, incluindo construção civil, processamento de alimentos, trabalho doméstico e limpeza. O que o Programa Bracero fez foi garantir mão de obra estável e de baixo custo aos produtores rurais que queriam manter os salários extremamente baixos. O programa permitiu que os empresários colocassem em listas de proscritos qualquer pessoa que reclamasse ou tentasse se organizar politicamente. Os trabalhadores rurais migrantes de hoje não são contemplados por leis de salário-mínimo, têm poucas garantias trabalhistas efetivas, são rotineiramente expostos a produtos químicos perigosos e recebem apenas o mínimo de acesso a serviços de habitação, saúde, educação e assistência social. Um novo programa Bracero não vai resolver isso; vai apenas institucionalizar essa situação. Se quisermos elevar o padrão de vida dos trabalhadores rurais, temos de permitir que eles se organizem, fornecer remunerações mais altas e fazer valer as garantias necessárias de saúde e segurança. Se os cidadãos estadunidenses pudessem ganhar salários mais altos fazendo esses trabalhos, mais deles poderiam optar por assumi-los. Da forma como está agora, os patrões preferem contratar imigrantes indocumentados precisamente porque sabem que é muito menos provável que haja resistência organizada entre essa população.

Os sindicatos às vezes cometeram o erro de pensar que a exclusão de novos imigrantes, legais ou indocumentados, automaticamente melhoraria a situação dos trabalhadores estadunidenses. Embora seja verdade que foram quebradas mobilizações trabalhistas com a introdução de mão de obra indocumentada, em muitos casos não é bem isso que acontece. Em vez disso, os patrões regularmente recorrem a minorias raciais que têm autorização para trabalhar, conscientemente tirando vantagem das antipatias raciais que eles próprios trabalharam duramente para criar a fim de manter os trabalhadores divididos e poder jogar um grupo contra o outro. Fica difícil para sindicatos que contam com quadros de filiação predominantemente brancos chegar para os trabalhadores negros, a quem eles historicamente excluíram, e pedir que não ultrapassem seus piquetes, furando a greve. Cada vez mais, a Federação Estadunidense do Trabalho e Congresso de Organizações Industriais (AFL-CIO) vem se dando conta de que a única esperança de conseguir melhorar a vida dos trabalhadores é fomentar uma solidariedade ampla, em vez de antagonismos. Embora muitos sindicalistas locais tenham sentimentos anti-imigrante, a posição oficial da AFL-CIO é proteger os direitos de todos os trabalhadores independentemente de seu *status* de imigração e estimular a organização política dessa mesma forma. O policiamento duro de imigração não vai ajudar a fortalecer um movimento de trabalhadores; vai estilhaçá-lo.

Um dos erros que os apoiadores de Trump cometem é imaginar que suas condições econômicas serão melhoradas se o país continuar explorando terras estrangeiras enquanto exclui aqueles que sofrem em decorrência disso. Essa análise pressupõe que a riqueza gerada por esse processo, de alguma forma, chegará aos trabalhadores estadunidenses. Os últimos vinte anos nos ensinaram que esses arranjos econômicos globais não incluem lealdade nacional por parte das corporações, nem compartilhamento de sua riqueza com as economias nacionais. A riqueza dos Estados Unidos aumentou dramaticamente nas últimas duas décadas, mas todo esse crescimento escoou exclusivamente para os bolsos dos 10% mais ricos. O resto de nós experimentou uma diminuição salarial e dos serviços oferecidos pelo governo. Nosso padrão de vida não está diminuindo por causa dos imigrantes, ele está diminuindo em virtude do capitalismo neoliberal desregulamentado, que permitiu que as corporações e os ricos deixassem de pagar impostos ou salários decentes. É esse sistema que precisa ser mudado.

Em 2010, a Secretaria de Serviços de Policiamento Orientado à Comunidade (COPS) do Departamento de Justiça dos EUA bancou um estudo do Instituto Vera sobre as melhores práticas de policiamento em comunidades com um grande número de imigrantes. Ele pesquisou centenas de departamentos e se concentrou em oito princípios: chegar às raízes do crime, maximizar recursos, mobilizar parcerias, focar nos vulneráveis, envolver-se em amplas atividades de extensão social, treinar tanto os policiais quanto a comunidade, monitorar os êxitos e o fracassos e manter os programas que funcionarem. Encontramos embutida nesses princípios a noção idealizada de policiamento comunitário, criticada nos capítulos anteriores deste livro. Essa abordagem coloca a polícia no centro da resolução dos problemas da comunidade, aumentando seus recursos, ampliando seu alcance e moldando as ações e percepções da comunidade por meio de atividades de extensão social e treinamento feito com base nas prioridades do policiamento.[432]

Que a polícia fale vários idiomas, saiba respeitar as diferenças culturais e se concentre nas necessidades das pessoas mais vítimas é algo que certamente tem seu valor. No entanto, no estudo do Instituto Vera pouco se fala dos profundos conflitos de mis-

---

432 Saint-Fort, Pradine. Yasso, Noëlle. Shah, Susan. *Engaging Police in Immigrant Communities: Promising Practices from the Field*. Nova York: Vera Institute of Justice, 2012.

são no policiamento dessas comunidades; só há, por exemplo, uma única menção às cidades santuário. Em diversos momentos, a polícia é aplaudida por contratar civis como tradutores e educadores comunitários. Mas por que esses recursos precisam estar vinculados à polícia e ficar sob o controle do departamento de polícia? Essas devem ser funções centrais do governo civil local e existir independentemente das forças policiais.

Se quisermos que os imigrantes, documentados ou não, sejam mais integrados à sociedade, mais propensos a denunciar crimes e mais capazes de se defender de predadores, devemos, em vez disso, procurar acabar com todo o policiamento federal de imigração, remover as barreiras sociais no acesso a habitação e emprego, e reconhecer a importância de seu papel na revitalização de comunidades e no estímulo à atividade econômica.

Alternativas

O policiamento de fronteira é extremamente caro e em larga medida ineficaz, além de produzir enormes danos colaterais, incluindo criminalização em massa, violações de direitos humanos, mortes desnecessárias, separação de famílias e manifestações de racismo e xenofobia. Infelizmente, tanto o Partido Democrata quanto o Partido Republicano abraçaram a expansão dessa política, seja como parte de um sistema de legalização restrita e controlada, seja como parte de uma fantasia de fechamento da fronteira. Em vez de debater quantos agentes adicionais da Patrulha de Fronteira devemos contratar e mobilizar, precisamos, ao contrário, começar amplamente um processo de despoliciar a fronteira. As fronteiras são inerentemente injustas e, como aponta Reece Jones em seu livro *Violent Borders* [Fronteiras violentas], elas reproduzem a desigualdade, que é respaldada pela violência dos atores do Estado e pela indignidade e o perigo de ser forçado a cruzar as fronteiras de maneira ilegal.[433]

Até o governo Clinton, a imigração transfronteiriça não autorizada era uma prática generalizada, que no entanto não provocou nenhum colapso da economia ou da cultura estadunidenses. Na verdade, ela inclusive as fortaleceu de muitas maneiras, dando origem a novos setores econômicos, revitalizando bairros urbanos há muito abandonados e integrando melhor os Estados Unidos à economia global. Quando a União Europeia baixou suas fronteiras internas, havia temores de que o crime organizado se beneficiaria, de que as culturas locais seriam minadas e de que a imigração em massa produziria um caos econômico à medida que os europeus mais pobres do sul se deslocassem para o norte. Nada disso ocorreu. A imigração na verdade diminuiu à medida que a União Europeia começou a desenvolver áreas mais pobres no interior do continente como uma forma de produzir maior estabilidade econômica e social.

Poderíamos fazer a mesma coisa na América do Norte, mas, em vez disso, temos feito basicamente o oposto. O Tratado Norte-Americano de Livre-Comércio teve consequências devastadoras para a produção agrícola no México, deslocando e empobrecendo milhões de pessoas.[434] O fim do subsídio estatal ao cultivo de milho em Oaxaca causou o colapso daquela economia rural local, levando centenas de milhares de pessoas a tentar migrar para os Estados Unidos. Há vários processos semelhantes em outras regiões do México.[435] A violência re-

---

[433] Jones, Reece. *Violent Borders: Refugees and the Right to Move*. Brooklyn, NY: Verso, 2016.

[434] Bacon, David. *Illegal People: How Globalization Creates Migration and Criminalizes Immigrants*. Boston: Beacon Press, 2008.

[435] Bacon, David. *Illegal People*, op. cit.

lacionada a drogas, que contribui ainda mais para o fluxo de imigrantes do México e da América Central, também está diretamente ligada aos esforços históricos e ainda em curso de interdição próprios da guerra estadunidense às drogas.[436] Ao abrir as portas para o fluxo de mercadorias e capital, mas não de pessoas, criamos uma tremenda pressão imigratória. Em vez disso, o certo seria abrir as fronteiras e trabalhar para desenvolver as partes mais pobres dos Estados Unidos e do México. Isso criaria uma estabilidade econômica e social e promoveria um desenvolvimento que poderia reduzir a extensão da imigração. Os 15 bilhões de dólares que gastamos a cada ano com o policiamento de fronteiras podem contribuir, e muito, para atingir esse objetivo. A verdade é que a maioria das pessoas prefere permanecer em seu próprio ambiente cultural do que imigrar, se essa for uma opção.

Em última análise, precisamos trabalhar para desenvolver um *ethos* e uma análise mais internacionalistas. A questão é que as pessoas na América Central e no México são pobres em parte por causa das políticas econômicas dos Estados Unidos. Ao subvertermos sistematicamente a democracia, contribuímos para criar a pobreza desoladora desses lugares. Em 2009, o governo dos Estados Unidos apoiou um golpe contra o governo de esquerda democraticamente eleito em Honduras. Esse governo agora está torturando, executando e desaparecendo com ativistas ambientalistas e sindicais.[437] Essa foi apenas a mais recente de uma longa série de intervenções estrangeiras, diretas e indiretas, na política da América Central, incluindo o apoio de Ronald Reagan às ditaduras em El Salvador e na Guatemala, bem como

---

[436] Watt, Peter. Zepeda, Roberto. *Drug War Mexico*, *op. cit.*

[437] Grandin, Grandin. "The Clinton-Backed Honduran Regime Is Picking Off Indigenous Leaders", *Nation*, 3 mar. 2016.

a tentativa, por parte dos Contras na Nicarágua, de derrubar o governo de esquerda naquele país.

Quando passarmos a entender a imigração como um processo global impulsionado em grande parte pelas políticas de nosso próprio governo, nós, aqui nos Estados Unidos, deveremos nos sentir obrigados a acabar com essas práticas e abrir nossas portas para aqueles que fogem dessa situação. Os imigrantes são seres humanos que não são nem melhores nem piores do que os estadunidenses e deveriam desfrutar dos mesmos direitos e oportunidades que nós. Como observa o grupo Immigrant Movement International, os imigrantes têm tanto direito a se deslocarem internacionalmente quanto "corporações e elites internacionais"; "a única lei que merece o nosso respeito é uma lei sem preconceitos, que protege a todos, em qualquer lugar. Sem exclusões. Sem exceções".[438] Deveríamos estar trabalhando para melhorar as condições de origem das pessoas e permitir que elas tenham acesso às oportunidades de que desfrutamos. Não podemos e não devemos recorrer a um policiamento cada vez mais intenso, violento e opressor nas fronteiras para gerir os problemas que nós mesmos ajudamos a criar.

---

[438] Immigrant Movement International, "International Migrant Manifesto", 5 nov. 2011.

10. Policiamento político

A polícia sempre foi política. As raízes mais profundas do policiamento político residem lá no desejo dos reis e rainhas de manterem o poder em face de rearticulações das lealdades e interesses dos nobres e das potências estrangeiras. Hoje as forças policiais são retratadas como guardiãs neutras da segurança pública, mas na realidade os Estados continuam a monitorar e interromper todo tipo de atividade política por meio de vigilância, infiltração, flagrantes provocados e repressão a protestos. A existência continuada dessas práticas representa uma grande ameaça a qualquer esforço de mudar o papel básico da polícia e, de forma mais ampla, atingir os objetivos de justiça racial e econômica.

Em uma ditadura, é fácil perceber que a polícia é uma ameaça à democracia e às forças da sociedade civil, cumprindo uma função principalmente política; o controle da criminalidade é sempre secundário. Os regimes repressivos em países pós-coloniais da África e da América Latina contam com policiais uniformizados e não uniformizados para perseguir, intimidar e assassinar seus opositores políticos. As chamadas polícias civis de lugares como El Salvador[439] e Guatemala[440] estão marcadas

---

[439] Stanley, William. *The Protection Racket State: Elite Politics, Military Extortion, and Civil War in El Salvador*. Philadelphia: Temple University Press, 2010.

[440] Schirmer, Jennifer. *The Guatemalan Military Project: A Violence Called Democracy*. Philadelphia: University of Pennsylvania Press, 1998.

por históricos de tortura e execuções extrajudiciais. As ditaduras no Brasil e na Argentina "desapareceram" com dezenas de milhares de líderes sindicais, artistas e adversários políticos na década de 1970.[441] Hoje, mesmo os regimes semidemocráticos ainda recorrem à polícia para cumprir funções primordialmente políticas. A polícia nigeriana, por exemplo, é notoriamente ineficaz no controle da criminalidade. A maior parte das unidades é mal remunerada e mal treinada, e muitas vezes recorre a tortura, extorsão e detenções ilegais.[442] Na Nigéria semidemocrática, as unidades de inteligência política e as tropas de choque tendem a ser as atribuições mais desejáveis e prestigiosas e estão regularmente envolvidas na supressão de movimentos sociais e grupos políticos de oposição, bem como em processos de fraude eleitoral e supressão de eleitores.

A Índia, embora mais democrática, conta com uma força policial preocupada principalmente com a gestão política. Depois da independência frente à Inglaterra, ela preservou formas coloniais de policiamento, com sua ênfase em vigilância política e tropas de choque para suprimir ações sindicais, conflitos étnicos, levantes campesinos e movimentos de guerrilha, tais como os Naxalitas. Esforços de lidar com a criminalidade e a segurança pública cotidiana foram sistematicamente preteridos por iniciativas de reforço na coleta de informações e desenvolvimento de sistemas mais sofisticados de supressão de movimentações polí-

---

441 Klein, Naomi. *The Shock Doctrine: The Rise of Disaster Capitalism*. Londres: Macmillan, 2010. [Edição brasileira: *A doutrina do choque: a ascensão do capitalismo de desastre*, trad. Vania Cury, Rio de Janeiro: Nova Fronteira, 2008].

442 Agbiboa, Daniel Egiegba. "Protectors or Predators? The Embedded Problem of Police Corruption and Deviance in Nigeria". *Administration and Society* 47, n. 3 (2015): p. 244-281.

ticas. As únicas unidades a receber treinamento e recursos mais generosos são as divisões de inteligência e controle de distúrbios.[443] Nas unidades regulares, permanecem endêmicos os problemas da corrupção e de baixa remuneração salarial. A polícia rural está geralmente sob o controle das elites agrícolas locais, que contam com ela para manter o controle sobre a vasta população campesina, especialmente minorias étnicas e pessoas que constam nas posições mais baixas do sistema de castas. A polícia constantemente aparece envolvida em casos de atrocidades contra esses grupos. É muito comum que suspeitos ricos ou que têm conexões políticas sejam prontamente liberados, enquanto quem não tem condições de garantir sua soltura por meio de subornos é submetido a tortura e encarceramento. A polícia está especificamente autorizada a praticar espionagem contra partidos políticos da oposição, e de fato faz isso com bastante rigor. Qualquer grupo ou organização precisa receber aprovação prévia da polícia para realizar manifestações ou mesmo reuniões e conferências que possam atrair participação internacional.[444]

As origens desse tipo de policiamento remontam aos centros coloniais que o originaram. Isso é claramente perceptível no contexto da transição de um policiamento autocrático para um policiamento mais moderno e liberal no século XIX. Cada uma das potências imperiais da Europa tinha uma polícia secreta que espionava, interrogava, prendia e às vezes até torturava oponentes políticos, infiltrava-se nos movimentos de trabalhadores, minorias étnicas e inclusive reformadores liberais, e os subvertia. A França teve várias formas de policiamen-

---

[443] Subramanian, K.S. *Political Violence and the Police in India.* Uttarakhand, India: SAGE Publications India, 2007.

[444] Datta, Saurav. "Freedom of assembly is our fundamental right, but Indian police just won't let us exercise it". *Scroll.in*, 24 fev. 2015.

to desde a Idade Média.[445] À medida que Paris foi crescendo em tamanho e complexidade, foi se tornando cada vez mais necessário que o *ancien régime* ampliasse e profissionalizasse seus mecanismos de controle social. Em 1666, Luís XIV criou um cargo de tenente de polícia cujas principais funções eram fornecer informações à Coroa e manter a ordem pública, o que incluía a supressão de motins e movimentos políticos, mas esse esquema se mostrou incapaz de prever ou evitar os levantes que levaram à Revolução Francesa.

Depois da revolução, o novo Ministério de Polícia tornou-se mais civil, mas não menos político. Apesar da ênfase retórica em garantir a aplicação da lei, a polícia passou a ser uma ferramenta política da facção que estivesse no poder, concentrando-se principalmente na chamada *haute police*, ou alto policiamento da política. Sob o governo de Napoleão, a polícia foi ainda mais profissionalizada e integrada de forma mais clara em um sistema jurídico moderno capaz de fornecer relatórios diários de inteligência sobre a condição de todo o país, que eram encaminhados a ele durante suas expedições militares no exterior. A gendarmaria militar policiava o campo, enquanto a polícia municipal era responsável pelas cidades. No centro havia uma grande operação de inteligência, o Diretório, envolvido em intrigas políticas, vigilância e censura. Hoje, tanto a gendarmaria rural quanto a polícia nacional desempenham um papel central na coleta de informações internas ao país, o que rendeu o ditado de que "os cidadãos franceses são livres para fazer o que quiserem – sob supervisão da polícia".[446]

---

445 Stead, Philip. *The Police of France*. Londres: Macmillan, 1983.

446 Guyot, Yves. *La police: étude de physiologie sociale*. Paris: Charpentier, 1884.

De qualquer maneira, o policiamento em contextos democráticos liberais não tem sido menos político. A polícia britânica, cuja gênese discutimos em detalhes no capítulo 2, regularmente se envolve em práticas de vigilância e subversão de movimentos políticos internos ao país. Durante as décadas de 1960 e 1970, ela se infiltrou em sindicatos, universidades e organizações pacifistas, pressionou membros a entregar informações sobre subversivos e agentes estrangeiros e invadia esses locais em busca de informações políticas. Em 2011, durante o movimento Occupy Wall Street, a polícia da cidade de Westminster circulou um aviso pedindo que as empresas locais e os indivíduos relatassem imediatamente qualquer sinal da presença de "anarquistas" ao balcão de contraterrorismo da polícia – a mesma responsável por receber e apurar informações sobre a Al-Qaeda.[447] Sem qualquer evidência ou mesmo alegação de atividade criminosa, a polícia rotineiramente coleta informações sobre ativistas políticos cuja filosofia contraria os arranjos políticos existentes.

O incidente de 2011 era vinculado ao Projeto Griffin, elaborado para "aconselhar e familiarizar gerentes, seguranças e funcionários de grandes organizações do setor público e privado em toda a capital sobre questões de segurança, contraterrorismo e prevenção do crime".[448] Esses projetos envolvem uma tendência perturbadora em que a polícia local é instada a fornecer atualizações de segurança para o setor privado a respeito de possíveis manifestações – essencialmente uma avaliação de ameaças políticas. Esses informes costumam incluir atividades criminosas e terroristas passadas, avaliações vagas de tendências internacionais amplas ou microrrelatos de fragmentos soltos de infor-

---

[447] Booth, Robert. "Anarchists should be reported, advises Westminster anti-terror police". *Guardian*, 31 jul. 2011.

[448] *Ibid.*

mações distantes e desconexas, como o fato de que uma pessoa suspeita de ser terrorista no Paquistão foi encontrada com um mapa do metrô de Londres em seu laptop.

Agentes policiais no Reino Unido vêm se infiltrando em grupos de ativistas pacifistas, de direitos dos animais, ambientalistas e anarquistas, e detetives disfarçados chegaram a ter relações sexuais com mulheres nesses movimentos. Há estimativas de que mais de cem mulheres foram vítimas.[449] Em pelo menos um caso, o relacionamento gerou um filho, resultando em uma indenização de mais de 400 mil libras.[450] Esse agente, Bob Lambert, chegou a armar e detonar dispositivos explosivos em lojas de departamento que vendiam casacos de pele, a fim de tentar conquistar mais aceitação na ala extremista do movimento pelos direitos dos animais e justificar o aprofundamento das atividades de infiltração e perturbação por parte da polícia – a definição por excelência de um *agent provocateur*.[451]

Policiamento político interno

Apesar de nossas preocupações com a liberdade política, a polícia dos EUA tem um longo histórico de práticas abusivas semelhantes. O mito do policiamento em uma democracia liberal é de que a polícia existe para impedir as atividades políticas que extrapolam os limites e passam a configurar atividades criminosas, como destruição de propriedade e violência. Mas, na verda-

---

449 Lewis, Paul. Evans, Rob. *Undercover: The True Story of Britain's Secret Police*. Londres: Faber & Faber, 2013.

450 Evans, Rob. "Met police to pay more than £400,000 to victim of undercover officer". *Guardian*, 23 out. 2014.

451 Collins, Lauren. "The Spy Who Loved Me: An undercover surveillance operation that went too far". *New Yorker*, 25 ago. 2014.

de, ela sempre se concentrou em detectar e coibir movimentos que ameaçam o *status quo* econômico e político, independentemente da presença de criminalidade. Embora em algumas ocasiões isso tenha incluído ações contra a extrema direita, as ações policiais recaem esmagadoramente sobre a esquerda, em especial, os movimentos vinculados a trabalhadores e minorias raciais, bem como aqueles que questionam a política externa estadunidense. Mais recentemente, o foco mudou para a vigilância de muçulmanos como parte da Guerra ao Terror.

Em 1908, o Departamento de Justiça criou o Escritório de Investigação (BOI), chefiado por J. Edgar Hoover em 1924. Hoover transformou o BOI e mais tarde o FBI, criado em 1935, em uma enorme operação doméstica de coleta de informações com arquivos sobre milhões de estadunidenses, incluindo políticos, ativistas e celebridades. O surgimento do sistema federal de coleta de informações de inteligência moderno foi inicialmente impulsionado por preocupações com anarquistas e "vermelhos", que estavam implicados em ondas de greves, atentados a bomba e assassinatos no início do século, desde o assassinato do presidente McKinley, em 1901, até os atentados do Los Angeles Times, em 1910, e de Wall Street, em 1920, levando a uma onda de represálias contra qualquer pessoa que tivesse alguma afiliação anarquista, sindical e, em muitos casos, até ativistas trabalhistas italianos de qualquer vertente política.[452]

No alvorecer da Revolução Russa, uma enorme onda de "pavor vermelho" tomou conta do país. De fato, havia grupos revolucionários nos Estados Unidos, mas sua influência era em larga medida ideológica, e não organizacional. Eles produziam vários jornais e folhetos, mas na prática tinham pouca conexão

---

[452] Gage, Beverly. *The Day Wall Street Exploded: A Story of America in Its First Age of Terror*. Oxford: Oxford University Press, 2009.

com organizações sindicais. Isso não impediu o Departamento de Justiça de coletar informações e produzir arquivos sobre eles. O BOI de Hoover afirmou ter um catálogo de fichas com mais de 200 mil entradas de supostos "vermelhos". Depois de uma onda de atentados suspeitos a bomba em 1919, a vigilância converteu-se em subversão, apesar do fato de os próprios registros de Hoover deixarem claro que nenhuma dessas organizações estava envolvida em práticas de orquestração de violência, nem se encontrava em posição para encenar uma insurreição armada. Os dois "mais perigosos" grupos anarquistas que estavam sob vigilância contavam com um total de 37 integrantes.[453]

Em 1919, o *attorney general* A. Mitchell Palmer lançou uma grande campanha nacional para barrar quaisquer movimentos simpáticos ao socialismo, comunismo ou anarquismo. Ele contava com novas leis de imigração mais restritivas que permitiam a deportação de qualquer pessoa que defendesse a derrubada violenta do governo dos Estados Unidos. Seu discurso era de que qualquer pessoa que integrasse uma organização que apoiava a Revolução Soviética automaticamente era a favor desse tipo de derrubada violenta, mesmo se o grupo aderisse formalmente a uma estratégia não violenta de transformação política.

Isso ficou conhecido como as Incursões Palmer, que começaram com a prisão e deportação de algumas centenas de escritores e ativistas de esquerda, incluindo Emma Goldman em 1919, mesmo sendo ela uma cidadã estadunidense naturalizada. Trabalhando em conjunto com a polícia local, Palmer levou a cabo em janeiro de 1920 uma enorme campanha de prisões, interrogatórios, detenções ilegais e deportações. Milhares de pessoas foram presas, incluindo vários cidadãos estadunidenses.

---

[453] Hoyt, Edwin Palmer. *The Palmer Raids, 1919-1920: An Attempt to Suppress Dissent*. Nova York: Seabury Press, 1969, p. 40.

Os jornalistas foram especialmente visados, com apreensões de arquivos e fechamentos de jornais. Muitos foram mantidos por semanas em porões e corredores de edifícios sem acesso a banheiros, comida ou advogado. Muitos outros foram espancados ou torturados e, em um caso, um prisioneiro chegou a "pular" para fora de uma janela e morrer.[454] O chefe de polícia de Buffalo disse: "É uma pena que não possamos alinhá-los contra a parede e fuzilá-los".[455] O secretário de estado de Massachusetts disse: "Se dependesse de mim, eu os levaria para o pátio todas as manhãs e os fuzilaria, e no dia seguinte encaminharia um julgamento para ver se eram culpados".[456]

No fim, as incursões foram consideradas totalmente ilegais, mas só depois de centenas de pessoas terem sido deportadas, deixando organizações inteiras desmanchadas e vidas destruídas. Embora o foco declarado fosse evitar a deflagração de uma revolução armada, o verdadeiro objetivo era desarticular o incipiente movimento dos trabalhadores que estava cada dia mais pujante. Além disso, Palmer dirigia ataques públicos especificamente a grupos e organizações que defendiam direitos iguais para afro-estadunidenses, tais como o Partido Comunista, que para seu horror dizia aos "*negroes*" que eles tinham direito de fazer greve.[457]

No rescaldo dos abusos das Incursões Palmer, o FBI assumiu inicialmente uma postura um tanto limitada no que diz respeito às suas atividades políticas, concentrando-se principalmente na coleta de informações de inteligência. Por conta das preocupações estadunidenses de se evitar um Estado excessi-

[454] Dunn, Robert. *The Palmer Raids*. Nova York: International Publishers, 1948.

[455] *Ibid.*, p. 61.

[456] *Ibid.*

[457] *Ibid.*, p. 65.

vamente poderoso ainda havia certa supervisão, mesmo que limitada, dessas atividades por parte do Congresso, que segurou algumas das práticas mais flagrantemente abusivas. Contudo, as incursões continuaram desempenhando um papel na identificação e intimidação de indivíduos "sabidamente comunistas" durante o período McCarthy. Hoje sabe-se que na década de 1960 o Programa de Contrainteligência do FBI, o COINTELPRO, tinha fichas sobre milhões de ativistas que agiam dentro da legalidade e se envolvia ativamente na desarticulação de movimentos sociais por meio de cartas falsas, agentes infiltrados e *agents provocateurs*.[458] Figuras notáveis como Martin Luther King tiveram seus telefones grampeados. Os agentes do FBI frequentemente compareciam às reuniões, secreta ou abertamente, para colher registros para arquivos de inteligência, e faziam uso de sua presença conspícua como forma de intimidação. Plantaram informantes nas organizações para coletar informações, mas também para semear discórdia, fazer falsas alegações contra as pessoas e, por vezes, sugerir formas violentas de ação para aprisionar e desacreditar as organizações e seus líderes.

Infelizmente, houve pouco controle e fiscalização sobre as atividades das polícias locais. Na sua abrangente história dos "Esquadrões Vermelhos" locais, Frank Donner mostra como as grandes forças policiais dos Estados Unidos dedicaram recursos consideráveis ao policiamento político e que esse policiamento estava intimamente ligado a uma política de extrema direita, interesses empresariais e corrupção.[459]

---

458 Glick, Brian. *War at Home: Covert Action Against U.S. Activists and What We Can Do About It*. Boston: South End Press, 1989.

459 Donner, Frank. *Protectors of Privilege: Red Squads and Police Repression in Urban America*. Berkeley, CA: University of California Press, 1990.

À medida que a imigração e a industrialização transformavam a paisagem econômica e social no fim do século XIX e início do XX, a polícia local se envolvia cada vez mais na repressão aos movimentos dos trabalhadores. Até a década de 1930, os Estados Unidos não garantiam nenhum direito real de se formar um sindicato ou fazer greve. Militantes sindicais eram rotineiramente demitidos, enxotados da cidade e às vezes até mortos por agentes da empresa ou pela própria polícia. As greves eram coibidas por meio de ameaças, uso de fura-greves e, quando necessário, violência. No início desse período, boa parte desse tipo de trabalho era feito por empresas de segurança privada como os Pinkertons, que foram responsáveis por vários espancamentos, mortes e infiltrações de sindicatos, incluindo a repressão à greve de Homestead de 1892, na qual guardas e trabalhadores se enfrentaram em uma batalha armada que cobrou a vida de várias pessoas de ambos os lados, e que terminou com a convocação de uma milícia local que esmagou os grevistas e seu sindicato. Na década de 1930, a agência Pinkerton tinha mais de 1.300 espiões infiltrados em sindicatos na tentativa de desarticular suas atividades em nome dos patrões.

Na maioria dos lugares, as polícias locais desempenharam um papel importante na supressão de greves. Isso era geralmente feito por meio de um processo de corrupção política em que a polícia ficava à mercê dos políticos locais, que eram responsáveis por boa parte das contratações e demissões das forças policiais, especialmente nos escalões superiores. Em muitos lugares no século XIX e no início do XX, as nomeações dos quadros policiais eram feitas diretamente por políticos locais na base de serviços políticos e subornos consideráveis. Essas autoridades locais, por sua vez, muitas vezes tinham rabo preso com grandes empresários por conta de subornos e favores políticos. Quando esses empresários enfrentavam mobilizações trabalhistas, bastava portanto chamar a polícia local para suprimir a greve, interromper as reuniões e intimidar e brutalizar os supostos "líderes" sindicais.

Na virada do século, à medida que se intensificava a agitação e a violência por parte do movimento dos trabalhadores, foram formados esquadrões especiais na maioria das grandes cidades. Boa parte do foco inicial concentrava-se em supostos anarquistas, que no entendimento deles exerciam o papel mais militante nos conflitos trabalhistas e estavam associados a uma série de assassinatos e atentados a bomba. A polícia começou a alimentar enormes sistemas de arquivos fichando pessoas suspeitas de serem anarquistas e outros militantes radicais do movimento dos trabalhadores. Os *Wobblies* do Industrial Workers of the World (IWW) estavam entre os alvos mais frequentes de vigilância e assédio. As reuniões eram interrompidas e pessoas suspeitas de serem anarquistas eram frequentemente presas, às vezes sob acusações forjadas, como no caso de Sacco e Vanzetti,[460] executados em 1927.

Depois da Revolução Bolchevique, as atenções se voltaram para os "vermelhos", à medida que agentes e simpatizantes comunistas se tornaram a principal obsessão de empresários, líderes políticos e policiais à procura de encontrar uma maneira de suprimir o crescente movimento trabalhista. Os Esquadrões Vermelhos floresceram depois da Primeira Guerra Mundial. Eles geralmente operavam em sigilo e em conluio com os empresários locais e com o BOI de Hoover. Em muitos casos, os

[460] N.E.: Nicola Sacco e Bartolomeo Vanzetti foram dois anarquistas italianos presos, processados, julgados e condenados à morte nos Estados Unidos, na década de 1920, sob a acusação de homicídio de um contador e um guarda de uma fábrica de sapatos.

detetives que ajudavam a acabar com greves recebiam por fora generosas recompensas em espécie dos empresários, apenas uma das muitas formas de corrupção que se desenvolveram nesse sistema sigiloso de policiamento político. Os empresários muitas vezes ainda entravam com dinheiro para bancar informantes e agentes infiltrados. Esse sistema tornava ainda mais tênue a linha entre interesses públicos e privados, e subvertia os princípios fundamentais de uma polícia independente sob o controle de governos civis eleitos.

Ao longo das décadas de 1940 e 1950, os Esquadrões Vermelhos desempenharam um papel importante em colocar em listas de proscritos qualquer pessoa suspeita de ter alguma relação com o comunismo. Embora o FBI também tivesse um dedo nesse processo, quem mais tomou a frente aqui foram as próprias polícias locais, que cada vez mais compartilhavam informações entre si e forneciam informações diretamente aos comitês do Congresso que trabalhavam para expor comunistas no interior do governo e do movimento trabalhista. Em 1956, uma nova agência independente, a Unidade de Inteligência Policial (LEIU), foi criada para compartilhar arquivos entre as agências policiais sobre crime organizado e atividades políticas. Embora fosse financiada em parte por subsídios federais, ela alegava ser uma entidade privada e que, portanto, não seria submetida a qualquer tipo de mecanismo de responsabilização ou supervisão governamental. Essa agência existe até hoje.[461]

Uma importante fonte de informação para os Esquadrões Vermelhos vinha de voluntários, geralmente sujeitos ligados a grupos ultranacionalistas como a Liga Protetora Americana [American Protective League] e a Legião Americana [Ameri-

461 LEIU: Law Enforcement Intelligence Units, "About LEIU", [s.d.]. Disponível em: <leiu.org>.

can Legion], bem como ativistas católicos impulsionados pelas cruzadas anticomunistas do Cardeal Spellman. Esses grupos ocasionalmente recebiam recursos para ampliar seus esforços, muitas vezes eram utilizados como braço para interromper reuniões políticas, espancar e intimidar pessoas suspeitas de serem comunistas e ainda tinham acesso aos arquivos coletados pela polícia. A disseminação desse tipo de informação muitas vezes se provava crucial para o processo de elaboração de listas de pessoas proscritas, uma vez que esses voluntários compartilhavam a informação com empresários locais.

Na década de 1960, o foco passou a ser o movimento de luta por direitos civis, ativistas pacifistas e estudantes radicais. Os Esquadrões Vermelhos novamente desenvolveram enormes sistemas de arquivos para acompanhar os movimentos sociais cada vez maiores. Embora a grande maioria das pessoas que participavam desses movimentos não fosse violenta, a polícia se aproveitava do fato de que pessoas haviam sido presas e que havia ocorrido algum ato de violência em relação a esses movimentos para justificar a vigilância e, eventualmente, práticas ativas de subversão; isso apesar do fato de que, longe de serem atos criminosos reais, as prisões e a violência eram muitas vezes provocadas por ações discriminatórias por parte dos próprios policiais.

Enquanto o Programa de Contrainteligência (COINTELPRO) trabalhava para subverter o movimento pelos direitos civis, foram as polícias de cidades como Los Angeles, Chicago e Nova Orleans que armaram incursões às sedes dos Panteras Negras, matando e prendendo muitos de seus líderes locais e nacionais. Foram as polícias locais de cidades como Chicago, Nova York e Washington que reprimiram violentamente as manifestações contra a Guerra do Vietnã e espancaram e prenderam ativistas da luta por direitos civis em Birmingham, Selma e Montgomery, no Alabama.

Em 1971, um grupo de ativistas invadiu um escritório do FBI em Media, na Pensilvânia, e descobriu documentos do COINTELPRO que revelavam tentativas de fazer com que Martin Luther King cometesse suicídio por meio de extorsão sexual.[462] Depois de uma série de investigações locais e audiências congressuais de ampla repercussão, bem como os inúmeros processos judiciais que se seguiram, o público passou a ter mais consciência sobre as redes secretas de espiões da polícia. Alguns departamentos foram forçados a entregar arquivos; outros destruíram ou tentaram escondê-los.[463] Recentemente, em 2016, o NYPD alegou ter perdido uma sala cheia de documentos lacrados por determinação judicial sobre suas operações de espionagem nas décadas de 1960 e 1970.[464] Por meio de uma série de ordens judiciais, leis locais e intervenções federais, muitos Esquadrões Vermelhos foram fechados e outros tiveram seu escopo de ações restringido. Resoluções judiciais impuseram restrições e fiscalização interna. As unidades de inteligência foram obrigadas a restringir suas atividades aos casos em que de fato havia evidências reais de que se estava planejando ou cometendo atividades criminosas, e passou a ser necessário obter aprovação para realizar trabalhos envolvendo agentes infiltrados ou contratar informantes. Em alguns casos, os arquivos eram submetidos a auditores independentes e autônomos. Fo-

---

462 Pilkington, Ed. "Burglars in 1971 FBI office break-in come forward after 43 years". *Guardian*, 7 jan. 2014.

463 Donner, Frank. *Protectors of Privilege*, *op. cit.*, p. 348.

464 Gonzalez, Juan. Goodman, Amy. "NYPD Surveillance Unveiled: City Claims to Lose Docs on 1960s Radicals, Then Finds 1 Million Records". *Democracy Now!*, 17 jun. 2016.

ram restringidas práticas de fotografar e filmar pessoas participando de protestos ou reuniões de cunho político.

Essas reformas, embora importantes para expor e limitar a extensão do policiamento político, foram temporárias e incompletas. Parte do problema é que qualquer atividade criminosa já é suficiente para deflagrar uma investigação. Como as ações de desobediência civil se tornaram um pilar das atividades dos movimentos sociais, quase todos os movimentos sociais participam de alguma forma de atividade tecnicamente ilegal. As unidades de inteligência continuam a entender o monitoramento das atividades políticas como parte de seu mandato.

Desde os atentados de 11 de setembro de 2001, no entanto, a polícia reabilitou sua infraestrutura de coleta de informações sob o disfarce da prevenção de atividades terroristas. Em Nova York, o NYPD foi à justiça tentar amenizar seu termo de ajustamento, o acordo *Handschu*, que colocava restrições significativas às práticas de vigilância; foi autorizado ao departamento voltar a fotografar manifestantes, embora não haja quase nenhuma conexão concebível entre protestos e terrorismo. Também foi permitido usar informantes e agentes infiltrados com pouca ou nenhuma fiscalização interna. Os agentes do NYPD coletaram uma série de informações contra ativistas que protestavam contra a Convenção Nacional Republicana em Nova York em 2004, incluindo organizadores, jornalistas independentes e organizações conhecidas sem histórico de violência. As pessoas detidas foram submetidas a interrogatórios sobre suas crenças políticas, filiações organizacionais e redes sociais. Depois que a União pelas Liberdades Civis de Nova York expôs essa prática, o NYPD concordou voluntariamente em interrompê-la.[465] No

---

[465] American Civil Liberties Union. "In Response to NYCLU Demand, Police Stop Interrogating Protestors About Political Activity", 10 abr. 2003.

entanto, em 2015, ativistas do movimento Black Lives Matter que foram presos relataram ter sido submetidos a interrogatórios políticos padronizados semelhantes.[466]

Em 2010, a ACLU revelou a existência de centenas de incidentes envolvendo a polícia espionando manifestações e atividades políticas legais em 33 estados desde 2001.[467] Em 2003, a polícia de Oakland se infiltrou em uma organização contra a brutalidade policial e exerceu um papel ativo no planejamento e na coordenação de eventos, incluindo na definição do trajeto de uma manifestação. Isso representa um conflito fundamental de interesse e configura evidente abuso de poder policial, ultrapassando o limite que divide observação passiva e manipulação ativa. O fato de o alvo dessas manifestações ser a própria polícia torna essa falha de conduta ainda mais grave.

Forças-tarefa Conjuntas de Combate ao Terrorismo e centros de fusão

Uma das principais formações de policiamento político são as Forças-tarefa Conjuntas de Combate ao Terrorismo (JTTF). Criadas na década de 1980, essas unidades combinam forças de segurança locais e federais para procurar ameaças terroristas. Como essas ameaças são raras, elas parecem ter passado a se dedicar ao monitoramento de atividades políticas. As JTTF funcionam sem supervisão ou fiscalização pública, especialmente em nível local, motivo pelo qual ao menos duas grandes cida-

---

466 Moynihan, Colin. "Questioning of Garner Protestors in New York Renews Concerns About Police Practices". *New York Times*, 28 abr. 2015.

467 American Civil Liberties Union. "Policing Free Speech: Police Surveillance and Obstruction of First Amendment-Protected Activity", 29 jun. 2010.

des, Portland (Oregon) e São Francisco, deixaram de aderir ao programa. Depois dos atentados de 11 de setembro de 2001, o Congresso eliminou muitas das restrições às práticas de espionagem política. Embora haja algum histórico de violência política por parte de grupelhos mais extremistas dos movimentos ambientalista e de defesa dos direitos dos animais, o escopo da vigilância parece ser amplo e indiscriminado – embora seu verdadeiro escopo nos seja desconhecido, visto que dependemos de raras ações judiciais ou vazamentos para saber algo sobre o que efetivamente ocorre.

Em 2002, soube-se que a unidade de Inteligência de Denver tinha um fichário com uma "Lista de Casos Ativos das JTTF" que incluía informações sobre o American Friends Service Committee [Comitê de Serviço de Amigos Americanos], a Colorado Campaign for Middle East Peace [Campanha do Colorado pela Paz no Oriente Médio], o Denver Justice and Peace Committee [Comitê de Justiça e Paz de Denver] e o Rocky Mountain Independent Media Center [Centro de Mídias Independentes das Montanhas Rochosas].[468] Em 2003, o *Wall Street Journal* noticiou que a JTTF de Denver tinha acrescentado "anarquistas" e outros "extremistas políticos" aos Arquivos de Gangues Violentas e Organizações Terroristas do FBI.[469] Em 2008, a ACLU revelou que a polícia do estado de Maryland tinha passado anos espionando ativistas locais que lutavam contra a pena de morte e pela paz, classificando 53 indivíduos e 20 organizações como terroristas. A lista foi distribuída à JTTF local e às agências policiais locais e federais nas proximidades.

---

468 American Civil Liberties Union of Colorado. "Spy Files Documents Reveal Political Spying by FBI's Joint Terrorism Task Force", 2012.

469 Davis, Ann. "Use of Data Collection Systems Is Up Sharply Following 9/11". *Wall Street Journal*, 22 mai. 2003.

Nenhum dos arquivos de vigilância apresentava qualquer indício de atividade ilegal.[470]

No dia 24 de setembro de 2010, como parte de uma investigação da JTTF, agentes do FBI fizeram incursões nas casas de várias pessoas que ativamente se opunham à política externa estadunidense na Palestina e na Colômbia, e que tinham ajudado a organizar as manifestações na Convenção Nacional Republicana em Saint Paul, no Minnesota, em 2008. Os mandados de busca e apreensão giravam em torno da obtenção de informações, contidas em fontes como computadores, que comprovassem suposta "facilitação para que outros indivíduos nos Estados Unidos viajassem para a Colômbia, a Palestina e qualquer outro local estrangeiro a fim de apoiar organizações terroristas estrangeiras, como as FARC e o Hezbollah".[471] Vinte e três pessoas foram intimadas a prestar testemunho perante um grande júri, mas todas se recusaram. Não surgiram quaisquer acusações criminais ou mesmo denúncias específicas de atividade criminosa, o que levou a crer que as batidas tinham motivação política.[472]

Mesmo tendo em mãos evidências que estavam relacionadas a ataques violentos reais, as JTTF desempenharam um papel limitado na prevenção de atentados ou mesmo no julgamento de terroristas. Um ano antes de o major Nidal Malik Hasan ter matado treze pessoas a tiros em Fort Hood, no Texas,

---

470 Madigan, Nick. "Spying uncovered". *Baltimore Sun*, 18 jul. 2008.

471 Forliti, Amy. "Documents mistakenly left behind by FBI in Minneapolis home shed light on probe of activists". *Twin Cities Pioneer Press*, 18 mai. 2011.

472 Kayyali, Dia. "Congress Must Not Authorize More Chilling of the First Amendment with Material Support Laws". *Electronic Frontier Foundation*, 29 mai. 2015.

as JTTF já tinham ciência tanto de suas opiniões extremistas quanto de ligações com o Paquistão, mas não tomou nenhuma providência contra ele.

Outra forma de policiamento político pós-11 de setembro são os centros de fusão, criados para ajudar as agências federais a compartilhar informações sobre potenciais ameaças terroristas (o foco passou a abarcar "todos os perigos/todos os crimes" e a incluir parceiros estaduais e municipais, interesses do setor privado e os militares).[473] Assim como acontece com as JTTF, não há critérios claros de responsabilização[474] e, de acordo com um relatório do Senado dos EUA, há poucos indícios de que eles tenham contribuído para evitar qualquer atividade terrorista que seja.[475] O que se verifica, no entanto, é que essas unidades têm estado no centro tanto de iniciativas de equiparação de ativismo político a terrorismo quanto na coordenação de esforços de inteligência a respeito de movimentos políticos não violentos. Em 2008, a ACLU de Massachusetts obteve um documento detalhando procedimentos operacionais padrão do centro de fusão que autorizava a vigilância e coleta de informações de reuniões públicas mesmo sem ter qualquer conexão com comportamento criminoso. Mesmo um único ato anônimo de discurso ou postagem nas redes sociais que defenda atividades ilegais (incluindo desobediência civil) pode justificar a deflagração de uma investigação completa.[476]

---

473 US Department of Homeland Security. "Fusion Centers and Emergency Operations Centers", [s.d.].

474 German, Michael. Stanley, Jay. *What's Wrong with Fusion Centers?*. Nova York: American Civil Liberties Union, 2007.

475 Smith, R. Jeffrey. "Senate Report Says National Intelligence Fusion Centers Have Been Useless". *Foreign Policy*, 3 out. 2012.

476 German, Michael. Stanley, Jay. *Fusion Center Update*. Nova York:

Em 2009 e 2010, dois centros de fusão listaram partidários de candidatos de terceiro partido, incluindo apoiadores do libertário Ron Paul, como ameaças potenciais, vinculando-os ao movimento miliciano.[477] Descobriu-se que o gabinete de Segurança Interna da Pensilvânia estava usando consultores pagos para monitorar grupos ambientalistas, pacifistas e em prol de direitos LGBTQIA+ e, em seguida, repassava as informações para empresas locais como a Hershey Company ou indústrias de petróleo e gás natural que adotam procedimentos politicamente controversos como o *fracking* (fraturamento hidráulico). Alguns dos relatórios chegavam a comparar essas organizações políticas não violentas à Al-Qaeda. A agência contratada era inclusive a mesma que fornecia segurança privada para muitas das mesmas empresas.

Os centros de fusão também se envolveram no monitoramento do movimento Occupy e na coordenação dos esforços locais para acabar com ele. Um relatório do Center for Media and Democracy [Centro de Mídia e Democracia] descobriu que os "Agentes de Ligação de Terrorismo" [Terrorism Liaison Officers] monitoravam e repassavam informações sobre as atividades do Occupy Phoenix, chegando a participar de reuniões e manifestações, infiltrando-se na organização e acompanhando atividades nas redes sociais. Os chefes de polícia das principais cidades, o Fórum de Pesquisa Executiva da Polícia e centros de fusão em todo o país faziam ativamente contagens diárias da quantidade de pessoas envolvidas. Os documentos também mostram que eles tinham acesso aos equipamentos de interceptação de telefones celulares, tecnologias de reconhecimento facial e softwares

American Civil Liberties Union, 2008.

[477] Missouri Information Analysis Center. "The Modern Militia Movement". *MIAC*, 20 fev. 2009; The Constitution Project. *Recommendations for Fusion Centers*. Washington, DC: The Constitution Project, 2012.

de mineração massiva de dados, que poderia representar uma enorme ameaça à privacidade dos ativistas e de suas organizações políticas. Essas agências de inteligência preparavam relatórios regulares para bancos e outras instituições financeiras contra as quais o movimento Occupy Wall Street se dirigia. Por causa da associação frouxa entre o Anonymous e o Occupy, seus relatórios sobre ameaças de hackers às vezes incluíam atividades de mídias sociais do Occupy, equiparando hackeamento ilegal com organização política nas redes sociais.[478]

A Partnership for Civil Justice Fund também descobriu, por meio de litígios, evidências de que o FBI tratou o Occupy como uma "ameaça terrorista" antes mesmo de o movimento organizar sua primeira intervenção política. Embora não haja evidências suficientes para confirmar as alegações de pessoas como Naomi Wolf de que o governo federal organizou e coordenou os esforços locais para acabar com o Occupy, está claro que as agências federais de inteligência, trabalhando em conjunto com as polícias locais, ativamente coletavam e compartilhavam informações sobre o movimento entre si e com instituições financeiras.[479] No fim das contas, a decisão de desmantelar os acampamentos do Occupy em centenas de cidades foi tomada por políticos locais e executada pelas polícias locais, embora o *timing* e as ferramentas usadas para tanto possam muito bem ser decorrências do compartilhamento de informações coordenado pelo governo federal.

---

478 Hodai, Beau. "Dissent or Terror: How the Nation's Counter Terrorism Apparatus" em *Partnership with Corporate America, Turned on Occupy Wall Street*. Madison, WI: Center for Media and Democracy, 2013.

479 Aronsen, Gavin. "What the FBI's Occupy Docs Do and Don't Reveal". *Mother Jones*, 7 jan. 2013.

Flagrantes provocados

As polícias vêm travando a Guerra ao Terror nacional e localmente por meio de práticas de vigilância generalizada, flagrantes provocados e inflamação dos temores públicos, sem com isso aumentar muito a segurança pública. O denunciante Edward Snowden, com a ajuda do jornalista Glenn Greenwald, contribuiu para expor a verdadeira extensão da espionagem governamental, que viola princípios constitucionais e as leis vigentes.[480] Os estadunidenses passaram a entender que suas comunicações telefônicas e eletrônicas não são seguras e que isso está sendo feito em conluio com grandes corporações de comunicação. O governo ainda não identificou um único caso de terrorismo com toda essa vigilância.

Em 2004, o NYPD prendeu o imigrante paquistanês Shahawar Matin Siraj, de 24 anos, por conspirar para explodir uma bomba na estação Herald Square do metrô, em Manhattan. Os advogados dizem que Siraj foi preso por um informante pago pela polícia, que enfrentava acusações por envolvimento com drogas e passou meses tramando o complô e promovendo a ideia de um atentado a bomba. Siraj não tinha "nenhum material explosivo, nenhum cronograma para um atentado e pouco conhecimento sobre explosivos". De acordo com a Human Rights Watch, os próprios registros do NYPD mostravam que ele era instável e "extremamente impressionável devido a se-

---

[480] Greenwald, Glenn. *No Place to Hide: Edward Snowden, the NSA, and the U.S. Surveillance State*. Nova York: Metropolitan Books, 2014. [Edição brasileira: *Sem lugar para se esconder: Edward Snowden, a NSA e a espionagem do governo americano*, trad. Fernanda Abreu. São Paulo: Sextante, 2014].

veras limitações intelectuais".[481] Conforme a própria avaliação do NYPD, quando solicitado a fazer parte do complô, Siraj respondeu que tinha antes que consultar a sua mãe e nunca efetivamente chegou a concordar em participar. Ainda assim, ele foi condenado e sentenciado a trinta anos de prisão.

Em 2011, Rezwan Ferdaus foi preso pelo FBI por participar de um complô para explodir o Pentágono e o Capitólio dos Estados Unidos. Um informante do FBI se infiltrou em sua mesquita local, persuadiu Ferdaus a participar do complô e lhe forneceu armas falsas, embora estivesse claro que ele era portador de uma deficiência mental. À medida que o plano se desenrolava, a condição de Ferdaus foi se deteriorando drasticamente. Ele passou a ter incontinência urinária e começou a sofrer convulsões e a perder muito peso. Eventualmente, seu pai teve de abandonar o emprego para cuidar do filho. Apesar disso, Ferdaus foi condenado por fornecer apoio material ao terrorismo e foi condenado a dezessete anos de prisão. Esses casos foram saudados como provas de que a polícia estava ganhando a Guerra ao Terror.

O NYPD realizou uma enorme operação sigilosa de espionagem, coordenada por sua "Unidade Demográfica", dirigida contra comunidades muçulmanas e árabes em toda a cidade, sem qualquer causa provável específica. Documentos obtidos pelos jornalistas Matt Apuzzo e Adam Goldman descreveram o envio de agentes à paisana a mesquitas, cafés, centros comunitários e *campi* universitários com o objetivo de identificar indícios de opiniões e pontos de vista extremistas, além de se inteirar da organização social, cultural e política dessas comunidades.[482] Idas

---

[481] Human Rights Watch. *Illusions of Justice: Human Rights Abuses in US Terrorism Prosecutions*. Nova York: Human Rights Watch and Columbia Law School Human Rights Institute, 2014.

[482] Apuzzo, Matt. Goldman, Adam. *Enemies Within: Inside the NYPD's*

e vindas em locais de culto, fragmentos de conversas em livrarias locais e atividades sociais de clubes estudantis – tudo isso era regularmente registrado e relatado. No próprio *campus* em que eu trabalho, na Brooklyn College, uma policial se fez passar por uma muçulmana recém-convertida, conquistou a confiança dos alunos muçulmanos e seus clubes, chegando a frequentar casamentos e eventos sociais, antes de ser descoberta por estar envolvida em outra investigação não relacionada. Documentos vazados indicaram que informantes da polícia participaram de viagens com esses clubes, elaborando relatórios a respeito de seus integrantes, suas atividades e oradores convidados, mesmo sem haver qualquer histórico ou indício de atividade criminosa. O programa nunca gerou uma única pista relacionada ao terrorismo. Ele foi alvo de um processo movido pela New York Civil Liberties Union em 2013, alegando que violava o direito das pessoas a livre associação religiosa e negava-lhes proteção igual perante a lei;[483] em 2015, no entanto, o NYPD continuou monitorando muçulmanos sem a devida autorização.[484]

Essas práticas são contraproducentes e minam substancialmente a credibilidade da polícia. A maioria das informações reais sobre violência extremista vem de membros da comunidade que denunciam pessoas que eles temem estarem tramando algo. No entanto, quando comunidades inteiras se sentem discriminadas, abusadas e desconfiadas, é muito menos provável que elas se apresentem às autoridades por medo de

---

Secret Spying Unit and bin Laden's Final Plot Against America. Nova York: Simon & Schuster, 2013.

483 New York Civil Liberties Union. "Raza v. City of New York (Challenging the NYPD's Muslim Surveillance Program)", 18 jun. 2013.

484 Sidahmed, Mazin. "NYPD's Muslim surveillance violated regulations as recently as 2015: report". *Guardian*, 24 ago. 2016.

que seu papel seja mal compreendido ou de que informações bem-intencionadas, mas potencialmente equivocadas, possam prejudicar inocentes em vez de desencadear uma investigação honesta. Nas palavras da ACLU, esse tipo de policiamento nos torna ao mesmo tempo menos seguros e menos livres.

Controle de multidões

O policiamento de protestos nos Estados Unidos é geralmente organizado em torno de filosofias estratégicas de como gerenciar esse tipo de atividade pública. Na década de 1960 e início da década de 1970, a polícia operava sob a filosofia de "força intensificada", enfrentando manifestantes militantes com uma força avassaladora.[485] Em resposta, surgiu uma nova doutrina de "gestão negociada" que reivindicava garantia dos direitos de liberdade de expressão, tolerância a perturbações da comunidade, comunicação contínua entre a polícia e os manifestantes, evitação de prisões e limitação do uso da força a situações em que de fato há violência ocorrendo.[486]

Hoje, porém, predominam duas formas principais de policiamento de protestos; ambos restringem severamente o direito de protestar. A polícia na cidade de Nova York e em algumas outras jurisdições insiste em técnicas de "comando e controle", nas quais são controlados minuciosamente todos os aspectos

[485] McPhail, Clark. Schweingruber, David. McCarthy, John. "Policing Protest in the United States: 1960–1995" em: Della Porta, Donatella. Reiter, Herbert (eds.). *Policing Protest: The Control of Mass Demonstrations in Western Democracies*. Minneapolis: University of Minnesota Press, 1998.

[486] Schweingruber, David. "Mob Sociology and Escalated Force: Sociology's Contribution to Repressive Police Tactics". *Sociology Quarterly* 41, n. 3 (2000): p. 371-89.

importantes das manifestações na tentativa de eliminar qualquer atividade desordeira ou ilegal.[487] Essa abordagem estabelece diretrizes claras e estritas sobre o que configura comportamento aceitável, com base em pouquíssima negociação com os organizadores da manifestação. Ela é inflexível e frequentemente recorre a elevados níveis de confronto e uso da força diante até mesmo de pequenas violações das regras estipuladas. Isso não configura um retorno à doutrina da força intensificada pois procura evitar o uso da força por meio de planejamento e gestão minuciosos do protesto. Quando isso fracassa, recorre-se à força, mas apenas a serviço de conseguir restabelecer o controle sobre a manifestação. Trata-se de um sistema altamente administrado, não caracterizado pelo uso descoordenado da força ou pela presença de fenômenos como os motins policiais que ocorreram na década de 1960, em que os supervisores da polícia foram vistos correndo atrás de seus policiais na tentativa de impedi-los de espancar os manifestantes nas ruas.

Outra forma de policiamento de protesto, o "modelo de Miami", surgiu em nível nacional em resposta aos protestos disruptivos que ocorreram durante as reuniões da Organização Mundial do Comércio em Seattle, em 1999. Seu nome vem da forma pela qual o Departamento de Polícia de Miami lidou com os protes-

---

[487] Vitale, Alex. "The Rise of Command and Control Protest Policing in New York" em Eterno, John (ed.). *The New York City Police Department: The Impact of Its Policies and Practices*. Boca Raton, FL: CRC Press, 2015; Vitale, Alex. "The Command and Control and Miami Models at the 2004 Republican National Convention: New Forms of Policing Protests". *Mobilization* 12, n. 4 (2007): p. 403-415; Vitale, Alex. "From Negotiated Management to Command and Control: How the New York Police Department Polices Protests", *Policing and Society* 15, n. 3 (2005): p. 283-304.

tos que ocorreram durante os encontros da Área de Livre-Comércio das Américas, em 2003. Essa modalidade é caracterizada pela criação de zonas proibidas para protestos, pelo uso pesado de armamentos menos letais, vigilância e monitoramento de organizações de protesto, publicidade antecipada negativa a respeito dos grupos de protesto, prisões preventivas, detenções preventivas e amplas restrições aos horários e locais dos protestos.[488] Esse conjunto de táticas é reservado a grupos que a polícia acredita não ser possível controlar por microgestão, como aqueles que não solicitam autorizações e ameaçam ação direta ou desobediência civil não coordenada antecipadamente com a polícia. Grupos como esses são presos ao se reunirem legalmente e são mantidos em detenção por longos períodos, geralmente sob condições precárias, enquanto aguardam a acusação formal. Também é provável que sejam submetidos a ampla vigilância policial e acusados de planejar atos de violência. Eles são muitas vezes recebidos com elevados níveis de força, com armamentos "menos letais" tais como spray de pimenta, gás lacrimogêneo e balas de borracha. O modelo de Miami também foi impulsionado em parte pela ampla militarização do policiamento civil, conforme discutimos nos capítulos anteriores.

Há quem diga que o controle militarizado de distúrbios é meramente uma preparação prudente – haja vista Ferguson, Missouri, por exemplo. Afinal, as autoridades não deveriam tomar todas as medidas possíveis para proteger a vida e a propriedade? Há dois problemas principais com essa linha de argumentação. Em primeiro lugar, não está nada claro que essas medidas promovam a segurança pública; em segundo lugar, o direito de protestar não pode ser abreviado em função da ameaça de

---

[488] Vitale, Alex. "The Command and Control and Miami Models", *op. cit.*

atividade ilegal ou mesmo pela prática de violência nas proximidades. Toda aquela pirotecnia militarizada não deu conta de impedir os saques generalizados e a destruição de propriedade que ocorreram em Ferguson. Nem a polícia local nem a Guarda Nacional conseguiram proteger adequadamente os comércios locais. O que dava para fazer era atacar os manifestantes e a imprensa com gás lacrimogêneo e granadas de fumaça. Os policiais se distraíram da ameaça real: os poucos indivíduos dispersos e os bandos de pessoas atacando os comércios locais, acirrando as tensões e minando ainda mais a credibilidade da polícia local. Além disso, é bem possível que a resposta militarizada da polícia imediatamente após o assassinato de Michael Brown e sua insistência em manter uma postura agressiva tenham contribuído para os surtos de violência e destruição de propriedade. Pessoas submetidas a gás lacrimogêneo e golpes de cassetete geralmente reagem revidando diretamente ou se dispersando em pequenos grupos para depredar algo. Da mesma forma, quem assiste a esse tipo de imagem pela TV pode se sentir motivado a sair em defesa daqueles que estão sendo atacados.

As pessoas têm o direito de protestar mesmo que haja violência ou depredação nas proximidades. Mesmo quando há conduta criminosa isolada no interior de uma manifestação, a polícia tem a obrigação de se dirigir contra as pessoas diretamente envolvidas no comportamento ilegal sem criminalizar ou brutalizar a manifestação como um todo, contanto que seu caráter primário permaneça pacífico. A Primeira Emenda garante o direito de protestar e a lei penal estadunidense exige que a polícia aja sob suspeitas individualizadas. Punir coletivamente os manifestantes porque eles estão protestando enquanto há outros ateando fogo é uma restrição de direitos fundamentais.

Alternativas

Uma abordagem mais eficaz poderia experimentar fazer duas coisas. Primeiro, os líderes políticos, que em última instância são responsáveis pelos ocorridos em Ferguson, poderiam ter tentado uma solução política para seus problemas. O governador poderia ter aberto uma conversa real a respeito da dinâmica econômica, social e política que contribuiu para a profunda alienação da população afro-estadunidense na região de Saint Louis (para não dizer muito mais amplamente). Repensar abertamente o conjunto de municípios e escolas mal financiados, em grande parte projetados para facilitar a o êxodo da população branca de Saint Louis, bem como as funções básicas do sistema de justiça criminal, já teria contribuído muito para restaurar a confiança pública e desviar a atenção das especificidades do caso de Darren Wilson.[489] Os políticos locais sabiam que era altamente improvável que Wilson fosse criminalmente indiciado, mas não tomaram nenhuma providência para apaziguar a raiva que eles sabiam que isso provocaria.

Em segundo lugar, as autoridades locais também podiam ter tentado conter a atitude da polícia, que em larga medida tratou o protesto como algo ameaçador e ilegítimo. Os protestos são por natureza disruptivos e desordenados. A atitude da polícia no condado de Saint Louis tem sido tratar isso como uma ameaça fundamental à ordem social. Realmente não há praticamente nenhuma razão legítima para enviar veículos blindados e atiradores de elite para lidar com protestos – mesmo aqueles onde ocorreu algum ato de violência. A proteção dos policiais é uma questão, mas a legitimidade da polícia e os direitos constitucionais também o são.

---

[489] N.T.: policial que matou Michael Brown Jr. no dia 9 de agosto de 2014, em Ferguson, Missouri.

Em resposta aos eventos em Ferguson, o deputado Hank Johnson, da Geórgia, apresentou à Câmara um projeto de lei que propunha acabar com o programa 1033 de armamentos. A proposta não foi para frente, mas é possível que ela tenha contribuído para a decisão do presidente Obama de reduzir ligeiramente o programa. Em 2016, no entanto, o governo Obama anunciou que estava reconsiderando até mesmo essas reformas limitadas diante de pressão por parte dos fornecedores de equipamentos militares e da polícia local.[490] É provável que o presidente Trump expanda esses programas, deixando a cargo das jurisdições locais decidir quanto equipamento militar eles querem que suas polícias tenham.

Grupos como o Million Hoodies Movement for Justice [Movimento dos Milhões Encapuzados por Justiça] e a ACLU continuam se organizando em nível nacional contra essa modalidade militarizada de enxergar o policiamento. Em 2016, um grupo de estudantes do ensino médio de Los Angeles forçou o Distrito Escolar unificado da cidade a devolver uma série de equipamentos militares obtidos sob o programa 1033, incluindo lançadores de granadas MRAP e armas automáticas.[491] Esses programas de armas deveriam ser extintos e os equipamentos militares, devolvidos e destruídos. Mesmo quando as armas não são utilizadas, elas contribuem para que a polícia veja o público como uma ameaça constante e conceba o mundo como estando dividido entre bandidos e mocinhos. A natureza humana é muito mais complexa do que isso, e uma força policial

---

[490] Thomas, Alex. "Obama May Backtrack on Military Equipment Ban For Police". *Reason*, 26 jul 2016.

[491] Rivas, Jorge. "How high school teens got a police department to get rid of its military equipment". *Fusion*, 3 jun. 2016.

que não tenha uma compreensão matizada disso invariavelmente deslizará para intolerância, agressão e violência.

No entanto, livrar-se das armas e retornar a um policiamento de protesto pautado pelo modelo da gestão negociada não é algo desprovido de eventuais problemas. A gestão negociada só serve quando as ações de protesto são ordeiras e organizadas. A polícia precisa contar com parceiros cooperativos com os quais se comunicar. Essa abordagem também pressupõe a legitimidade de um sistema que restringe severamente o horário, o local e a forma do protesto, em consonância com as decisões do Supremo Tribunal Federal que priorizam a ordem sobre a liberdade de reunião. Em vez disso, precisamos reduzir os conflitos políticos que geram movimentos disruptivos de protesto. A democracia estadunidense vem sendo continuamente minada por concentrações de riqueza e poder político nas mãos de um grupo cada vez menor de doadores ricos e interesses corporativos; as movimentações contenciosas de protesto aumentarão enquanto houver liberdade para tanto. Quando os canais políticos formais se fecham, é natural que a política se transfira cada vez mais às ruas. Isso pode ser verificado na ascensão de movimentos como o Tea Party, o Occupy Wall Street e o Black Lives Matter – todos eles expressões de uma profunda alienação em relação aos arranjos políticos existentes, que optaram por ir às ruas como alternativa.

As decisões sobre a liberação de autorizações e os planos de mobilização de forças policiais deveriam em larga medida sair das mãos da polícia. A polícia pode compartilhar suas opiniões sobre gestão de trânsito e sérios riscos de segurança, mas as decisões devem estar nas mãos de políticos eleitos operando dentro de marcos legais que garantam o direito à dissidência. Essa mudança não será desprovida de problemas; alguns políticos, sem dúvida, politizarão o processo de tomada de decisão de maneiras que beneficiem alguns grupos e não outros. Isso, no entanto, tornará mais claras as linhas de responsabilização que hoje ficam muitas vezes escondidas atrás de uma estrutura tecnocrática. A polícia tem liberdade para tomar decisões sobre quando, onde e como os grupos podem protestar com base em suas próprias avaliações (sempre sujeitas a viés político) a respeito do que configura uma ameaça. Essa influência política fica ocultada pela burocracia policial.

A polícia não tem nenhuma atribuição legítima para ficar monitorando, muito menos subvertendo ativamente movimentos sociais que não estão investidos na prática de violência ou destruição de propriedade. Vigilância generalizada, coleta de informações e o uso de informantes pagos ou policiais infiltrados devem ser práticas proibidas a não ser que haja evidências específicas de atividades criminais graves; e ainda assim as investigações devem ter um escopo severamente restrito, além de contar com fiscalização pública. Quando não há fiscalização sempre ocorrem abusos. A tentação de lançar logo uma rede ampla e interferir em movimentos inteiros que perturbam a ordem social é muito grande. Se a ameaça de violência politicamente motivada é tão grande, por que não incluir agentes externos de fiscalização para garantir que a polícia não exceda sua autoridade? As preocupações levantadas aqui sobre sigilo e expertise profissional são, na melhor das hipóteses, objeções superficiais; não há razão para pensar que não seja possível encontrar guardiões adequados do interesse público. Juízes que se depararem com casos envolvendo abuso de policiamento político devem poder indicar fiscais para atuarem de maneira permanente, e não temporária, e dar-lhes acesso total a todos os registros e pessoal. Nossos valores democráticos básicos não exigem nada menos do que isso.

O papel da polícia nas investigações de terrorismo deve ser igualmente restringido. Como ocorreu com as Incursões Palmer, a ameaça real tem sido, por vezes, gravemente inflada a fim de estimular o público a apoiar políticas que conferem amplos poderes às forças policiais – poderes que quase sempre são usados contra grupos políticos estadunidenses não violentos. A ânsia de obter resultados estimulou o uso de táticas de flagrantes provocados e culpa por associação que contrariam frontalmente as premissas de processo judicial justo – algo para o qual muitos juízes infelizmente se mostraram dispostos a fazer vista grossa.

Também precisamos confrontar o papel da política interna e externa dos EUA na produção de violência política. Bush trabalhou duro para barrar qualquer discussão a respeito do papel exercido pelo governo estadunidense em fomentar uma reação terrorista, optando por rotular os terroristas de "malvadões". A realidade é que a política externa dos EUA no Oriente Médio tem sido um fator importante na inspiração desse tipo de movimento, além de fazer do país um alvo prioritário para sua raiva. Precisamos repensar nossa relação com os países petrolíferos do Golfo que exercem governos despóticos e fornecem apoio ideológico e financeiro aos terroristas. Também precisamos repensar nossa relação em larga medida acrítica com Israel, cujas ações na região têm sido incrivelmente desestabilizadoras e cujo comportamento em Gaza e na Cisjordânia provocou repulsa generalizada, que por sua vez recai em parte nos Estados Unidos na forma de terrorismo internacional e doméstico.

A melhor maneira de evitar a violência política é aumentando a justiça dentro e fora do país. Em vez de adotar um quadro neoconservador de revide, controle e guerra, deveríamos priorizar um arcabouço de direitos humanos e justiça social que busque garantir a universalização do acesso à saúde, educação, moradia e alimentação, bem como acesso igualitário ao processo político – metas que estamos longe de alcançar.

Conclusão

O policiamento precisa ser reformado. De fato, precisamos de novos regimes de treinamento, mais mecanismos de responsabilização e um maior papel da população no direcionamento e na fiscalização do policiamento. Precisamos nos livrar da mentalidade de guerreiro e das táticas militarizadas. É essencial que os policiais aprendam mais a respeito dos problemas das pessoas que sofrem transtornos psiquiátricos. Policiais racistas e brutais que quebram a lei, violam a confiança pública e abusam da população precisam ser responsabilizados pelos seus atos. É preciso mudar a cultura da polícia para que ela se desvencilhe de sua obsessão em se valer de ameaças e violência para exercer controle sobre a população pobre e marginalizada.

Dito isso, há uma verdade maior com a qual precisamos nos haver. Enquanto a missão básica da polícia permanecer inalterada, nenhuma dessas reformas será alcançada. Não existe solução tecnocrática. Mesmo que de alguma forma conseguíssemos implementar essas mudanças, elas seriam ignoradas, resistidas e revertidas – pois prevaleceriam os imperativos institucionais das guerras politicamente motivadas contra as drogas, a desordem, o crime etc. Há poderosas forças políticas que se beneficiam do policiamento abusivo, agressivo e invasivo, e elas não serão persuadidas ou retiradas do poder com argumentos técnicos ou apelos sinceros para que façam a coisa certa. Elas podem até vir a adotar uma linguagem de reforma e bancar alguns programas piloto nesse sentido, mas no geral seguirão reproduzindo seu poder político alimentando o medo diante das populações pobres, não-brancas, com deficiências e despossuídas, e empoderando a polícia para que ela seja a "tênue linha azul"[492] entre os que têm e os que não têm.

Isso não significa que não adianta nada se articular ou lutar por reformas. Essas reformas, porém, devem fazer parte de uma visão mais ampla que questione o papel fundamental da polícia na sociedade e questione se a ação coercitiva por parte do governo produzirá mais ou menos justiça. Infelizmente, muitas das reformas em pauta hoje não fazem isso; muitas até fortalecem ainda mais a polícia, ampliando suas atribuições. A implementação de policiamento comunitário, o uso de câmeras corporais e o aumento das verbas destinadas a treinamento reforçam uma falsa sensação de legitimidade policial e ampliam o alcance da polícia sobre as comunidades e as vidas privadas das pessoas. Mais dinheiro, mais tecnologia e mais poder e influência não reduzirão a carga depositada no policiamento nem aumentarão sua justeza. Acabar com a Guerra às Drogas, abolir os policiais escolares, abandonar de vez o modelo das janelas quebradas, desenvolver sistemas robustos de atendimento de saúde e fornecer habitação a preços acessíveis são medidas muito mais eficazes para reduzir o policiamento abusivo.

No século XX, foram eliminadas duas grandes áreas de policiamento com a legalização do álcool e dos jogos de azar. Essas duas mudanças reduziram o escopo do policiamento sem sacrificar a segurança pública. A política da proibição havia produzido um aumento expressivo do crime organizado, da violência

---

492 N.E.: a expressão *thin blue line* refere-se justamente ao papel da polícia como instância garantidora para que a sociedade não descambe para o caos; o "azul" remete à cor dos uniformes de muitas polícias.

e da corrupção policial, mas praticamente não alterou a disponibilidade de bebidas alcoólicas; abandonar aquele regime reduziu a criminalidade, aumentou o profissionalismo da polícia e reduziu o número de pessoas encarceradas.

Da mesma forma, as tentativas de erradicar as casas clandestinas de loteria, de apostas desportivas e de jogos de azar em geral, além de infrutíferas, mostraram-se totalmente contraproducentes uma vez que efetivamente fortaleceram o crime organizado e promoveram a corrupção policial. O controle e a regulamentação governamentais dos jogos de azar aumentaram a arrecadação tributária e solaparam o poder do crime organizado. Ao criar loterias estatais, regulamentar os cassinos e fiscalizar minimamente as casas de apostas desportivas, o Estado conseguiu restringir o poder de polícia sem sacrificar a segurança pública. Não há por que acreditar que o mesmo não possa ser feito hoje com os casos do trabalho sexual e das drogas. Os bilhões de dólares economizados em policiamento e prisões poderiam ser muito mais bem aproveitados se investidos na geração de empregos e na melhoria da saúde pública.

Não somos obrigados a aturar um policiamento agressivo e invasivo para que nossa segurança seja garantida. Existem alternativas. Podemos usar o poder das comunidades e do governo para tornar nossas cidades mais seguras sem depender da polícia, do judiciário e das prisões. Precisamos investir em pessoas e comunidades, e transformar alguns dos arranjos econômicos e políticos básicos da nossa sociedade. Dependência química, traumas e problemas de saúde mental são fatores que contribuem bastante para minar a segurança e a estabilidade dos bairros. Pessoas que estão sofrendo precisam de ajuda, não de regimes coercitivos de tratamento nem sermões de autoajuda; elas precisam de acesso a serviços reais e atendimento de profissionais devidamente treinados e versados em tratamentos clinicamente comprovados. Mesmo crianças e adolescentes que enfrentam alguns dos mais graves problemas pessoais podem ser ajudados com tratamento e envolvimento intensivos e contínuos. Eles precisam de mentores, aconselhamento e serviços de apoio para eles e suas famílias. Essas abordagens que abraçam diversos aspectos da vida dos jovens como um todo apresentam resultados promissores e custam muito menos do que ficar circulando os jovens por prisões, tribunais, salas de emergência e regimes de liberdade condicional e assistida.

As pessoas adaptam seus comportamentos a um ambiente disfuncional no qual o desemprego, a violência e a pobreza arraigada são a regra. Mesmo depois de vinte anos de declínio nos índices de criminalidade, há bairros nos quais a violência continua sendo um grande problema. Essas áreas são quase todas extremamente pobres, racialmente segregadas e, geográfica e socialmente, isoladas. A resposta dada por muitas cidades tem sido aprofundar o policiamento intensivo. O crescimento recente dos crimes e do descontentamento social em lugares como Chicago, Milwaukee e Charlotte atestam o fracasso tanto de acabar com o caráter abusivo do policiamento quanto de garantir segurança. As cidades mais segregadas e mais racialmente desiguais do país são também as mais violentas.

Décadas de desindustrialização, discriminação racial no acesso a moradia e ao mercado de trabalho e uma crescente desigualdade de renda produziram bolsões de intensa pobreza nos quais os empregos são escassos, os serviços públicos são inadequados e a violência e a criminalidade são generalizadas. Mesmo com sobrepoliciamento extensivo, as pessoas não se sentem seguras e os jovens continuam a recorrer à violência tanto como forma de dominação quanto como forma de proteção. Qualquer programa que se proponha a reduzir a criminalidade e melhorar o bem-estar social precisa enfrentar essas condições – ainda mais se pretender promover justiça racial. Ninguém no cenário político atual está encarando essa realidade com a devida seriedade. A segregação racial nos Estados Unidos é tão problemática hoje quanto no passado. As comunidades pobres precisam de moradia, emprego e acesso a serviços sociais, recreativos, educacionais e de saúde de melhor qualidade, não de mais dinheiro para polícia e para prisões; e no entanto é só isso que tem sido oferecido em todo o país. De Chicago à Califórnia, passando por Nova York, os políticos locais continuam defendendo mais polícia e novas prisões como solução para os problemas das comunidades.[493] Isso precisa acabar.

Essas comunidades também precisam de mais recursos e poder político para desenvolver suas próprias estratégias de redução da criminalidade. Noções como as de justiça restaurativa e de Reinvestimento de Justiça. O dinheiro economizado ao deixar de encarcerar as pessoas poderia ser investido em serviços de saúde mental e tratamento de drogas, programas para a juventude e geração de empregos na comunidade. Ao mesmo tempo, os infratores poderiam passar a ter a opção de fazer um trabalho de reparação diante de suas vítimas e da comunidade participando em projetos de serviço comunitário e se comprometendo a se manterem sóbrios e longe das drogas, e a frequentar os programas apropriados. O movimento por Reinvestimento de Justiça também defende usar as economias obtidas com a redução das taxas de encarceramento para investir em comunidades com elevados índices de criminalidade. Infelizmente, no entanto, muitos desses programas acabaram simples-

493 Northern California Patch. "Public Q&A Meeting Set This Evening to Discuss New Santa Clara Co. Jail", 22 set. 2016.

mente movimentando dinheiro no interior do próprio sistema de justiça criminal sem que as comunidades fossem convocadas a participar minimamente do processo.[494] O ideal básico das propostas permanece sólido, mas são necessários novos esforços para colocá-las em prática e as comunidades precisam desempenhar um papel importante na hora de decidir como os recursos serão usados. Mas nem todos os problemas podem ser resolvidos nesse nível. É preciso enfrentar de maneira sistemática a questão do acesso a uma moradia decente e um emprego digno, as estruturas polarizadas de distribuição de renda e o problema da discriminação racial na habitação. Elevar o salário-mínimo, restaurar as integrações no sistema de transportes e coibir práticas de discriminação no acesso a moradia são desafios grandes cujo escopo remonta em larga medida além desses bairros pobres. Se quisermos fazer um progresso real na redução dos bolsões de crime neste país, precisamos criar caminhos reais para superar a pobreza e o isolamento social.

Como um caminho alternativo ao de recorrer à polícia e às prisões, o Black Youth Project de Chicago propõe um programa de desenvolvimento econômico que melhoraria substancialmente as vidas dos moradores de comunidades com elevados índices de criminalidade. Sua "Agenda para Construir Futuros Negros" reivindica reparações para enfrentar o longo legado de exploração sistemática dos afro-estadunidenses, desde a escravidão, passando pelo sistema Jim Crow de segregação, até a era atual.[495] Outro elemento igualmente relevante é o destaque dado à importância de garantir empregos decentes que possibi-

---

494 Greene, Judith *et al. Ending Mass Incarceration: Charting a New Justice Re-Investment. Justice Strategies*, 2013.

495 Black Youth Project 100. "Agenda to Build Black Futures". Disponível em: <agendatobuildblackfutures.org>.

litem o sustento de uma família acima da linha de pobreza. Isso significa tanto elevar o salário-mínimo por meio de medidas diretas por parte do governo quanto garantir aos trabalhadores o direito de se organizarem de maneira autônoma para reivindicar melhores salários. A maior parte das conquistas dos trabalhadores estadunidenses ao longo do último século foi fruto do processo de sindicalização e mobilização no local de trabalho, mas nos últimos 35 anos os governos passaram a reduzir sistematicamente o poder dos trabalhadores e dos sindicatos. No setor privado, as proteções trabalhistas foram em larga medida eliminadas, o que levou a uma enorme onda de investidas anti-sindicais e a uma enorme queda no número de trabalhadores sindicalizados. O setor público ainda preserva um grau um pouco maior de proteções, mas as políticas de austeridade corroeram substancialmente o poder de compra e muitos políticos republicanos e tribunais conservadores estão se mobilizando ativamente para desmantelar os sindicatos e rebaixar ainda mais os salários. Infelizmente, muitos sindicatos foram historicamente resistentes a processos de integração racial e ainda hoje alguns deles permanecem espantosamente brancos, de modo que não basta haver proteção governamental dos sindicatos sem que haja também um programa de justiça racial.

O Movement for Black Lives [Movimento por Vidas Negras] também traçou um plano de justiça econômica e política que contempla um maior investimento em escolas e comunidades com base em prioridades definidas pelas comunidades negras.[496] No cerne desse programa, há um conjunto de propostas de justiça econômica, incluindo reparações, que reduziriam a desigualdade e aumentariam o bem-estar individual, familiar e

[496] The Movement for Black Lives. "Platform". Disponível em: <policy.m461.org>.

comunitário, além de proteger o meio ambiente. O movimento reivindica programas robustos de geração de emprego, restrições sobre o livre comércio e sobre a exploração de Wall Street, além de proteções vigorosas dos direitos trabalhistas. Defende especificamente que os recursos usados para financiar instituições de justiça criminal sejam redirecionados para educação, saúde e serviços sociais. Para tornar isso possível, reivindica reformas políticas e desenvolve planos de mobilizações populares de base. É assim que a reforma da polícia precisa ser para que ela efetivamente produza transformações significativas.

As áreas rurais também precisam de atenção. O aumento do uso de opioides está intimamente ligado ao rebaixamento social da população pobre rural e à expansão da Guerra às Drogas e seus efeitos destrutivos. Se por um lado parece evidente que um protecionismo simplista e a mania xenofóbica anti-imigrante provavelmente não produzirão nenhuma estabilidade em longo prazo, por outro, é urgente que nossas regiões rurais se tornem mais economicamente sustentáveis e habitáveis, com empregos verdes, desenvolvimento de infraestruturas e produção de alimentos não tóxicos. Reduzir os subsídios a corporações multinacionais que deslocalizam postos de emprego para o exterior, priorizando países com poucos direitos trabalhistas ou proteções ambientais, também seria um bom começo, substituindo assim a noção de "livre comércio" pela de "comércio justo".

Nenhuma dessas iniciativas por si só dá conta de eliminar toda a criminalidade e a desordem. Elas precisam ocorrer em conjunto e seria preciso que novas ideias fossem desenvolvidas e testadas, mas as pessoas que se beneficiariam desse processo não têm poder político para levar isso a cabo. A cultura estadunidense é organizada em torno de exploração, ganância, privilégio branco e ressentimento. Essas características derivam em larga medida de nosso sistema econômico. Mesmo profundas transformações econômicas não produzem automaticamente mudanças culturais positivas, pelo menos não da noite para o dia. As normas culturais também funcionam como entraves aos esforços de mudar esses sistemas. O que é necessário é um processo no qual a própria luta por mudança produza transformações culturais. Ao trabalharmos juntos pela justiça social, econômica e racial, precisamos criar também outros sistemas de valores que questionem a ganância e a indiferença que permitem que o sistema atual prospere. Se quisermos efetivamente construir um mundo melhor, precisamos cuidar uns dos outros em um clima de respeito mútuo. Um dos aspectos mais positivos do movimento Black Lives Matter tem sido sua abertura às diferenças de identidade e à diversidade de pessoas envolvidas na sua condução. Não dá para lutar contra o racismo admitindo posturas homofóbicas, da mesma forma que é impossível combater o encarceramento em massa abraçando uma política punitiva.

Ambos os principais partidos políticos dos EUA endossaram a política de austeridade que o capital globalizado nos impôs. O movimento neoliberal tem sido notadamente bem-sucedido em normalizar a visão de que a única maneira de avançar é liberando o poder criativo de um pequeno número de elites econômicas, eliminando qualquer regulamentação, proteção trabalhista e obrigação financeira para que elas possam maximizar sua riqueza à custa do resto de nós. Por trinta anos, nos é dito que o resultado disso será devidamente revertido para todos, que esses ganhos "gotejariam" para as camadas inferiores da população. Ainda estamos aqui esperando. Os salários e o padrão de vida de todos, exceto dos mais ricos, continuam minguando. A classe média está sendo eviscerada, a pobreza e a falta de moradia em massa estão aumentando e nossa infraestrutura está em colapso. Quando organizamos nossa sociedade em torno de uma falsa meritocracia, apagamos a história da exploração e invisibilizamos as formas pelas quais todo o jogo já está armado para evitar a mobilidade econômica e social.

Quando as pessoas se queixam de realidades como essas, elas têm de ouvir que a culpa é delas, que afinal elas não se esforçaram o bastante para fazer parte do glorioso "1%", que elas não se provaram aptas e que, portanto, merecem a situação na qual se encontram. Esse discurso procura definir todos os problemas em termos de falhas individuais e no limite justifica acusar quem ficou para trás de ser responsável pela sua própria condição de miséria. Em vez de mobilizar recursos do governo para reduzir a desigualdade, esse sistema econômico ao mesmo tempo subsidia a desigualdade e criminaliza as pessoas que deixa para trás – especialmente quando essas pessoas ousam reivindicar algo melhor. Por trás dos aumentos massivos no policiamento e no encarceramento verificados ao longo dos últimos quarenta anos, repousa um argumento ideológico de que o crime e a desordem seriam consequências de falhas morais pessoais e que, portanto, só é possível reduzi-los por meio de duras sanções punitivas. Essa abordagem neoconservadora protege e reforça a exclusão política, social e econômica de milhões de pessoas que são rigidamente controladas mediante o emprego de práticas agressivas e invasivas de policiamento ou jogadas em cadeias e prisões.

Precisamos romper com esses sistemas entrelaçados de opressão. Cada vez que recorremos à polícia e às prisões para resolver nossos problemas estamos reforçando esses processos. Não podemos exigir que a polícia nos livre da "incômoda" população de rua vivendo no parque ou dos jovens "ameaçadores" andando por aí, e, ao mesmo tempo, defender maior acesso a moradia e empregos – porque o Estado só está oferecendo a primeira coisa e vai sempre negar a segunda. Sim, as comunidades têm direito a serem protegidas contra o crime e até mesmo contra a desordem, mas devemos sempre exigir respostas que não recorram à coerção, à violência e à humilhação que sustentam nosso sistema de justiça criminal. O Estado pode tentar resolver esses problemas por meio do poder da polícia, mas não devemos estimular nem aplaudir essas abordagens míopes, contraproducentes e injustas. Devemos exigir proteção e segurança – mas não pelas mãos da polícia. No fim das contas, ela praticamente não fornece nem uma nem outra.

Alex S. Vitale é professor de sociologia, coordenador do projeto Policing and Social Justice Project no Brooklyn College e professor visitante na London Southbank University. Ele passou os últimos trinta anos escrevendo sobre policiamento e pesquisando departamentos de polícia e organizações de direitos humanos internacionalmente. Seus escritos acadêmicos sobre policiamento foram publicados em *Policing and Society*, *Police Practice and Research*, *Mobilization and Contemporary Sociology*. Ele também é um ensaísta frequente, cujos escritos têm sido publicados no *The New York Times*, *Washington Post*, *The Guardian*, *The Nation*, *Vice News*, *Fortune* e *USA Today*.

Leituras para aprofundar a reflexão

Alexander, Michelle. *The New Jim Crow: Mass Incarceration in the Age of Colorblindness*. Nova York: The New Press, 2013. [Edição brasileira: *A nova segregação: racismo e encarceramento em massa*. Trad. Pedro Davoglio e Silvio Almeida. São Paulo: Boitempo, 2018].

Apuzzo, Matt and Adam Goldman. *Enemies Within: Inside the NYPD's Secret Spying Unit and bin Laden's Final Plot Against America*. Nova York: Simon & Schuster, 2013.

Balko, Radley. *Rise of the Warrior Cop: The Militarization of America's Police Forces*. Nova York: Public Affairs, 2013.

Beckett, Katherine and Steve Herbert. *Banished: The New Social Control in Urban America*. Oxford, Reino Unido: Oxford University Press, 2009.

Currie, Elliott. *Crime and Punishment in America: Why the Solutions to America's Most Stubborn Social Crisis Have Not Worked—and What Will*. Londres: Macmillan, 2013.

Czitrom, Daniel. *New York Exposed: The Gilded Age Police Scandal that Launched the Progressive Era*. Oxford, UK: Oxford University Press, 2016.

Dewey, Susan and Tonia St. Germain. *Women of the Street: How the Criminal Justice-Social Services Alliance Fails Women in Prostitution*. Nova York: NYU Press, 2017.

Domanick, Joe. *Blue: The LAPD and the Battle to Redeem American Policing*. Nova York: Simon and Schuster, 2015.

Friedman, Barry. *Unwarranted: Policing Without Permission*. Nova York: Farrar, Straus and Giroux, 2017.

Fuentes, Annette. *Lockdown High: When the Schoolhouse Becomes and Jailhouse*. Brooklyn: Verso, 2013.

Garriott, William Campbell. *Policing Methamphetamine: Narcopolitics in Rural America*. Nova York: NYU Press, 2011.

Hari, Johann. *Chasing the Scream: The First and Last Days of the War on Drugs*. Londres: Bloomsbury Publishing, 2015.

Herbert, Steve. *Citizens, Cops, and Power: Recognizing the Limits of Community*. Chicago: University of Chicago Press, 2006.

Hernandez, Kelly Lytle. *Migra!: A History of the U.S. Border Patrol*. Berkeley, CA: University of California Press, 2010.

Jones, Reece. *Violent Borders: Refugees and the Right to Move*. Brooklyn: Verso, 2016.

Klein, Malcolm. *Gang Cop: The Words and Ways of Officer Paco Domingo*. Lanham, MD: AltaMira Press, 2003.

McCoy, Alfred. *Policing America's Empire: The United States, The Philippines, and the Rise of the Surveillance State*. Madison, WI: University of Wisconsin Press, 2009.

Miller, Todd. *Border Patrol Nation*. São Francisco: City Lights Books, 2014.

Mitrani, Sam. *The Rise of the Chicago Police: Class and Conflict, 1850–1894*. Chicago: University of Illinois Press, 2013.

Moskos, Peter. *Cop in the Hood: My Year Policing Baltimore's Eastern District*. Princeton, NJ: Princeton University Press, 2008.

Muñiz, Ana. *Police, Power, and the Production of Racial Boundaries*. Nova Brunswick, NJ: Rutgers University Press, 2015

Murakawa, Naomi. *The First Civil Right: How Liberals Built Prison America*. Oxford, Reino Unido: Oxford University Press, 2014.

Nevins, Joseph. *Operation Gatekeeper and Beyond: The War on "Illegals" and the Remaking of the U.S. Mexico Boundary*. Abingdon, UK: Taylor & Francis, 2010.

Phillips, Susan. *Operation Fly Trap: L.A. Gangs, Drugs, and the Law*. Chicago: University of Chicago Press, 2012.

Rios, Victor. *Punished: Policing the Lives of Black and Latino Boys*. Nova York: NYU Press, 2011.

Ruderman, Wendy and Barbara Laker. *Busted: A Tale of Corruption and Betrayal in the City of Brotherly Love.* New York: HarperCollins, 2014.

Stuart, Forrest. *Down and Out and Under Arrest: Policing and Everyday Life in Skid Row.* Chicago: University of Chicago Press, 2016.

Tiger, Rebecca. *Judging Addicts: Drug Courts and Coercion in the Justice System.* Nova York: NYU Press, 2012.

Way, Lori Beth and Ryan Patten. *Hunting for Dirtbags: Why Cops Over-Police the Poor and Racial Minorities.* Boston: Northeastern Press, 2013.

Williams, Kristian. *Our Enemies in Blue: Police and Power in America.* Oakland, CA: AK Press, 2015.

Este livro é composto pelas fontes
Druk Text Wide Web e Minion Pro